Vorwort

Vorliegendes „Wörterbuch des Aberglaubens“ behandelt in fünf großen Bereichen eine zentrale Auswahl an Stichwörtern zu den Bereichen „die Elemente“, „der Himmel und die Gestirne“, „die Zeit“, „der Raum“ und „der Mensch“. Dies kommt dem Bedürfnis einer breiten Leserschaft entgegen, das umfassende Material zum Thema „Aberglaube“ in eine sinnvolle Ordnung und vergleichsweise knappe Darstellungsform zu bringen, die dem Leser das Verständnis erleichtert, anstelle ihn mit einer Unzahl von oft widersprüchlichen Detailinformationen zu konfrontieren. Ausgewählt wurden die Stichwörter nach Möglichkeit so, daß die behandelten Phänomene, Termine und Gegenstände als bekannt und vertraut vorausgesetzt werden konnten und es vertretbar erschien, insbesondere parallele Glaubensformen aufzuzeigen.
Es geht in diesem publikumsorientierten Taschenbuch nicht darum, den Versuch einer vollständigen Erfassung sämtlicher „abergläubischer“ Vorstellungen zu einem Begriff zu machen. Wichtig erschien es, Möglichkeiten einer ausstehenden Systematisierung des bereits dokumentierten Materials zu erkennen und kritisch darzustellen. Als eine dieser Möglichkeiten lag es nahe, die Quellen einzelner „abergläubischer“ Ansichten oder wenigstens potentielle Vorbilder in den Zusammenhang einzubeziehen. Daß dabei viele Einzelheiten unbeachtet bleiben mußten, erklärt sich schon aus der Begrenztheit des Taschenbuchumfangs.
So lag es nahe, das bereits dokumentierte Material, wie es hauptsächlich im 1986 erschienenen Nachdruck des *Handwörterbuchs des deutschen Aberglaubens* aus den 30er Jahren vor-

liegt, kritisch zu sichten und auf das Wesentliche zu reduzieren. Mit Hilfe einiger Regionallexika des 19. Jahrhunderts und verschiedener volkskundlicher und philosophischer Standardwerke ist ferner versucht worden, dort Informationslücken zu schließen, wo sie das Verständnis des Zusammenhangs beeinträchtigen.
Das Konzept seiner Kritik am Begriff „Aberglaube“ und der verbreiteten Darstellung als „des Volkes Weisheit“ wird der Verfasser in einem Nachwort erläutern.

Nidri-Neohori/Lefkada
Ostern 1989 *Jürgen Küster*

A

ABEND

Für den Abend, der die Zeit zwischen dem Complet- oder Abendläuten und dem Schlafengehen bezeichnet, gilt im wesentlichen das zur ↗Nacht gesagte. Abends treten die Geister, Dämonen und Teufel in Aktion. Deswegen suchte man, alle Außenkontakte abends einzustellen, nicht mehr ins Freie zu gehen, nichts zu verleihen aber auch nichts zu borgen und insbesondere Viehfutter und Kinderwäsche unter Dach zu bringen. In der „Volksmedizin" spielen bestimmte, abends gesammelte Heilkräuter eine Rolle. Im Anschluß an Jh 4,52: *„Er erkundigte sich bei Ihnen nach der Stunde, in der es ihm besser ging und sie sagten zu ihm: Gestern um die siebte Stunde verließ ihn das Fieber",* wurden Fieberkuren um sieben Uhr abends durchgeführt. Im Zusammenhang mit dem Mondaufgang stehen Behandlungen, die auf dem Prinzip der Übertragung einer Krankheit auf den erscheinenden und wieder untergehenden ↗Mond beruhen.

ABENDSTERN

Der Abendstern bezeichnet den Planeten Venus, der als besonders leuchtkräftiger Himmelskörper am Abend- wie am Morgenhimmel steht und die Blicke des Himmelbetrachters auf sich zieht. Die charakteristische Atmosphäre, die sich aus dem Zusammenspiel des Sonnenuntergangs, der „blauen Stunde", dem anbrechenden Feierabend und dem Erstrahlen des Abendsterns ergibt, ist seit je mit starken Gefühlswerten assoziiert worden. Darunter nimmt die partnerschaftliche Liebe eine wesentliche Stelle ein. In der Hochliteratur aller Zeiten ist das immer wieder ausgedrückt worden. Die griechische Sappho und der römische Catull haben den Abendstern besungen. In der mittelhochdeutschen Literatur finden sich entsprechende Verse in einer Ausgabe der Minnesänger und bei Ruprecht von Würzburg (13./14. Jahrhundert):

„nu begund die sunne sigen
vnd der abentsterne stigen
nach der alten gewonheit,
ob mir ist geseit die warheit:
die beide do ein bett emphing,
ein vil lieb da ergieng."

Im „deutschen Aberglauben" hat dieser Aspekt ebenfalls Ausdrucksformen erhalten. Etwa im Liebessegen, wo die entfernten Liebenden abends vor die Haustür treten und dem Abendstern ihren Gruß zukommen lassen oder wo mit dem Gruß die Bitte verbunden ist, über den Partner zu wachen: *„Laß ihm nicht Rast / Laß ihm nicht Rou / Daß er zu mir kommen mou."* Der Abendstern wird auch in den nächtlichen Liebesorakeln beschwört.

ABORT

Der Abort ist ursprünglich ein abseitiger Ort im Freien, auf dem Feld, am Dunghaufen oder hinter der Scheune, und er wurde erst im 15. Jahrhundert zum allbekannten „Häuschen" ausgebaut. Die Integration des Aborts in das Gebäude war zunächst nur in Adelsburgen und Klosteranlagen gebräuchlich. Noch heute ist der Abort auf dem Land häufig nicht in den Wohnteil eingefügt.

Wegen seiner Abseitigkeit galt der Abort als unheimlich, weshalb es wohl verständlich ist, daß die Latrinen oder „Donnerbalken" zumeist mehrsitzig (8, 11, 22) errichtet wurden.

Als Stätte der Begegnung, gar fröhlicher Gelage, hat etwa ein angelsächsischer Mönch des 11. Jahrhunderts den Abort charakterisiert und über die dort gemeinsam ihre Notdurft verrich-

tenden Frauen geklagt. In der älteren deutschen Bezeichnung „sprâchhûs" spiegelt sich dieser Gesellschaftsaspekt.
Aus der Unheimlichkeit des Abortes leitete man ab, daß er von Teufeln und Totengeistern besiedelt sei. Dafür gibt es zahlreiche literarische Zeugnisse: etwa Mönchsregeln, die Segensformeln für das Betreten des Aborts bereithielten oder Sagen. In der Thorsteinsage hat Thorstein eine gefährliche Begegnung mit einem teuflischen Totengeist, die Sigurdsaga berichtet von den Schatten abgeschiedener Geister und Thietmar von Merseburg erzählt von einem Abort im Krankenzimmer eines Klosters, dem Dämonen entstiegen wären.
Auch beim Abort ist das Element „Entweichen" (↗Schornstein, ↗Fenster) wichtig, übertrug es sich doch auf verschiedene Heilbehandlungen. Gegen Zahnweh soll dreimaliges Spucken in den Abort geholfen haben. Gegen Warzen wurde ein Lappen verwendet, mit dem man die Warzen bestrich und ihn dann in den Kot warf. Selbst Blut wollte man stillen, indem man mit einem Stock über die Wunde strich und diesen dann in den Abort steckte. Eine überlieferte Volksmeinung enthält folgende Lehre: „Wenn ein Mann und ein Weib, die sich nur wenig kennen, zufällig am Abort zusammen kommen und beide erschrecken, so heiraten sie sich."

ACKERBAU

Der Ackerbau gehört zu den ältesten kontinuierlich betriebenen Wirtschaftsformen und verbindet sich daher mit einer Fülle verschiedener „abergläubischer" Ansichten und Vorschriften. In den historischen Kulturepochen haben die Menschen den Acker immer unmittelbar ihren Gottheiten, Göttern (Jupiter, Tellus, Ceres) und Heiligen unterstellt und die Feldarbeit von religiösen Betrachtungen und Bedenken abhängig gemacht. Besonders Saat und Ernte verknüpfen sich mit mythischen und religiösen Gebräuchen.
Aus vorchristlicher Zeit sind Riten überliefert, wonach es die Fruchtbarkeit eines Ackers fördere, wenn man ihn in bestimmter Weise (mit Götterbildern, nackt, nachts, schweigend) um-

wandelt oder umfährt. Im Christentum haben sich formal ähnliche Flur- und Feldumgänge ausgebildet, die zu bestimmten Kalenderterminen (Neujahr, Ostern, Fronleichnam) der Segnung landwirtschaftlicher Ertragsflächen gelten. Von Dämonenvertreibung und „magischem Jagen" kann dabei aber weniger die Rede sein, als von der Herabflehung des Segens auf Feld und Flur.

Wegen der enormen Abhängigkeit des Ackerbaus vom Wetter, haben sich eine ganze Reihe von Glaubens- und Brauchformen etabliert, die aus der Kirche hinaus auf den Acker führen. Man besprengt ihn mit der „Ostertauf" oder legt geweihte Eier und Eierschalen aufs Feld. Man verschüttet Johannissegen (geweihten Wein) auf dem Acker oder verbrennt dort am Ende der Fastnacht Wein, Schnaps und Brot.

Verschiedenen Brauchrequisiten, wie etwa den Osterpalmen, verleiht die kirchliche Segnung apotropäische Funktion. Und in dieser Funktion werden sie dann auf dem Acker aufgestellt oder am Hausgiebel befestigt. Ebenso gelten Kohlen vom Osterfeuer, angekohlte Holzstücke vom Judasverbrennen, Scheiben vom Scheibenschlagen und der Glanz des Johannisfeuers als schadensabwehrend. Verschiedene, vom Handwörterbuch des deutschen Aberglaubens mitgeteilte und in diesen Zusammenhang gerückte Bräuche (Fackellauf, Strohfeuer zu Neujahr, Büchsenschießen) haben indes wohl nur den Acker oder das Feld als Austragungsort zum Gegenstand und verbinden sich weniger mit der Flursegnung.

Als „abergläubisch" – weil heute kaum noch verständlich – erscheinen Ansichten, wonach verstreute Graberde die Sperlinge von der Saat abhalte oder ein krummes Messer die Ackertiere vor Wölfen schütze.

Biologische Erfahrungen liegen wohl dem Gebrauch von Knoblauch und Holunder als Mäusescheuchen zugrunde.

Einfache Analogieschlüsse haben zu den vereinzelt bezeugten Fruchtbarkeitszeremonien geführt, in deren Rahmen sich junge (zeugungskräftige) Paare auf dem Acker wälzen müssen. Anschauungen, wonach eine Wöchnerin (Verlust der Zeugungskraft) nicht über einen Acker gehen, eine Leiche nicht darüber getragen werden dürfe, entspringen ebenfalls aus diesem Denken.

ADVENT

Der Advent gilt als „geschlossene" Zeit, in der seit den Beschlüssen der Synode von Seligenstadt 1022 nicht geheiratet werden durfte und zwei Wochen vor Weihnachten gefastet werden mußte. Der Advent beginnt am ersten Sonntag nach dem 26. November und endet am 25. Dezember. Im Anschluß an die ältere Epiphaniasquadragesima werden die besonderen Gebote einer Rüstzeit vor einem Hochfest aber schon vom Martinstag an und bis zur Oktav des 6. Januars beachtet. Mit der Adventszeit sind verschiedene Bräuche wie das Frautragen, die Klöpfelnächte und traditionelle Adventsmusiken verbunden, und in die Adventszeit fallen einige Lehrbräuche an Heiligentagen, von denen das Schneiden der Barbarazweige und Nikolausumzüge weit verbreitet sind. Die Thematik der Adventszeit ist vielschichtig und betrifft den Sündenfall, die Erlösung und das Jüngste Gericht, weshalb der „Aberglaube" an Dämonen- und Geisterscheinungen in dieser Zeit verstärkt auftritt.
Als Beginn des Kirchenjahrs wird der erste Advent dort behandelt, wo aus Träumen, Bleigießen, Witterungserscheinungen und Geräuschen im Haus auf künftige Ereignisse geschlossen wird.

AHNEN

Das Empfinden einer Gemeinschaft mit den verstorbenen Angehörigen der (Groß-)familie ist allen Kultur- und Religionsformen des europäischen Raumes seit jeher geläufig. Es geht um das Kollektiv der Lebenden und der Toten, dessen Medium bestimmte Glaubensvorstellungen (Wiedergeburt, Mitglied der Gottesgemeinschaft) und Empfindungen wie Trauer, Furcht und Verehrung sind. Ein regelrechter Ahnenkult ist im Christentum nicht mehr greifbar. An seine Stelle ist das Andenken an und die Fürbitte für die Verstorbenen getreten. Allerdings gibt es auch Bräuche, in denen der Besuch der Ahnengräber darauf abzielt, die Gemeinschaft der Lebenden und der Toten „in Gott" darzustellen. Da werden etwa verstorbene Angehörige an ihren Gräbern zur Hochzeit eingeladen oder die Gräber werden zumindest geschmückt oder man besucht sie vor dem Kirchweihfest etc.

Den Ahnen schuldet die Familie Totenpflege und -klage, die Lobrede und das Totenopfer, die Leichenwache (↗Leiche) und die Blutrache (↗Familie).

Wie in heidnischer Zeit geht es darum, die Seelenruhe des Toten zu gewährleisten. Zahlreiche antike Schriften (Caesar, Tacitus, Saxo Grammaticus) überliefern den Ahnenkult im vorchristlichen Europa, der Seelenruhe und Wiedergeburt, Waffenhilfe und die Grabbeigabe betraf. Der Tote wurde da häufig als friedloses Wesen betrachtet, der in seinem (Hügel-)grab auf die Herstellung der Seelenruhe durch nachträgliches Enthaupten oder Verbrennen warte. Zahlreich sind die Beispiele für die anschließende „Vergötterung" eines angesehenen verstorbenen Herrschers. Erich von Schweden etwa wäre in das Kollegium der Götter aufgenommen worden und hätte damit Unsterblichkeit erlangt. Adam von Bremen überliefert, daß die Germanen auch Götter verehrten, die sie aus Menschen geschaffen hätten.

Allbekannt sind die fürstlichen Ahnengalerien, in denen die Kollektivvorstellung besonders augenfällig wird.

Ein interessantes etymologisches Beispiel für den Ahnenkult (und den Glauben an die Wiedergeburt) gibt das Handwörterbuch des deutschen Aberglaubens. Der Begriff „Enkel" (ahd. eninchilî) meint: „der kleine Großvater".

ALLERHEILIGEN, ALLERSEELEN

Seit Gregor IV., der das Fest Allerheiligen 835 auf den ersten November verlegte, um damit, analog zur Bedeutung der elf (letzte Stunde, Endzeitthematik) im elften Monat die Gedenkfeier für die verstorbenen Märtyrer auf die letzten Dinge (Tod,

Gericht, Himmel, Hölle) zu konzentrieren, fällt Allerheiligen in die Zeit des Winterbeginns. An diesem Tag war es daher gebräuchlich, Wetterprognosen zum Verlauf des Winters aufzustellen. In der Bretagne hat man überdies geglaubt, das um diese Zeit gesäte Wintergetreide gäbe das beste Mehl, da alle Heiligen es segnen würden.

Wie mit anderen Schwellenterminen verknüpft sich mit dem ersten November der Glaube, daß an diesem Tag Geborene geistersichtig würden.

Im Bewußtsein der Bevölkerung ist Allerseelen, das Papst Johannes XIX. 1006 allgemein eingeführt hat, am zweiten November bedeutender. Es konfrontiert die Gläubigen mit dem Tod nahestehender Angehöriger und angeschlossenen Themen wie der Läuterung im Fegefeuer, der Fürbitte für die Verstorbenen und dem Arme-Seelen-Kult.

So besucht man, teilweise schon Tage zuvor, die Gräber der Verwandten, schmückt sie, stellt Lichter auf und besprengt sie mit Weihwasser, um so die Qualen der Leidenszeit im Fegefeuer zu verkürzen. Nach dem offiziellen Lehrentscheid des Trienter Konzils (1563) könne man den Seelen der Toten mit Gebeten und Messen helfen, weshalb an diesem Tag die besondere Fürbitte allen Seelen gilt. Die aufgestellten Lichter sollen ihnen die Anschauung Gottes erleichtern. Vielerorts ist der Glaube verbreitet, daß die armen Seelen in den Tagen um Allerseelen zu ihren Körpern oder in ihre Wohnungen zurückkehrten, weshalb man ihnen Brot, Wein und andere Speisen aufstellt, Gelegenheit zum Baden schafft und Fett zur Kühlung der Brandwunden bereithält (↗Samstag).

APRIL

„Der April tut, was er will" lautet eine allgemein verbreitete Wetterregel, die die besondere Wechselhaftigkeit des Aprilwetters umschreibt. In Mitteleuropa treffen im April der Spätwinter und der Frühsommer aufeinander, weshalb es heißt: *„Ist der April noch so gut / er schneit dem Hirten auf den Hut."* Der April gilt als Unglücksmonat, nachdem der 1. April als Geburts- oder

Todestag des Judas eingeführt worden war. Man glaubt, daß Menschen, die im April und besonders am 1. April geboren sind, krank und unglücklich werden, Selbstmord begehen, Unrecht tun und verkrüppeln.
Werkzeuge, die am 1. April angefertigt wurden, sollen gemieden und (Gemüse)saat soll im April nicht ausgebracht werden. In Bayern sagt man *„Baust mi im April, Kimm i wann i will; / Baust mi in Mai, kimm i glei."*
Der 1. April gilt ferner in Mitteleuropa allgemein als Tag, an dem Mitmenschen zum Narren gehalten werden. Jemanden in den April zu schicken heißt, ihn mit unsinnigen Aufgaben zu traktieren, ihm etwas an die Jacke zu heften, närrische Botengänge zu erbitten oder schalkhafte Fehlinformationen mitzuteilen etc. kurz, ihn in irgendeiner Weise dumm erscheinen zu lassen. Der so als Aprilkalb, -ochse, -esel oder -narr gekennzeichnete wird dann in Sprüchen noch zusätzlich gefoppt: *„Angeführt, / Mit Butter geschmiert, / Mit Käse geleckt, / Hat's gut geschmeckt?"*
Woher dieser Brauch stammt ist umstritten. Die gängigsten Ursprungserklärungen betreffen den Zusammenhang mit Judas' Geburt oder Tod, dem Herumschicken Christi „von Pontius zu Pilatus", einem römischen Narrenfest „Quirinalia", dem Anbrechen des Frühlings, und einem indischen „Hulifest". Dabei gilt es aber zu beachten, daß Aprilscherze erst seit dem 17. Jahrhundert nachweislich als solche bekannt sind. Die Bezeichnung „April" soll sich nach Ovid von aperire = öffnen ableiten und würde demnach auf den anbrechenden Frühling abzielen.

ASCHERMITTWOCH

Seit Gregor d. Gr. ist der Aschermittwoch Beginn der Fastenzeit vor Ostern. Er trägt seinen Namen von der Asche her, die an diesem Tag zum Zeichen der Buße und Reue den Gläubigen in der Kirche in Gestalt eines Kreuzes auf der Stirn verabreicht wird. Man glaubt auch, daß diese Asche Kopfschmerzen lindere und auf Äcker und Felder gestreut, das Wachstum fördere.

Neben regionalen Übergriffen einzelner Fastnachtsveranstalter, die noch am Aschermittwoch letzte Programmpunkte der närrischen Tage unterbringen und der „Weiberfastnacht", treffen sich die Aktiven zum Fischessen in den Wirtshäusern. Das geschieht heute zumeist als geselliger Ausklang der Festzeit und geht zurück auf die Gleichsetzung von Christus und Fisch. Man „verleibt" sich also damit Christus ein.
Der Aschermittwoch gilt wie jeder andere ↗Mittwoch als Unglückstag und ist mit verschiedenen Arbeitsverboten belegt (Holzfällen, Dungfahren, Viehhandel). Das Wetter am Aschermittwoch soll sich während der ganzen Fastenzeit nicht ändern.

AUGE

Geradezu verwirrende Formen haben „abergläubische" Vorstellungen über das Auge, die Brauen und die Wimpern bei Mensch und Tier angenommen. Dazu gehört die von H. Bächtold-Stäubli und E. Hoffmann-Krayer mitgeteilte Maßnahme aus dem Westphälischen, wo man vor dem Stall einer Kuh, die kaum noch Milch gibt, folgende Mixtur plaziert. Man gießt an einem Sonntag ein wenig Milch von dieser Kuh in ein sauberes neues Gefäß, reißt eine Wimper vom unteren Augenlid des Tiers aus und gibt sie dazu, verschließt das Gefäß fest und läßt die Milch ein bis zwei Stunden kochen. Dann gießt man sie durch einen Filter, melkt die Kuh dreimal, filtert diese Milch, gibt sie in ein Gefäß, wirft Hausstaub hinein und setzt das Gefäß an die Stalltür. Hier mischen sich die verschiedensten überlieferten Anschauungen zu einem unentwirrbaren Durcheinander, dessen Auflösung weder möglich noch nötig erscheint. Derartige „exotische" Randerscheinungen sind für das Verständnis der Kulturgeschichte schlicht unerheblich. Sie belegen indes den Bestand überlieferter Auffassungen über die Magie des Auges, zu deren wichtigsten Varianten etwa das „zweite Gesicht" und der „böse Blick" zählen. Die historischen Berichte, die sich um die schädlichen Ausstrahlungen des Auges ranken, sind Legion. Besonders markant fällt dabei die Gepflogenheit auf, Verbrechern vor der Hinrichtung die Augen zu verbinden – zum Schutz der Henker und des Publikums. Derartige vorbeugende Maßnahmen gehen letztlich auf antike Lehren zurück, wonach die Augen nicht passive Empfänger äußerer Lichtreflexe seien, sondern Sender eigenen „Augenlichts“. Vom *Augenfeuer* (↗Feuer) sprachen schon Plato und Galenus. Nach Epikur geht das Sehen auf ausströmendes Augenlicht zurück und noch spätere Naturforscher vertraten die Ansicht, ein „Nervengeist“ gehe vom Auge aus und vermittle die Wahrnehmung durch Beleuchtung der Gegenstände. Die verdorbene Seele sende daher Augenstrahlen aus, die man giftigen Pfeilen verglich.

AUGUST

Nach dem römischen Kaiser Augustus benannt, der im damaligen Sextilis (6. Monat) seine meisten Siege errungen hat, ist der August in Mitteleuropa ein Haupterntemonat. Die ersten Erntefeste fallen in seine zweite Hälfte. Wie der erste April gilt der 1. August als Unglückstag und zwar deshalb, weil an ihm der Teufel aus dem Himmel geworfen worden sein soll.

Während im deutschsprachigen Raum im August nur Petri Kettenfeier, Mariae Himmelfahrt und Bartholomäus wichtige Festtage der Kirche sind, gab es in Südtirol (Rovereto) den interessanten Brauch, daß am 1. August die Handwerker zu einem Festgelage zusammenkamen, wozu sie Wein und Geld von ihren Kunden erbaten. Das nannten sie „Feragosto“, womit sie an die „feriae Augusti“ anknüpften, die von den alten Römern mit Trinkgelagen begangen worden sind.

B

BAD, BADEN

Bis in die Moderne ist das Bad als integrierter Bestandteil des Wohnkomplexes nicht überall vertreten. Besonders die Landbevölkerung kennt das regelmäßige und häufige Baden in der Wanne kaum. Dem eigenen Wannenbad haftet nach wie vor etwas Luxuriöses, Verschwenderisches an, das nicht jeder gewillt ist, sich zu leisten. Schon im Mittelalter war das Baden im warmen Wasser ungewöhnlich und blieb meist auf vornehme Kreise begrenzt. Dort aber pflegte man ein geselliges Bad mit gutem Essen und Trinken zu verbinden.

Hingegen hatte jedermann Zutritt zu den öffentlichen Dampfbadestuben, die bis zum Ende des 15. Jahrhunderts weit verbreitet waren (↗Bader, Barbier).

Das Baden hat traditionell drei Aspekte. Es kann als religiöse Übung ausgeführt oder nicht ausgeführt werden, es kann der Heilung verschiedener Krankheiten dienen und es reinigt. Aus religiösen Gründen enthielten sich Büßende, Fastende und besonders fromme Menschen des Badens. Bischof Reginald von Lüttich († 1037) habe in seinem Leben nie ein Bad genommen, da es zu den Vergnügen zähle. Clemens von Alexandrien hat das differenzierter gesehen und gesagt, Baden zur Lust sei verboten. Den Weibern sei es erlaubt, wenn sie es tun, sich zu reinigen und ihrer Gesundheit halber, den Mannspersonen aber nur der Gesundheit halber. Die Orden verfügten über eigene Baderegeln, die auf einen mäßigen Gebrauch des Bades, insbesondere in Krankheitsfällen abzielten.

Ähnlich war die kirchliche Einschätzung des Badens und seine Folgen. Die Heilkraft bestimmter Bäder und die Notwendigkeit der Reinigung ist da nicht in Frage gestellt worden, doch es ging darum, den Aspekt „Vergnügen“ und die Badeorgien in den öffentlichen Häusern der Städte zu unterdrücken. Die Zeugnisse über das Baden sind daher oft sehr widersprüchlich. Ein überliefertes Spruchgedicht beschreibt die negative Einschätzung des Bades so: *„Am Montag baden die truncken, am Aftermontag die reichen, am Mittwoch die witzigen, am Donnerstag die gryndig vnd lausig seind, am Freytag die ungehorsamen, am samstag die hochvertigen.“* Umgekehrt werden so die meisten Badenden als lasterhaft gekennzeichnet. Weit verbreitet war ein generelles Badeverbot am Freitag und am Sonntag, hingegen war es üblich, donnerstags oder samstags nach getaner Arbeit gemeinsam eine öffentliche Badestube zu besuchen. Der Arbeitgeber hatte dafür ein besonderes Badegeld zu entrichten.

Neben den Vorschriften der Kirche in bezug auf die Wahl der Badetage gab es aber auch ältere Reglements astrologischer Herkunft. Danach galt es etwa als besonders ungünstig, im Zeichen der Jungfrau, des Löwen, der Zwillinge und des Steinbocks zu baden. Hingegen gibt der St. Galler Codex 760 an, das Baden bei abnehmendem Mond sei ratsam. Das hängt sicher mit älteren medizinischen Auffassungen zusammen, wonach das Bad ja eine Krankheit ausschwemmen sollte, die man sich als fehlerhafte Mischung der Körpersäfte dachte. In verschiedenen Kalendern noch des 19. Jahrhunderts wurden die günstigen Badetage eigens verzeichnet. Als besonders wirksam erachtete man eine Badekur, die wenigstens 7 Tage umfassen sollte. Nach 15 Tagen sei der Kranke wieder vollständig hergestellt, nach 21 Tagen heile die Gicht und 27 Tage „machen auch Krüppel so frisch, daß sie an Kirchtagen tanzen können.“

Solche Dauerbäder, die viele Tage umfassen konnten und täglich mehrstündig verliefen, dienten auch dem Zweck, einen Badeausschlag zu provozieren, mit dessen Abheilen dann auch die Krankheit verschwände. Hans Stockar von Schaffhausen berichtet 1528 vom Erfolg einer solchen Kur: *„Uff dye Zitt hein jch 33 Dag Wasser badett jn min Hus, und schlug heffdyg us.“*

Unter dem Einfluß der Kirche haben sich verschiedene Badetage etabliert, an denen ein Bad als besonders heilkräftig angesehen wurde. Insbesondere die Ostertage, zuvor schon der Sonntag Lätare, Pfingsten, Johannis und im Winter der Hochneujahrs- und der Fastendienstag (?) galten als besonders geeignet. Bäder an Flüssen, in geweihtem Wasser oder auch in der Badestube, die an diesen Tagen von besonders vielen Menschen geübt wurden, weil sie der Heilung und der auch religiös gemeinten Reinigung dienen würden, unterlagen aber auch der Beobachtung und Kritik. Schon der hl. Augustinus hat bemängelt, daß in Libyen Christen am Johannistage zum Meer gingen, um sich zu baden. Er hat diesen Brauch als heidnisch aufgefaßt und verworfen.

Ein Lorschius (Heidelberg im 16. Jahrhundert) hat es zur Sünde erklärt, am 1. Mai (hl. Walburga) *„anfahen baden, eh sie in der Kirch gewesen ...“*. Die Stuttgarter Synode bekämpfte 1591 das Johannisbad in einer Eßlinger Badestube, das 24 Stunden gedauert habe. Und 1602 hieß sie *„dem Sulzbäder zu Cannstat die St. Johanns Bäder“* abzustellen, weil sie, wie ein entsprechendes Gutachten bezeugt, *„ein Überrest des Papsttums seien und hauptsächlich nur noch von den benachbarten Katholiken zu Hofen und Öffingen gebraucht würden.“*

Die Badestuben dienten sowohl einer ernsthaften medizinischen Behandlung, wo sie sich etwa mit Kräuterbädern oder -tränken verknüpften, als auch der Berauschung durch Wein, verglühenden Bilsen- und Hanfsamen (schon bei Herodot). Früh hat man die Heilkraft bestimmter (Mineral-)Quellen erkannt und genutzt und früh ihren ökonomischen Wert erkannt. Da gab es Orte, an denen gewöhnliche Brunnen zu Wunderheilbrunnen ausgerufen wurden oder gleich mehrere Quellen aufgetan wurden, die jeweils gegen eine andere Krankheit helfen sollten.

Dergestalt im Rufe übernatürlicher Fähigkeiten, gewannen verschiedene Bäder auch Bedeutung als Orakelstätten, die sich etwa in Schlesien sogar auf gewöhnliche Badestuben übertrug.

Da baten die Mädchen den Teufel zum Bad „in der Kloake“, daß er ihnen den Zukünftigen zeige.
Eine primitive Frühform des privaten häuslichen Bades ist die „Bäckerbadestube“, die man über dem Backofen errichtet hat. Seine Hitze wurde aufgefangen und mit Hilfe von Essig oder Getreidearten aromatischer Dampf erzeugt, in dem man gegen Rheumatismus und Gicht schwitzte.
Verschiedene überlieferte Rezepte des 16. Jahrhunderts sehen bereits Zusätze zu heilkräftigen Wasserbädern im Hause vor. Kinder erhielten Knospen der Fichte oder Tanne als Badezusatz oder verrostetes Eisen – damit das Kind so stark wie Eisen werde. Ein Baseler Arzt, Pantaleon, empfahl 1578 den Lungensüchtigen Wasserbäder *„so ab Kalbsköpfen und -füßen gesotten“*. Bäder in Öl, Wein, Milch oder Molke galten schon in der Antike als förderlich. Da gibt es das berühmte Beispiel der Gemahlin Neros, die täglich in Eselinnenmilch gebadet habe und auf Reisen 50 Eselinnen in ihrem Gefolge mitnahm. Die Gemahlin des Augustus habe sogar in der Milch gefangener keltischer und germanischer Frauen gebadet.
Große Heilwirkung hat man dem Bad in Menschenblut (insbesondere Kinderblut) zugeschrieben. Beispiele, nach denen Kaiser, Könige, Päpste und Fürsten Hunderte oder gar Tausende von Kindern töten ließen, um in den Genuß eines solchen Heilbades zu kommen, gibt es zahlreich. Hingegen habe Kaiser Konstantin d. Gr. die zur Heilung seines Aussatzes beigebrachten Kinder ihren Müttern zurückgegeben mit dem Bemerken, daß die Gottlosigkeit ihrer Tötung ersichtlich, der Erfolg der Anwendung aber ungewiß sei.
Verschiedenenorts sind Meerbäder zur Übertragung der Krankheit auf das Wasser (↗ Fluß) unternommen worden. Unter dem Aufsagen des Spruchs: *„Fieber, Fieber gehe ins Meer, während ich mich bade, Fieber, gehe heraus aus meinem Körper“* warfen portugiesische Kinder 9 Kieselsteine ins Meer, um gesund zu werden.
An der Ostsee haben Frauen Kränze ins Meer geworfen, die die

Wellen mit sich forttragen sollten. Damit hofften sie, sich einer Krankheit zu entledigen.

BÄCKER

Der Berufsstand der Bäcker ist wesentlich jünger als viele andere Handwerke und dürfte erst im Mittelalter aus den Hof- und Klosterpfistereien entstanden sein. Es war und ist ja heute noch auf dem Land gelegentlich üblich, das Brot selbst zu bakken, wofür eigene, meist kuppelförmige Backöfen außerhalb des Hauses gebaut wurden.

In den Dörfern auf der Insel Lefkada besitzt fast jedes Haus einen solchen Backofen, und oft werden diese auch noch regelmäßig benutzt. In Mitteleuropa kehrt man hingegen gerade zurück zur eigenen Brotherstellung, wobei man dort aber auf die elektrische Backröhre angewiesen ist.

Vor der Ausbreitung des Bäckergewerbes hat es eine Zeit gegeben, in der der Bäcker lediglich den schon zubereiteten und gebrachten Teig gebacken hat.

Weil das Brot das Haupt-Grundnahrungsmittel und bei armen Leuten oft allein die Ernährung bildete, war es den Menschen stets besonders wertvoll. Und so wurde der Bäcker mit besonderer Aufmerksamkeit bedacht; daß er sich nicht am anvertrauten Teig vergreift und keinen Brotwucher betreibt.

Zahlreich sind die Sagenmotive, in denen Bäcker für Unregelmäßigkeiten und falsche Berechnungen bestraft werden. Die Brote werden zu Stein, er selbst zum Kuckuck. Ein Motiv, das auch in anderen Zusammenhängen noch aufscheint: *„Kukkuck, Beckerknecht, sag' mir recht, wieviel Jahr' ich leben soll."* (↗Plejaden). Wie bei anderen Zünften auch, verzeichnet die Chronik der Bäcker besondere Tapferkeiten und Heldentaten, aus denen Zunftprivilegien (↗Metzger) abgeleitet wurden.

Bäcker und Müller spielen wegen ihrer Abhängigkeit vom Korn in bestimmten Bauernregeln (etwa zum Jakobitag am 25. Juli) eine Rolle. Da heißt es: *„Wenns an Jakobi regnet, so darf der Müller zum Wein gehen, aber der Bäcker muß Wasser trinken"* (d.h. es gibt viel aber schlechtes Mehl).

Im Verlauf des Kalenderjahrs treten die Bäcker insbesondere beim Ausrichten öffentlicher Bräuche in Erscheinung. Beim Neujahrswünschen, in der Fastnacht, beim österlichen Eierlesen und bei den fränkischen Pfingsttänzen.

BADER UND BARBIERE

Die Angehörigen dieser beiden nahe verwandten Berufsstände zählten zu den unehrlichen Leuten, da ihr Gewerbe in schlechtem Ruf stand. In den Badestuben des Mittelalters (↗Bad, baden), wo die Bader auch Haar- und Bartschur anboten und kleinere wundärztliche Dienste anboten (Schröpfen, Aderlaß, Bruchbehandlung), ging es oft recht ungezügelt zu. Viele Badestuben dienten auch der Prostitution und von ihnen gingen dann insbesondere in Zeiten grassierender Seuchen Ansteckungsgefahren aus.
Besonders die Tätigkeit als Wundarzt mag mancher Bader mit „allerlei abergläubischem Humbug ... verbrämt (haben), um sich dadurch bei ... Kunden, mit dem Nimbus geheimer Wissenschaften zu umgeben", womit er seinem Gewerbe vermutlich wenig diente. In diesem Zusammenhang ist den Badern Trunksucht und Geschwätzigkeit nachgesagt worden, woher sich der Ausdruck „Salbadern" erklärt.
Wegen dieses schlechten Rufs ist die Figur des „Baders" vielerorts in die Fastnachtsbräuche eingegangen (↗Fastnacht). Das Haar- und Bartscheren ging in ritualisierter Form in die Aufnahmezeremonien der Zünfte, studentischer Verbindungen und Vereine ein.

BEGRÄBNIS

Die Bestattung der ↗Leiche wird als Überführung des Verstorbenen in eine andere Welt und als endgültiger Abschied vom Toten angesehen und unterliegt daher zahlreichen Vorschriften. Die große Bedeutung, die man dem Begräbnis beimißt, geht mit besonders sorgsam beachteten Bräuchen einher.
Verschiedentlich hat man geglaubt, der Tote könne sein Begräbnis noch miterleben. Deswegen wurde alles unternommen,

um den Toten nicht zu verärgern. Die Furcht davor, ihn zu verstimmen, und seiner Rache ausgesetzt zu sein, war ein wesentliches Element im Kontext der Begräbnisbräuche.
Für die Seelenruhe des Toten schien es erforderlich, ihn in seiner Heimat zu bestatten. Wo das nicht möglich war – etwa bei im Krieg gefallenen Soldaten, ertrunkenen Seeleuten etc. – veranstaltete man im Heimatort wenigstens einen Trauergottesdienst oder man begrub ein Kleidungsstück des Toten; berichtet wird auch von Scheinbegräbnissen. Paulus Diakonus überliefert in diesem Zusammenhang einen interessanten Brauch der Langobarden, die ihren in der Fremde gefallenen Soldaten eine Stange auf einen Grabhügel pflanzten. Darauf setzten sie eine hölzerne Taube, die in die Richtung blickte, wo der Tote gefallen war.
Neben dem Aspekt Heimat gilt es (seit Einführung des Christentums) als wesentlich, in geweihter Erde (also in oder an der Kirche oder auf dem Friedhof) begraben zu werden. Nur Verbrechern, Hingerichteten, ungetauften Kindern und Selbstmördern wurde dies versagt, womit zugleich ein Unterlassen jeglicher Hilfe für das Seelenheil des Toten einherging. Auf dem Grundstück des Verfassers, das an einen Kirchhof grenzt, befindet sich ein solches Grab. Dort ist vor ca. 30 Jahren eine Selbstmörderin bestattet worden, wobei die Familie damals darauf geachtet hat, das Grab in größtmöglicher Nähe zur Kirchenmauer anzulegen.
Tote, deren Rückkehr man besonders fürchtete (Schwerverbrecher), wurden dem Feuer oder dem Wasser übergeben, womit man ihre Seele als vernichtet ansah.
Im Zusammenhang der christlichen Auferstehungslehre galt es als wesentlich, daß die Gebeine eines Bestatteten in Ordnung und vollzählig erhalten blieben. Der Gedanke an die körperliche Auferstehung zog den Bau von Karnern nach sich, die man etwa noch im Elsaß vielfach antrifft. In diesen Gebeinhäusern stapeln sich oft Tausende von Skeletten, die meist sorgfältig numeriert wurden, nachdem man sie aus Platznot wieder exhumiert hatte, wenn sich der Friedhof nicht vergrößern ließ. Be-

sonders genau beachtete man alles, was sich mit der Anlage eines Grabs und seiner Ausstattung verbindet. Die Furcht vor der Rache des Toten oder dem Nachgeholtwerden war so groß, daß man alles Regelwidrige, Schlampige und Störende vermied. Einstürzende Grabwände etwa oder ein falscher Zeitpunkt, zu dem der Totengräber das Grab anzulegen begann, Regen oder Schnee im offenen Grab und ein Offenstehen über Nacht (besonders Neujahrs-, Karfreitagsnacht) wurden auf den nahen Tod eines Dorf- oder Familienmitglieds hin ausgelegt.

Zahlreich sind die Beispiele für Riten, mit denen man die Rückkehr des Toten auszuschließen trachtete. Man umlegte den Sarg oder das Grab mit Dornenzweigen und Gestrüpp, man legte auf die frische Grabstelle Netze aus buntem Papier (Gegitter) oder stellte eine Grabkrone aus Zweigen und Papier auf – es wurden Leintücher ausgebreitet, die man mit Pflöcken und Steinen befestigte, man bestreute das Grab mit Eisenspänen oder Kohlenstaub und legte besonderen Wert auf die fugenlose Abdeckung der Grabstelle mit den ausgestochenen Rasenstücken.

Verschiedenenorts galt die Umzäunung oder Ummauerung des Grabes auch der Verhinderung der Rückkehr des Toten. Besonders „gefährliche Tote“ (Hexen) wurden aufgepfählt. Das Herz als Sitz der Seele wurde damit gleichsam im Boden festgenagelt.

BEIN

Das Bein spielt im „Aberglauben“ nur eine untergeordnete Rolle. Wohl kennt man eine Symbolik des Beinekreuzens, und im Zusammenhang antiker Vorstellungen hat man das auch mit verschiedenen Wertungen belegt, das Bein selbst aber ist kaum zum Gegenstand besonderer Aufmerksamkeit oder Deutung geworden.

Bekannt ist indes die Erklärung der Kindergeburt aus dem Biß eines Storches ins Bein der Mutter, die daraufhin das Bett hüten müsse. Fraglich ist, ob in diese Tradition Elemente aus der

griechischen Mythologie eingeflossen sind, wo etwa das Heranreifen des Dionysos im Schenkel des Zeus begegnet. Euripides formuliert in den Bakchen (240f.): *„Er fabelt, Dionysos sei ein Gott, / Er, daß ihn Zeus im Schenkel eingenäht hat.“* Einfacher ließe sich auch an eine symbolische Gleichsetzung von Penis und Storchenschnabel denken.
Das Beinekreuzen ist mit widersprüchlichen Deutungen belegt worden. So galt es einerseits als ein Zeichen der Würde (vgl. etwa die Darstellung Walthers von der Vogelweide in der Heidelberger Liederhandschrift), andererseits war es seit Plinius (Nat. Hist. lib. XXVIII, cap. 17) verpönt: *„Noch schlimmer ist's, wenn man die Hände um ein oder beide Knie legt, auch wenn man die Beine übereinanderschlägt. Daher haben die Alten verboten, dies in den Versammlungen der Feldherrn und Staatsmänner zu tun, weil dadurch jede Handlung vereitelt würde ...“.* Diese Ansicht ist tradiert worden und findet sich später fast wörtlich bei Agrippa von Nettesheim wieder. Sie schlug sich dort im „Aberglauben“ nieder, wo man glaubte, daß in einer Tafelrunde, die in Streit geraten sei oder schweige, gewiß jemand die Beine übereinandergeschlagen habe.

BERG
Seit der Antike spielt der Berg eine besondere Rolle im Glauben der (europäischen) Völker. Zum Einen als Sitz der Götter verherrlicht (Olymp, Walhall) zum Anderen als höllischer Dämonentreffpunkt gefürchtet (Blocksberg, Hexenberg) kommt dem Berg jeweils eine, seiner exponierten Gestalt und Lage entsprechende Charakterisierung zu.
Berge sind daher auch besonders beliebt für die Plazierung der Gerichts- und Kultstätten gewesen. Opfer brachte man schon in alttestamentlicher Zeit bevorzugt auf Bergen. Die sogenannten Steinopfer, bei denen schwere Steine bergauf geschleppt und dort zu Hügeln aufgeschichtet wurden, sind zeitweise (so im 11. Jahrhundert) verboten worden.
Umgekehrt hat man unliebsame Geister auf wilde Berge zu bannen versucht. Die ungerechten Feldmesser sollen der Sage

nach nach ihrem Tod auf dem Belchen (Schwarzwald) umgehen müssen, wo sie die Wanderer in die Irre führen.

Aus ähnlichen Gründen war das Besteigen verschiedener Berge verboten. Das Volksbuch von Pilatus aus dem 15. Jahrhundert erwähnt, daß es ein Unwetter gab, wenn jemand die Besteigung des Nekromantenberges versuchte.

Im „Aberglauben" spielen indes vor allem hohle Berge eine Rolle, in denen man Zwerge, Riesen oder schlafende Helden, einstige Herrscher (Karl d. Gr., Barbarossa) und Verbrecher wähnte. Der Untersberg bei Salzburg ist etwa bekannt als Aufenthaltsort Karls d. Gr.

Die Sagen von derart Bergentrückten befassen sich entweder mit deren magischem Schlaf bis zum Jüngsten Gericht oder mit Festmählern, Schatzwachen, Lärmumzügen etc.

In jedem Fall gelten solche Berge als stellvertretende Beispiele für das Totenreich oder die Unterwelt, wobei die Auswahl eines Berges und die Ausgestaltung seiner Sage sicher auch von der Kenntnis versteckter Höhlen, besonderer Felsformationen und spezieller Wetterphänomene abhing. Als Wetterberge sind in ganz Europa solche Gipfel bekannt, um die sich charakteristische Wolken ballen. Am Eisenhut (Dänemark), an der Sturmhaube (Steiermark) und am Nebelhelm (Cumberland) können Kundige die Wetterentwicklung ablesen.

So wie Berge einerseits als Wohnstätten der Zwerge betrachtet wurden, hat man sie andererseits auch mit sagenhaften Riesen verknüpft. Viele Berge, deren besondere Gestalt etwa Fußspuren oder Fingerabdrücke von Riesen vermuten läßt, sollen von ihnen geschaffen worden sein. Ganze Gebirge hat man als steingewordene Riesenfamilien (Watzmann) betrachtet.

BERUF, HANDWERK UND ZUKUNFT

Die ältesten Berufe gehen unmittelbar aus der Notwendigkeit des Nahrungserwerbs hervor und betreffen den Hirten, den Bauern, den Jäger und den Fischer.

Die fortschreitende Zivilisation zog (in Germanien) erst nach dem Niedergang des römischen Imperiums die Ausbildung spezifischer Handwerke und ihre Organisation in Zünften nach sich, die römischem Vorbild folgten. Sowohl einzelne Traditionen als auch der geordnete Zusammenschluß der Handwerker einer Produktionssparte scheint von den römischen „collegia fabrum" überliefert worden zu sein, die auch in den germanischen Provinzen bestanden hatten. Gerade in Zeiten politischer Umbrüche werden diese „collegia" als Standesvertretungen besondere Bedeutung erlangt haben. Der frühchristliche Gemeinschaftsgeist, der viele dieser „collegia" prägte, wird mit der Ausbreitung des Christentums auch den Gedanken an die Bildung von Zünften nahegelegt haben, deren innere Struktur später in vielen Bereichen der klösterlichen Ordnung vergleichbar war. Das Bindeglied zwischen dem Kloster und der Zunft war die mittelalterliche Bruderschaft, in der sich überwiegend Handwerker zur Verfolgung religiöser und caritativer Anliegen zusammengeschlossen hatten.

Einen bedeutenden Impuls erhielten die germanischen Handwerker durch die Übernahme des südeuropäischen Kirchenbaus in Stein und durch die aufkommende Verstädterung im frühen Mittelalter. Für das 7. Jahrhundert sind römischem Vorbild nachgeahmte Organisationen der Bauhandwerker bei den Langobarden und Transportgesellschaften belegt.

Die Zünfte, die aus diesen Organisationen hervorgingen, waren dreifach gegliedert in Lehrlinge, Gesellen und Meister. Während die Lehrlinge im Haus des Meisters (also in fremder Umgebung) lebten und lernten und damit der besonderen Sorge und Zucht des Meisters unterstanden, führten die Gesellen ein freies (meist unverheiratetes) Leben (Junggeselle) – oft auf Wanderschaft. Mit der Erlangung der Meisterwürde ging die Familiengründung und die Niederlassung an einem Ort einher. Somit entspricht die Zunftordnung nicht nur der Struktur religiöser Vereinigungen sondern auch dem psychisch-physischen Reifeprozeß des Individuums.

Von dieser Beobachtung aus auf tradierte Elemente der heidnischen Gilden (Jünglingsweihe) zu schließen, erscheint aber doch etwas problematisch. Die Bräuche der Zünfte: Aufnahmeriten, Beförderungen, Beteiligung am öffentlich-kulturellen Leben, Jahrestage, Gründungsfeste etc. haben ihre Vorbilder wohl eher in akademisch-adeligen Standesriten und religiösen Gepflogenheiten.

Wesentliches Element der zünftischen Brauchkultur ist die Aufnahmefeier eines Lehrlings in den Gesellenstand. Die Frei- oder Lossprechung des Lehrlings aus der Obhut des Meisters glich einer Mündigkeitserklärung und hatte daher besonderes Gewicht. Nach einer Vorbereitungszeit, in der ein Pate den „Novizen" mit den Erfordernissen und Gepflogenheiten des Gesellenstandes vertraut machte und die etwa zwei bis drei Wochen umfaßte, hatte der Bewerber einen teils recht unsanften Aufnahmeritus zu überstehen. Dieser verband sich mit Schuh- und Kleiderwechsel, dem Ablegen des Necknamens (etwa „Kuhschwanz", „Ziegenschurz") und dem Annehmen des Gesellennamens. Da heißt es dann beispielsweise: *„Du sollst hinfüro heißen Hans Georg Gut, der viel verdient und nichts vertut."* Gelegentlich verband sich dieser Namenswechsel auch mit einer Taufe, das heißt einem scherzhaften Wasserguß oder gar mit einem Bad im Brunnen (↗Metzger).

Zu einer Aufnahmefeier gehörte dann eine (meist gereimte) Rede, in der der Bewerber alle erdenklichen Ratschläge und Ermahnungen erhielt.

Und dann zogen die Gesellen den Lehrjungen zum fiktiven Barbieren, mit Ziegelstein und Axt, Rost und Ruß, heran und erteilten ihm somit ein Zeichen seiner (männlichen) Reife. Rasieren durften sich verschiedenenorts erst die Gesellen. Dem Handwerk entsprechend nahm man an dem Lehrling dann besondere handwerkliche Tätigkeiten, wie schneiden, hobeln, hacken, Feuerausblasen und schleifen vor, womit angezeigt wurde, daß das Rohmaterial „Lehrling" nun zu einem fertigen Produkt „Geselle" herangebildet worden sei.

Dem folgte eine kurze Prüfung (oft mit scherzhaften Elementen), das unsanfte „Hänseln" (Prellen auf einem Tuch, Stoß vom Stuhl, Spießrutenlauf), das vielleicht ursprünglich als Strafe für Fehler in der Prüfung gemeint war, und Ohrfeigen oder Haarraufen, die das Handwörterbuch des deutschen Aberglaubens als Erinnerung an die Wichtigkeit des Übertritts in den neuen Stand auffaßt.

Für die Ausrichtung des anschließenden Festmahls mußte der Lehrling aufkommen. Dafür erhielt er aber nun das Abzeichen des Gesellenstandes (Stab, Degen, Ehrbarkeit), einen Kuß der Meistertochter und seine erste offizielle Zigarre. Er nahm an der Festtafel den Ehrenplatz ein und durfte den Tanz mit der Tochter des Hauses eröffnen.

Für die Darstellung der Zunft im öffentlichen Leben waren dann die Kalenderbräuche wichtig, etwa Fastnacht und Fronleichnam, wo eigene Abordnungen entsandt und spezifische Bräuche (Metzgertanz beim Nürnberger Schembartlauf) ausgerichtet wurden. Die Zünfte erwählten sich überdies Heilige als Schutzpatrone und feierten deren Namenstage, sie unterhielten Chroniken und dokumentierten darin auch ihre besonderen Verdienste, Privilegien und Heldentaten und pflegten eine eigene Sprache, die sich meist unmittelbar auf die Berufsarbeit bezog und Außenstehenden unverständlich blieb.

Mit dem Niedergang der Zünfte im 19. Jahrhundert, den die industrielle Revolution und die Einführung der Gewerbefreiheit erzwangen, gerieten viele zunftsgeschichtliche Kenntnisse und zünftische Traditionen in Vergessenheit. Vieles hat man dann später als „abergläubisch“ bezeichnet, weil man es nicht mehr verstanden hat.

BETT

Hohe Wertschätzung ist dem Bett, insbesondere dem Ehebett, schon in der Antike zugekommen. Später ist es im Capitulare de villis Karls d. Gr. als ständiger Einrichtungsgegenstand vorgeschrieben worden. Verschiedentlich ist das Bett als Grabbeigabe nachgewiesen worden und allgemein assoziiert man Bett und Grab.

Als Stätte des Traums hat es Bedeutung im „Aberglauben“: als Orakelplatz und Geisterort. Man soll beispielsweise tagsüber das Bett nicht offen lassen, damit kein Geist einziehen könne. Im Schlaf wegrutschende Decken werden oft als Geisterwerk gefürchtet. Das Rütteln der Bettlade in der Thomas- oder Andreasnacht ist von jungen Mädchen und Burschen als Eheorakel geübt worden. Damit verband sich der Spruch: *„Bettlad i tritt di – hl. Thomas i bitt di – laß mir erschein' – den Herzallerliebsten mein."*

Das Zubettgehen und das Aufstehen verbanden sich mit verschiedenen Ansichten. Mancherorts sollte man sich nur rückwärts zu Bett legen und es ist sprichwörtlich geworden, daß es ungünstig sei, zuerst mit dem linken Bein aus dem Bett zu steigen.

Verschiedentlich wird die Auffassung gepflegt, wer von den Eheleuten nach der Hochzeitsnacht zuerst aufstehe, müsse als erster sterben.

BLUT

Daß Blut die Verkörperung des Lebensprinzips darstellt, ist eine der ältesten Einsichten des Menschen. Ausgehend vom Deuteronomium etwa, wo Moses verfügt: *„Halte … streng daran fest, kein Blut zu genießen, denn im Blute ist das Leben, und das Leben sollst du nicht mit dem Fleisch verzehren"* (Deut 12,23), haben sich ungezählte Glaubensformen, Regeln und Verbote um den Genuß oder die Übertragung von Menschen- und Tierblut ausgebildet. Die bekannteste und zugleich bedeutendste Variante der Seelenvereinigung durch Blutsübertragung ist die Blutsbrüderschaft (↗Verwandtschaft). Für diesen Bund, der über den Tod hinaus Bedeutung habe, genügt bereits der Austausch einer winzigen Blutmenge, da nach animistischer Lehre in jedem Blutstropfen bereits die ganze Seele enthalten sei. Diese Vereinigung geschieht häufig dadurch, daß sich die zum Blutsbund entschlossenen Freunde in die Finger schneiden und die Wunden kurze Zeit fest zusammenpressen. In größerem Kreis (Studentenverbindungen) aber auch im Liebes„zauber" werden einige Tropfen Bluts mit Wein vermischt und getrunken oder auf Brot vergossen und verzehrt. Solche

Blutsbruderschaften sind auch aus den vorchristlichen Riten der Germanen und von verschiedenen Naturvölkern bekannt.
Eine besondere Variante in dieser Tradition ist die Verbrüderung oder der Pakt mit dem Teufel, der mit Blut besiegelt/unterzeichnet werden muß. So verlangt ja auch Mephistopheles im Goetheschen Faust ein Tröpfchen Blut auf einem Blättchen – denn *„Blut ist ein ganz besonderer Saft."* In diesem Ritus vollzieht sich symbolisch die Auslieferung der ganzen Seele an den „Vertragspartner". Umgekehrt und weitaus eindringlicher kommt die Bedeutung des vergossenen Bluts und des Abendmahls im Opfertod Christi und im Sakrament der Eucharistie zum Ausdruck.
In der „Volksmedizin" hingegen spielt das Bluttrinken eine Rolle, das als kräftigend (vgl. Nibelungenlied V. 2054) gilt. *„Ochsenblut mit Wein und Honig gemischt, ist ein altgermanischer Krafttrank."* Schon Dioskurides hatte die Heilwirkung von Tierblut beschrieben. Der Genuß von Blut (insbesondere unter Liebenden) war noch im Mittelalter so verbreitet, daß man mit strengen Bußverordnungen dagegen einzuschreiten suchte. So verzeichnet das Poenitentiale Parisiense: *„Wer sein Blut um der Liebe wegen einen Mann oder eine Frau trinken macht, soll 3 Jahre büßen."* Dennoch haben sich entsprechende Riten bis in die Neuzeit durchgesetzt.
Weitere „medizinische" Verwendung fand das Blut Hingerichteter oder neugeborener und getöteter Kinder bei Wasch- und Baderiten. So überliefern etwa die „sieben weisen Meister" aus dem Mittelalter, daß der kranke König Alexander geheißen ward, sich mit dem Blut seiner fünf Kinder zu waschen, worauf er genesen sei (↗Bad, Baden).
Die überragenden kraft- und lebensspendenden Eigenschaften des Bluts kommen in spezifischer Ausformung im Vampyrglauben zum Ausdruck, wo Blut den Vampyr zeitweise ins Leben zurücklockt und vital erhält.

CHRISTI HIMMELFAHRT

Am 40. Tag nach Ostern feiert die Kirche die Auffahrt Christi in den Himmel „zum Vater“. Damit verbindet sich das Versprechen, daß auch die Menschen in den Himmel gelangen. Im Anschluß an Apg 1,12, wo die Rückkehr der Jünger vom Ölberg geschildert wird, finden verschiedenenorts Prozessionen zur Himmelfahrt statt.

In den Kirchen zog man ehedem Christusfiguren zur Decke empor, um das biblische Geschehen zu veranschaulichen. Wohin das Bild zuletzt sehe, von dort kämen die Sommergewitter.

In den assoziativen Rahmen der Himmelfahrt – *„Was droben ist, suchet, wo Christus ist zur Rechten des Vaters“* (Kol 3,1) – paßte der, freilich aus ökonomischen Interessen ins Leben gerufene Vatertag, der zugleich mit Ausflügen, Bergwanderungen, Wirtshausbesuchen und Herrenpartien begangen wird. Am Himmelfahrtsmorgen könne man noch immer sehen, wie Christus zum Vater auffahre und wenn man auf einen Berg geht, so gehe man das ganze Jahr leicht. Weil Himmelfahrt immer auf einen Donnerstag fällt, hat die Bevölkerung zahlreiche Beziehungen der an diesem Tag geübten Bräuche zu Blitz und Donner geknüpft.

Wenigstens ein Familienmitglied müsse am Himmelfahrtstag zum Abendmahl gehen, damit der Blitz nicht ins Haus einschlage. Woran gearbeitet wird, danach trachte das Gewitter. An manchen Orten ißt man eingedenk der Himmelfahrt „fliegendes Fleisch“, also Geflügel und beschenkt die Kinder mit Brotvögeln.

DACH

Das Dach kann „pars pro toto“ für das ganze Haus angesehen werden, weil es wesentlich die Schutzfunktion begründet. Es gilt andererseits als eine Stätte, wo sich gute und böse Geister versammeln, aufhalten oder die sie passieren. Die Seele eines Verstorbenen entweiche durch das Dach, weshalb vielerorts Löcher ins Dach gebrochen, Sterbende unter das Dach getragen oder Dachluken geöffnet wurden. Irrlichter, Hexen, Riesen und die Geister übelberufener Verstorbener zeigen sich dort auf dem Dach, wo sie Schaden stiften wollen. Sichtbaren Ausdruck fand solcher „Aberglaube“ darin, daß man bestimmte Vögel, die sich auf dem Dach niederließen und sangen, als Orakel betrachtete. Ein Rotschwänzchen künde ausbrechendes Feuer an, ein Pfau Regen und eine Amsel den Tod. Verschiedene Bräuche, die dem Schutz des Hauses und seiner Bewohner dienen sollten, verknüpfen sich mit dem Dach. So beispielsweise das Anbringen apotropäischer Figuren (Haus), das Niederlegen von Hauswurz (Blitzgefahr), Mehl (Sturmschäden), Nudeln und gekochten Eiern (gefährliche Geister) auf dem Dach, das Lärmen und Schießen vom Dach herab und das Werfen bestimmter Gegenstände (Eier, Milchtopf, Wäsche) über das Dach. Die Deutung und Bedeutung des Dachs entwickelte sich wohl analog zu der Ansicht, das Haus sei ein gleichsam verkleinerter Kosmos. In Ausdrücken wie „das Dach der Welt“ (für den Himmel) oder Redensarten wie „alles unter Dach und Fach bringen“ (ins Haus / in Sicherheit) spiegelt sich die umfassende Bedeutung, die dem Dach beigelegt wurde. Auf dem Dach habe man auch die Zukunft erforschen wollen. Noch heute ist es vielfach üblich, bestimmte Zeichen (Schandmai, Richtbaum) auf dem Dach anzubringen, wo sie eben nicht nur weithin sichtbar, sondern auch besonders bedeutend sind.

In der Rechtsauffassung gilt die Dachtraufe als äußerste Grenze des Hauses. Unter der Dachtraufe endet das spezifische Hausrecht und das hatte auch Folgen in „abergläubischen" Sinnzusammenhängen.

Bestimmte Dämone verlieren unter der Dachtraufe ihre Kraft und der Hausgeist geht nicht über die Traufgrenze hinaus. Eine Wöchnerin sollte bis zu ihrem ersten Kirchenbesuch oder bis zur Taufe ihres Kindes über die Dachtraufe nicht hinausgehen. Tat sie es dennoch, so nur mit einer Dachschindel oder einem Hut auf dem Kopf. Sie blieb dann so besehen „unter Dach und Fach".

DAUMEN

Der Daumen gilt als Sitz übernatürlicher Kräfte und gehört zu den Glücksfingern. Eine verbreitete Sitte ist es, *jemandem die Daumen zu drücken,* um ihm in seinen Unternehmungen Glück zu verschaffen. Schon Plinius hat die Beachtung eines entsprechenden älteren Sprichworts empfohlen. Geläufiger Ansicht nach, handelt es sich hier um ein Relikt eines alten Bindungszaubers; *man will den feindlichen Dämon festhalten, so wie man den Daumen festhält.*

Für seine besondere Verwendung in der „Volksmedizin" mag es indes rationalere Erklärungen geben. So sei es heilsam, bei Stichen in der linken Brust und beim Seitenstechen den linken Daumen, bei Beschwerden in der rechten Brusthälfte, den rechten Daumen fest zu drücken. Derartige Heilmaßnahmen sind ja im Rahmen der Akupressur systematisiert worden und finden heute wieder erfolgreich Anwendung. Man kann dabei zwar nicht voraussetzen, daß die Bevölkerungsschichten, die derartige „volksmedizinische" Behandlungen tradierten, über die Kenntnis der Nervenmeridiane verfügten, aus deren Existenz sich die Wirkung von Akupunktur und Akupressur erklärt, aber die Erfahrung im Umgang mit den überlieferten Heilmaßnahmen erübrigte auch ein theoretisches Verständnis. Vergleichbar ist da etwa auch eine verbreitete Behandlung bei Kreislaufbeschwerden, wo man die kleinen Finger an den Kuppen fest zusammendrückt und daran die Hände des Patienten schüttelt.

DEZEMBER

Der altrömische zehnte Monat Dezember, im Gefolge christlicher Feste auch Andreas- oder Adventmonat genannt, war und ist mit vielen Festtagen ausgestattet. Die Adventssonntage, Barbara, Nikolaus, Lucia, Andreas, Thomas und Stephan sowie die Geburtsfeier Christi haben eine Fülle von Bräuchen nach sich gezogen, die unter entsprechenden Stichworten hier im einzelnen noch behandelt werden. „Aberglaube" ist aber nur insofern auszumachen, als daß sich an den Andreas- und Thomastag und die Christnacht verschiedene Orakelbräuche angeschlossen haben ↗Lostage. Das hängt wohl damit zusammen, daß Weihnachten bis etwa zur Einführung des gregorianischen Kalenders vielfach noch als Neujahrsbeginn angesehen wurde. Die Zeit vor der Wintersonnenwende war jedenfalls für die Deutung von Zukunftsorakeln prädestiniert.

DIENSTAG

Der Name „Dienstag" wird gemeinhin auf einen „Mars Thingsus" zurückgeführt, einen im dritten Jahrhundert nachgewiesenen römisch-germanischen Gott der Thinge, der Volksversammlungen und der Rechtsprechung. Am ursprünglichen „dingstag" hielt man traditionell Gericht ab.
Im Südwesten des deutschen Sprachraums heißt dieser Tag allgemein „Zistig"; das rührt vom griechischen „Zeus" her. In Bayern dagegen ist der „Er(in)tag" bekannt. Gotische Christen sollen diesen Begriff zusammen mit „Pfinztag" (für Donnerstag) aus griechischen Namen überliefert haben. Da war der „Areintag" dem „Ares" geweiht.
Während nun zu „Zistig" Zinsen und Zinn assoziiert wurden

und zu „Ertag“ Irrtum, haben sich mit dem Dienstag verschiedene rechtliche und geschäftliche Auffassungen verknüpft. Dienstbotenantritt war dort am Dienstag möglich und gebräuchlich, wo der „Dienst“ im Namen des Wochentags genannt wird. Dagegen war er dort am „Ertag“ verpönt, wo Irrtum assoziiert wurde.

Neben seiner Bedeutung als Gerichts- und Geschäftstermin war der Dienstag ein beliebter Hochzeitstag. Das kommt daher, daß er (von Montag aus gezählt) ein gerader oder Glückstag ist und keinerlei kirchlichen Fastengeboten unterworfen war. Weil einst eine Hochzeit über mehrere Tage und so zumeist von Dienstag bis Sonntag gefeiert wurde, was erhebliche Kosten verursachte, ist man dazu übergegangen, erst am ↗Donnerstag zu heiraten, der ebenfalls als Fleischtag akzeptiert und als Glückstag angesehen war.

DONNERSTAG

Der Donnerstag gilt sowohl als Glücks- wie auch als Unglückstag. Seine Bezeichnung rührt her vom germanischen Gott Donar. Allerdings muß die Ableitung des „Aberglaubens“ und der Gebräuche, die sich mit dem Donnerstag verbinden, aus germanischen Kulten um den Wetter- und Gewittergott, stark bezweifelt werden. Weder die besondere Bedeutung des Gründonnerstagseis und -fastens noch die verschiedenen Arbeitsverbote (Ausmisten, Düngerfahren) und Glaubensformen (am Donnerstag geworfenes Vieh ist besonders kräftig) lassen sich auf germanische Quellen zurückführen. Allenfalls seine besondere Bedeutung als Gerichtstag verknüpft den germanischen Namen mit vorchristlichen Themen. Donnerstags hielt man ehemals die wichtigsten Thinge.

Weit wichtiger aber erscheint die Wertung des Donnerstagsabends als Vorabend des ↗Freitags, an dem Christi Leiden im Vordergrund steht, und daraus lassen sich bereits bestimmte Reglementierungen des landwirtschaftlichen Arbeitslebens erklären.

Als „gerader“ Tag (ausgehend von Montag) verspricht der

Donnerstag glückliche Fügungen. So war er beliebt als Hochzeitstag und Geburtstag.
Negative Deutungen, die parallel dazu überliefert sind, folgten wohl dem Geschehen des Donnerstags in der Passionswoche. Gerade in seinen Motiven ist indes auch die ambivalente Betrachtung des Donnerstags hinreichend erklärt, denn Christi Tod gab den Menschen die Erlösungsmöglichkeit. So heißt es in einem Donnerstagabend-Gebet aus dem Böhmerwald: *„Heut is Dunnerståg, heut is a heiliger, Tåg. / Heut håt unser Herrgott sei bittres Leid'n und Sterb'n ångfångt. / Sie håb'n an vastossn / Sie håb'n an auf's heilige Kreuz afg'någelt / …“.*

DREIKÖNIG

Am 6. Januar feiert die Kirche die Offenbarung Christi und übt das Gedenken an die Ankunft der Magier in Bethlehem (Mt 2,1–12), die Jordantaufe und die Hochzeit zu Kana. Bis zur Einführung des Inkarnationsfests am 25. Dezember beging man das Fest Epiphanias als „Geburtsfeier“ Christi. Infolgedessen galt der 6. Januar als Beginn des neuen Jahres; als solcher konkurrierte er bis ins 14. Jahrhundert mit anderen Neujahrsterminen.
Noch heute findet sich für ihn die Bezeichnung Groß- oder Hochneujahr und im Gottesdienst werden die Termine der beweglichen Feste des Jahreslaufs bekannt gegeben.
Seiner vielschichtigen Bedeutung gemäß haben sich an den Dreikönigstag zahlreiche Bräuche und „abergläubische“ Anschauungen geheftet, von denen das Sternsingen (vgl. HTB Bd. 1293) und die Dreikönigsumzüge besonders verbreitet sind. Während das Sternsingen aus älteren Neujahrsumzügen hervorgegangen ist, haben Texte der Perikope des 6. Januars (Is 60,1–3), die aufkommende Dreikönigsverehrung im 12. Jahrhundert und die Legendenkompilation des Johannes von Hildesheim im Verlauf des Mittelalters auf die zunehmende Dominanz des Motivs „Ankunft der Magier in Bethlehem“ eingewirkt. Sternsingen und Dreikönigsumzüge sind zumeist miteinander verschmolzen. Die Nacht vor dem 6. Ja-

nuar gilt ebenso wie die Weihnacht der Vorbereitung auf das heilsgeschichtliche Ereignis und dem Gedenken an die Übernatur Christi (↗Weihnachten). Es spiegelt sich im Glauben daran, daß Tiere reden könnten, Wunder geschähen, geschöpftes Wasser besonders heilkräftig sei (Jordantaufe) und sich der Himmel zum Erscheinen der hl. Dreifaltigkeit öffne.

Dort, wo der Gedanke an den Jahresbeginn im Vordergrund steht, begeht man die Epiphaniasnacht mit Bleigießen, Wetterorakeln, Schuhwerfen und anderen Bräuchen der Zukunftserforschung. Um Mitternacht öffnet man Türen und Fenster, um mit dem Wind das Neue Jahr einzulassen.

In der letzten der zwölf Rauhnächte (↗Zwölften) kommen aber auch noch einmal verstärkt Anschauungen vom Wirken der teuflischen Dämonen und der Percht zum Ausdruck. Letztere ist nach Quellen des 13. und 14. Jahrhunderts als (negative) Personifikationsallegorie der „gíperahta naht" ausgewiesen, der Nacht vor dem Erscheinen des Herrn, und sie erinnert an die Notwendigkeit der Besinnung und Umkehr vor Anbruch des neuen Jahres. Gegen schädigenden Einfluß der Dämonen räuchert man Haus und Hof, zuweilen auch die Kopfbedekkung (gegen Kopfschmerzen).

Der Epiphaniastag selbst ist als Schwellentermin aber auch für die Einstimmung auf den kommenden Kalenderabschnitt wichtig, der in die Vorfastnachts- und Fastnachtszeit überleitet. Da wurde früher die Wahl eines Bohnenkönigs – vermittels einer in einen Kuchen gebackenen Bohne – zelebriert, der dann als Zufalls- und Narrenkönig die Zeit bis zum Anbruch der Quadragesima amtierte. Im Zusammenhang der Fastnachtsthematik, aber auch, weil mit Dreikönig die einstige „geschlossene" Epiphaniasquadragesima endet, beginnt am 6. Januar wieder die Zeit des Werbens und Freiens und der Hochzeiten. Von Hans Rosenpluet ist der Satz überliefert: *„Die lieben heiligen drey Kunig, die machen die Dienstmaid geil."*

E

EHE

Mit der Hochzeit vollzieht sich ein entscheidender Standeswechsel der Partner, deren Aufgaben innerhalb einer Gemeinschaft jetzt neu definiert werden. In erster Linie geht diese Umstrukturierung des sozialen Standes aus dem Nutzen hervor, den die Ehe der Gemeinschaft bedeutet – aus der Sicherung des Nachwuchses und seiner geordneten Aufzucht.
Auch im sogenannten Aberglauben geht es weniger um Eros und Psyche als um nüchterne, pragmatische Erwägungen im Zusammenhang sozialer Erfordernisse.
Zahlreich sind die Beispiele für Rüge- und Strafbräuche an unverheiratet gebliebenen Jungfern, die man etwa an Fastnacht vor einen Pflug spannte, durchs Dorf trieb und dabei ihre Makel anprangerte (↗Frau). Auch den überalternden ledigen Männern konnte Schimpfliches widerfahren, wenn ihnen etwa zu Fastnacht eine Frist gestellt wurde, innerhalb deren sie zu heiraten hatten. Das 30. Lebensjahr galt hier lange als äußerste Grenze. In der Familiengemeinschaft wurde häufig die ältere Schwester geschmäht, wenn die jüngere zuerst vor den Traualtar getreten war.
Dagegen spielen Jungvermählte im Gemeinschaftsleben, insbesondere dort, wo es sich in überlieferten Bräuchen und Riten vollzieht, eine besondere Rolle. Die Wertschätzung der Ehe spiegelt sich in der Bevorzugung junger Eheleute als Vertreter ihres Standes in zahlreichen Fastnachts-, Oster- und Mittsommerbräuchen.
Vom Nutzen der Ehe spricht da 1717 auch Caspar Abel im „Gespräch vom Mannvolk und dem Ehestand“:

„denn en Minsche, de nich fryet,
iß as wie en Waterrad,
Steit dat stille, so verstockt et,
un nütt kenem Möller wat.“

Und dieser Nutzen war es auch, der den Ehestand trotz gegenläufiger kirchlicher Auffassungen und Traditionen gegenüber der keuschen Ehelosigkeit nach apostolischem Vorbild wertvoller erscheinen ließ. Immerhin gilt der eheliche Geschlechtsverkehr, der „actus carnalis“, als Ausdruck der natürlichen Sündhaftigkeit des Menschen. Viele Kirchenväter haben daher den Ledigenstand als strahlendes Beispiel gepriesen - wozu noch die Sitte paßt, unverheiratet Gestorbene in besonders helle Gewänder zu kleiden. Augustinus hatte etwa gemeint, unverheiratet Gestorbene würden am Himmel wie helle Sterne glänzen und das „menschliche Gemeinschaftsleben und seine Nöte“ (de civ. dei, lib. 19 c.5) mit einem Zitat von Terenz einleitend karikiert:

„Ich nahm 'ne Frau. O Jammer, was hab' ich da erlebt!
Die Kinder kamen, immer neue Sorgen!“

„Kränkung, Argwohn, Feindschaft, Krieg, dann wieder Friede?
Wer kann sich davor retten?“

Die Ehe hat sich demgegenüber aber als erstrebenswertere Lebensform durchgesetzt und war über Jahrhunderte hinweg das idealisierte Wunschziel der Generationen. Gegenläufige Bewegungen sind auch in unserem Jahrhundert stets wieder aufgefangen und absorbiert worden.

Die Zahl der Beispiele für die, aus jugendlicher Ungeduld und Sehnsucht gespeisten Eheorakel und -prophezeiungen ist Legion. Schon dem Kleinkind wurden Deutungen zuteil, die auf die spätere Ehe zielten. Stark behaarte Mädchen etwa bekämen einen reichen Mann. Wer vierblättrigen Klee finde, heirate noch im selben Jahr; wem die Schwalben am Haus nisten, dem nahe das Eheglück. Besondere Marienwallfahrten oder Gebete zu den Heiligen (insbesondere Andreas, Matthias, Thomas, Johannes und Anna) galten häufig dem Wunsch nach Aufklärung über künftige Ehepartner.

„Daß Sankt G'hannes uns tut deuten,
ob man' Weg zum Ehestand b'schreiten."

ELEMENTE

Seit Empedokles sind Feuer, Erde, Luft und Wasser als die vier Grundelemente des stofflichen Kosmos aufgefaßt worden, denen bestimmte Gottheiten zugeordnet wurden. Zeus, der schimmernde, Here, die lebensspendende, Aidoneus und Nestis. Sie sind bei Empedokles in inniger Verbindung mit den Elementen gesehen, insofern sie sowohl als metaphysische Phänomene als auch als Ursache eines Stoffes oder als der Stoff selbst definiert wurden.
Dieses Viererschema ist noch von Empedokles selbst ausgedehnt worden auf die Ordnung der Farben, der Temperamente, die Jahresteilung und die Zusammensetzung der Körperteile. Besondere Bedeutung hat die Temperamentenlehre erlangt, insofern sie die menschlichen Charaktere als Mischungen der vier Grundelemente zeichnet. Wir kennen demnach den Sanguiniker, den Phlegmatiker, den Choleriker und den Melancholiker. Auf Platon und Aristoteles überkommen, gewann diese Lehre mehr und mehr an Gewicht. Von Hippokrates und dem römischen Arzt Galenus ist das Ordnungsschema schließlich für die Medizin erschlossen worden, wo man Krankheiten schlicht als fehlerhafte Mischungen der Elemente und der Körpersäfte ansah und entsprechend behandelte.
Schon deswegen ist die empedoklessche Lehre kontinuierlich tradiert worden und hat im Mittelalter und der Renaissance neue Dimensionen erlangt. Jacobus de Voragine hat die vier Elemente im menschlichen Körper geortet und gesagt: *„ignis in oculis, aër in lingua et auribus, aqua in genitalibus, terra in manibus et in aliis membris dominatur."* Eine Auffassung, aus der das „volkstümliche" Augenfeuer (↗Auge) erklärlich wird.
Nach Paracelsus wurden später den vier Elementen wiederum Elementargeister zugeordnet: dem Wasser Nymphen und Un-

dinen, der Luft Sylphen und Sylvestres, der Erde die Pygmäen und Gnomen, dem Feuer die Salamander und Vulkane.
Im „deutschen Aberglauben“ haben diese Elementargeister die Gestalt von Wassernixen und Erdmännlein angenommen. Heute noch wird in verschiedenen Alpengegenden daran geglaubt, man könne das Ausbrechen eines Feuers dadurch verhindern oder bekämpfen, daß man Salamander in die Flammen wirft. Die Besiedlung des Kosmos und des menschlichen Lebensraums mit Geistern geht wesentlich auf Paracelsus zurück (↗Raum).
Parallel dazu haben sich solche Vorstellungen auch in der Hochliteratur erhalten. Noch Faust (Studierzimmer) beschwört Salamander, Undine, Sylphe und Kobold bei der Begegnung mit Mephistopheles. Von Friedrich Schiller stammen die Verse: *„Vier Elemente, innig gesellt, / Bilden das Leben, Bauen die Welt.“*
Die Elementargeisterlehre des Paracelsus ist aber auch in philosophische Systeme der Neuzeit eingegangen, wo sie etwa in der Anthroposophie Rudolf Steiners eine Renaissance erfahren hat.
Der „deutsche Aberglaube“ dürfte aus diesen Quellen immer wieder neue Impulse erhalten haben.

EMPFÄNGNIS

Im Zusammenhang der Frage nach der Herkunft der menschlichen Seele (↗Geburt) spielt die „wunderbare Empfängnis“ eine Rolle, die in der griechischen und römischen Mythologie ebenso wurzelt wie im Christenglauben (Jungfrauengeburt). Vorstellungen über die beseelte Natur, die sich in zahlreichen Geistermotiven (Elfen, Zwerge) spiegeln, begünstigten den Glauben an die Empfängnis der Frau, die teilweise oder ganz vom Geschlechtsverkehr unabhängig erfolge.
Das Grundmotiv vom zeugenden Himmelsgott und der empfangenden Mutter Erde geht etwa der Ansicht voraus, wonach der Blitz die Menschenseele zeuge.
Paracelsus schrieb die Empfängnis einem weiblichen Phanta-

siewillen zu, der als Magnet wirke. Daraus entsprang der Glaube an Empfängnisverhütung mittels abschweifender Gedanken beim Geschlechtsverkehr.

Ungezählt sind die Varianten des Glaubens an wunderbare Mittel zur Empfängnisförderung. Allen voran geht der ↗Mond als *„Der Erreger und Befruchter des Keims der menschlichen Erzeugung“.* Eine Beobachtung, die mit biologischen Sachverhalten übereinstimmt, wenngleich „abergläubische“ Blüten dieser Vorstellung sich weit von den natürlichen Gegebenheiten entfernen: daß etwa auch ein Mann schwanger werden könne, wenn er nur vom Mondlicht beglänztes Wasser trinke oder eine Frau empfange, die sich im Mondschein entblöße, daß Bettvorhänge installiert wurden, um das Ehebett vor dem Mondlicht zu schützen.

Die Befruchtung durch Wind im finnischen Mythos entspricht der von Plinius und Augustinus vertretenen Ansicht von der Empfängnis der Tiere im Wind.

Insbesondere hat man auch bestimmten Wasserstellen, Quellen, und Teichen (↗Geburt) befruchtende Wirkung zugedacht. Die „Bubenbäder“ in Franken (Bocklet, Brückenau), das „Verenabad“ im schweizerischen Baden, das „Verenenloch“ im Entlebuch und der Frauhollenteich auf dem Meißner (Hessen) tragen entsprechende Namen.

Alle derartigen Phänomene gehen von Gedanken aus, die das Wunder der Seelenabkunft umkreisen. Dagegen hat die „Volksmedizin“ zahlreiche Rezepturen zur Förderung oder Verhütung der rein biologischen Empfängnis hervorgebracht. Hasenblut (nach Sextus Platonius) oder Rinder- und Schweinegalle vermischt mit Honig (nach Hippokrates), Blut von Neugeborenen oder Speichel vom Ehemann galten als empfängnisfördernde Mittel, während etwa „Schießpulver mit Essig“ oder ein an den Hals der Frau gehängter Finger als Verhütungsmittel in Gebrauch waren. Ihre Verwendung war so verbreitet, daß spätestens seit dem 10. Jahrhundert von den kirchlichen Institutionen dagegen vorgegangen wurde. Als Totschlag und Mord wird die Verhütung in den Dekretalen

Gregors IX., in Bußbüchern und Beichttraktaten behandelt – *„jeder, der um seinen Begierden zu fröhnen, oder aus Haß einem Mann oder einem Weib einen Trank zuführe oder etwas anderes Zauberisches mit ihnen vornehme, wodurch ihre Fähigkeit zu zeugen, zu empfangen oder Kinder zu gebären, beseitigt werde, [solle] als homicida angesehen werden."*

ERDE

Die Erde ist in den Glaubensvorstellungen der Völker immer als weibliche Kraft angesehen worden. „Mutter Erde" gebiert alles Leben und nimmt es wieder zurück. Schon bei den Griechen war τη μήτηρ eine Gottheit. Bei den Römern wurde die „tellus mater" oder „terra mater" verehrt. Und bei den Germanen entsprach dem der Nerthuskult (nach Tacitus). Die Übersetzung eines frühchristlich-angelsächsischen Spruchs lautet: *„Heil sei dir Erde, der Menschen Mutter sei du wachsend in Gottes Umarmung, erfülle dich mit Frucht, den Menschen zunutze!"*
Die Erde ist auch im „deutschen Aberglauben" in vieler Hinsicht bedeutend. Der Gedanke an die Mütterlichkeit der Erde hat etwa Gestalt in Erzählmotiven gewonnen, wonach geizige oder ungerechte, lasterhafte Menschen im Tod nicht von der Erde aufgenommen werden. Die Friedhoferde wirft die Särge solcher Toten wieder aus.

Im Volksmund heißt es ferner, wer mit einem Stock die Erde schlägt, der schlägt seine Mutter. Man kennt zahlreiche Erdgeister (Erdmännlein, -weiblein) zwergenhafter Gestalt, die meist hilfreiche Dienste leisten, aber auch mächtige Dämonen, denen man anläßlich des Baubeginns einer Burg oder eines Klosters (↗Haus) Opfer brachte. Als dämonische Macht wird die Erde auch betrachtet, wo man ein paar Tropfen eines eingeschenkten Getränks als Opfer auf den Boden vergoß.

Besonders häufig sind indes die Belege dafür, daß der Erde Heilkräfte zugesprochen wurden. Man legte Neugeborene auf die Erde oder auf den Stubenboden, damit sie stark und kräftig würden, ordnungsliebend, fleißig und demütig. Man taufte Kinder auf Namen, in denen der Begriff Erde erscheint (Erd-

mann, Erdmute), auf daß sie an der Lebenskraft der Erde teilhätten, oder man verschaffte sich Erde von bestimmten Plätzen (frischen Gräbern) als Mittel gegen verschiedene Krankheiten (Warzen, Gicht, Epilepsie). Hierbei mischt sich der Glaube an die Heilkraft der Erde mit der Vorstellung, man könne Krankheiten auf verscheidendes Leben übertragen (↗Leiche, Grab). Friedhofserde ist sogar als zauberisches Mittel zur Freilosung vom Militärdienst, gewöhnliche Erde zum Heben eines Schatzes, zum Gelingen des Brotbackens oder zur Steigerung der Ernteerträge verwendet worden.
Bestimmte Viehkrankheiten glaubte man dadurch heilen zu können, daß man dem Vieh etwas Erde ins Maul stopfte oder dem Futter im Trog beimengte.
Heimaterde haben häufig die Soldaten mit sich getragen, weil sie vor Gefahren und Heimweh bewahre und weil man im ungünstigsten Falle auf Heimaterde begraben werden wollte.

ERNTEFESTE

Beginn und Abschluß der Erntezeit werden mit besonderen Festen gefeiert. Das gilt besonders, wenn der Erntebeginn auf einen bestimmten Tag des Heiligenkalenders (Margarethe 13. Juli, Heinrich 15. Juli, Jakob 25. Juli, Bartholomäus 24. August) fällt und sich mit dem Gedenken an einen Heiligen verbindet.
Im übrigen werden dann die erste Garbe oder das erste Fuder zu bestimmten Riten herangezogen. Man legt die ersten Ähren über Kreuz auf den Acker oder in fließendes Wasser, wirft die erste Garbe dem Hahn vor, gibt sie dem Vieh und den Vögeln des Himmels oder nagelt sie als Erntesegen über die Stalltür. Das erste Fuder wird mit Musik feierlich eingefahren und oft den Armen überlassen. Genauso sind letzte Garbe und letztes Fuder wieder mit besonderen Gepflogenheiten verknüpft, unter denen es verbreitet ist, die letzte Garbe auf den Namen eines Tieres zu taufen (Bock, Rind, Hahn), sie den Mäusen zu opfern oder ihre Körner unter die neue Saat zu mischen.
Den Abschluß der Ernte begeht die Landbevölkerung mit Fest-

essen (Erntebier, Hahn, Hühnersuppe, Schweinebraten, Hefekuchen, Erntekuchlein und Brot aus neuem Korn), dem Winden des Erntekranzes, dem Aufstellen eines Erntemais sowie Tänzen und Spielen, die das Ende der wichtigsten und anstrengendsten Arbeitsperiode anzeigen.

Ein frühes Zeugnis für den auch kirchlich begangenen Erntedank datiert aus der Zeit Pippins d.J. im 8. Jahrhundert. Im 15. Jahrhundert hielt man Dankvotivmessen – aber eine Institution wurde das Erntedankfest erst unter dem Einfluß des protestantischen Pietismus im 16. Jahrhundert. Es wird heute meist am ersten Sonntag im Oktober gefeiert, wobei die Altäre mit Ähren und Garben, Fruchtkörben und Blumen geschmückt werden. Ähren vom Erntedankaltar gelten als segenbringend für den Ausgang des kommenden Landwirtschaftsjahrs.

F

FAMILIE
Die Familie unterscheidet sich vom Klan der Naturvölker dadurch, daß sie der Blutsverwandtschaft größte Bedeutung beimißt. Ihre Organisation ist straffer und die Verwaltung des gemeinsamen Besitzes liegt in festen Händen. In Germanien und im späteren Mitteleuropa ordnet sich die Familie überwiegend nach vaterrechtlichen Grundsätzen. Innerhalb dieser Familiendefinition unterscheidet man zahlreiche Varianten, die von der (ländlichen) Großfamilie bis zur (städtischen) Kleinfamilie, die nur Eltern und unerwachsene Kinder umfaßt, reichen.
Die ursprünglich existentielle Blutsverwandtschaft der Familienmitglieder äußerte sich beispielsweise in der Blutrache. Nach außen hin tritt die Familie als in sich geschlossene Einheit auf, die mit eigenen Wappen oder auch nur durch den Familiennamen demonstriert wird.
Früher galt es als schwerste Strafe, wenn jemand aus seiner Familie ausgestoßen wurde. Das hatte nicht nur wirtschaftliche Folgen. Bei der großen Bedeutung der Familie für die Ausbildung von Recht und Brauch (Gutmann) galt ein Ausgestoßener zugleich auch als weitgehend rechtlos.
Als Kultusgemeinschaften verfügten die Familien über eigene Familiengeister, mit denen etwa eine neu zur Familie kommende Braut Kontakt herstellen mußte, über eigene Gebete, Medizinen und Feste.

FASTENZEIT

Nach dem Vorbild Christi begeht die Kirche seit dem 4. Jahrhundert ein vierzigtägiges vorösterliches Fasten, das seit Gregor d. Gr. am ↗Aschermittwoch beginnt und der innerlichen Vorbereitung des Osterfestes, der Reinigung und Umkehr gewidmet ist. In dieser Zeit war der Genuß von Fleisch, Milch, Käse und Eiern verboten und man durfte nicht heiraten. Ursprünglich war lediglich der Verzehr von Wasser und Mehlbrei gestattet, doch wurden die Fastengebote bis in unsere Zeit immer wieder gelockert.

Es ging um die Konzentration auf das Gebet, weshalb besondere Betgänge eingerichtet, Kreuzwege und Kalvarienberge besucht wurden. Die Zeit der Fasten ist auch der Reue und Buße über und für begangene Sünden gewidmet, weshalb allenthalben personifizierte Lasterfiguren (Sündenbock „Adam", Schimmelreiter, Erbsenbär etc.) und Teufel auftreten. Das Wetter an den ersten vier Fasten-Freitagen (mitgezählt wird auch die Fastnachtswoche) gilt als vorbedeutend für die Witterung in den vier Jahreszeiten.

FASTNACHT, FASCHING, KARNEVAL

Unter diesen Bezeichnungen versteht man eine besondere Festzeit im kirchlichen Kalender, die im wesentlichen vom Donnerstag vor dem einstigen Sonntag Quinquagesima bis zum Anbruch des Aschermittwochs dauert. Sie umfaßt die Darstellung und Überwindung der nach christlicher Auffassung bestehenden Gegenwelt. Alles das kommt jetzt zum Ausdruck, was des Teufels sei. Das Modell, in dessen Rahmen sich die Fastnacht erstreckt und worin sie begründet ist, hat die jüngere Forschung in der Zweistaatenlehre des hl. Augustinus entdeckt, wo der „civitas dei" eine „civitas terrena vel diaboli" gegenübersteht. Die Voraussetzung für die Einrichtung einer Fastnachtsfeier, die im 13. Jahrhundert auf breiter Front aufgekommen ist, vor Ostern, war schon mittels der Perikopenordnung Gregors d. Gr. gegeben. Analog zur Thematik der siebten nachösterlichen Dekade, die im Fronleichnamsfest und dem darauffolgenden Sonntag die „Ankunft in Jerusalem" umfaßt (↗Fronleichnam), sehen die Perikopen der siebten vorösterlichen Dekade und der folgenden Wochen die Behandlung irdischer Drangsale vor. Schon früh hat man sich in diesem Zusammenhang auf das historische Thema der 70jährigen babylonischen Gefangenschaft des Volkes Israels besonnen. Darauf ist der entsprechende Sonntag der siebten Dekade vor Ostern bezogen. Die vorösterliche Zeit ist von Augustinus als Sinnbild für die *„Wirren und Versuchungen dieses Lebens"* aufgefaßt worden und diese Thematik fand schließlich ihren Ausdruck in einer auf wenige Tage konzentrierten Festzeit Fastnacht.

Hier werden diese Wirren und Versuchungen dargestellt: es wird viel Fleisch gegessen, Kuchen verzehrt, Alkohol getrunken und gegenüber geschlechtlichen Kontakten größtmögliche Toleranz geübt, Maskeraden und Umzüge nehmen in ungezählten Variationen die Existenz des Teufels, der menschlichen Laster und Schwächen wie auch die Vergeblichkeit menschlichen Tuns aufs Korn, Bühnenspiele beziehen sich darauf und Narrengerichte handeln solche Vergehen gegen die christliche Ordnung spielerisch und an Beispielen ab. Die südwestdeutsche Fastnacht gilt ebenso wie der bayerisch-österreichische Fasching und der rheinische Karneval der Darstellung dessen, was verboten ist und seiner demonstrativen Vernichtung (Fastnachtsbegraben, -verbrennen) oder einer exemplarischen Abkehr davon.

Der „Aberglaube", der sich mit dieser Festzeit verbindet, ist eindeutig auf den behandelten Zusammenhang bezogen. Er betrifft Teufel, Hexen und Dämonen und Riten, die ihrer Abwehr gelten, besondere Behandlung des Viehs zur Steigerung seiner Leistung (viel Eier, viel Fleisch und Fett) und die geschlechtliche Vereinigung Jungvermählter. Die Fastnacht war der beliebteste Hochzeitstermin. Für die weitere Entwicklung der Ereignisse im Jahreslauf wird es als günstig betrachtet, Blutwurst und Sauerkraut, Erbsen und Hirse, Hähne und Schweinernes zu essen, Warmbier und Schnaps zu trinken und viele

Backwaren zu verzehren. In Verkehrung der Gebote in der anschließenden Fastenzeit heißt es sogar: Wer keine Krapfen backe, werde das Jahr über nicht froh und sei besonders den Gefahren von Blitz, Hagel und Brand ausgesetzt.
Dem gesteigerten Konsum entspricht auch die Beobachtung des Wetters am Fastnachtsmontag, das auf die Ernteerträge des Herbstes bezogen wird.

FEBRUAR
Februar war im altrömischen Kalender der letzte Monat im Jahr, weshalb er auch als Schaltmonat eingesetzt wurde. Die Römer begingen in dieser Zeit bestimmte Reinigungsriten (februatio), die als Vorbereitung auf das kommende Jahr angesehen werden können.
Wieweit die Einsetzung des Festes „Mariae Reinigung" am 2. Februar (↗Lichtmeß) an diese römische Überlieferung anknüpft, sei dahingestellt. Die Lichterprozessionen an diesem Tag stellen eines der wenigen nachgewiesenen Beispiele für Akkomodation (das heißt christliche Umformung) antiker Feste im christlichen Kalender dar.
Die deutsche Bezeichnung Hornung rührt nach einem Breslauer Monatsgedicht des 15. Jahrhunderts von dem „Horn" her, dessen Härte mit dem Frost des Winters assoziiert wurde. *„Von dem herten horne ist der hornung genant, / Dy herteste kelde kommet denn yn die lant."*
Scherzhafte Wettersprüche spielen andererseits auf das Abklingen des Winters im Februar an, etwa dort, wo der Februar zum Januar sich wendet und klagt: *„Hätt' ich das Recht wie du, / Ließ ich verfrieren das Kalb in der Kuh."*

FENSTER
Das Fenster ist eine Weiterentwicklung der alten Rauch- und Windlöcher, die oftmals als Flugloch für die Seelen angesehen worden waren. Der modernen Fensterverglasung ging die Bespannung des Rahmens mit Blasenhaut voraus.
Nach einem Todesfall im Haus wird sofort das Fenster geöff-

net, damit die Seele entweichen könne (gelegentlich auch Abdecken einer Dachschindel ↗Dach, ↗Leiche). Kommen die Angehörigen dieser Aufgabe nicht nach, so muß die Seele im Zimmer bleiben, wo sie keine Ruhe finde. Das Handwörterbuch des deutschen Aberglaubens berichtet von einer Erzählung aus dem Braunschweigischen, wo ein Mann, der mit seiner Frau im Unfrieden gelebt hatte, nach ihrem Tod alle Fenster verschloß. Zudem habe er sich mit einem Messer bewaffnet 24 Stunden vor die Tür des Sterbezimmers gestellt, um die Seele auch hier am Entweichen zu hindern.
Wenn jemand schwer starb, öffnete man das Fenster, um den Tod zu erleichtern. Klirrende Fensterscheiben, Rumpeln und Poltern nach dem Verscheiden eines Menschen deutete man als Versuch der Seele, sich Ausgang zu verschaffen.
Andererseits hieß es, das Fenster baldmöglichst wieder zu verschließen, damit der Tote nicht zurückkommen könne (↗Begräbnis).
Aus dem Fenster hinaus wurden die Leichen von Zauberern, Selbstmördern und Verbrechern fortgeschafft, damit sie den Eingang zum Haus nicht mehr fänden und nicht zurückkämen. Es war verbreitete Auffassung, daß der Teufel die Sünder beim Fenster herausholt. Klopfe es in der Nacht, nachdem jemand gestorben ist, am Fenster des Sterbezimmers, so dürfe man es nicht öffnen, weil sonst der Tote Einlaß fände.
Dergestalt als Seelenloch gekennzeichnet, gilt das Fenster in vielen Fällen auch als Begegnungsstätte mit Geistern und Dämonen (↗Tür). Man stellte etwa Hirsebrei für die Seelengeister und die Berchtlmilch ans Fenster, hielt gegen gefährliche Winde eine Brotschaufel aus dem Dachfenster und Palmbuschen gegen Hexen.
Schon das Sehen durchs Fenster galt in bestimmten Fällen als gefährlich, konnte sich doch der Blick mit schädlichen Geistern kreuzen und Unglück über den Beobachter bringen. Sehe man in ein Sterbezimmer, so bestehe die Gefahr, daß einen der Tote nachhole. Einer Wöchnerin war es verboten, aus dem Fenster zu sehen; tat sie es doch und sah sie etwa einen Lei-

chenzug, so glaubte man, das Leben von Mutter und Kind sei gefährdet. Der Anblick eines Fuhrwerks konnte bedeuten, daß es das Glück vom Haus abziehe.
Derartige Vorstellungen haben sich auch bräuchlich niedergeschlagen. Dort etwa, wo man in der Silvesternacht die Fenster öffnet, um „das Neue Jahr hereinzulassen" oder in der Heiligen Nacht, damit die heiligen Winde das Haus reinigen sollten. In der „Volksmedizin" spielt das Fenster als Schleuse für das Abziehen von Krankheiten eine Rolle. Man läßt das Fieber „zum Fenster hinausfliegen" oder sagt bei einer Kolik folgenden Spruch auf: *„Ich seh' zum Fenster hinaus, ich seh' in Gottes Haus, ich seh' einen Mann, der mir von meiner Kolik helfen kann."* Selbst ausgehängte Fensterflügel und pulverisiertes Fensterglas sind zu verschiedenen Heilbehandlungen verwendet worden. Dabei ist wohl der Analogieschluß vorauszusetzen, daß sich das Element des Entweichens zunächst dem Fenster und von diesem der Krankheit mitteilen könne.

FEUER

Das Feuer hat zahlreiche Beziehungen zum „deutschen Aberglauben". Aus antiker Mythologie, antik-mittelalterlicher Philosophie und christlicher Allegorese rühren die verschiedenen Deutungen des Feuers her. Die Heiligkeit des Feuers, die sich etwa auf den ↗Herd übertragen hat, ist schon im griechisch-römischen Hephaistos-Vulcanus Kult ausgedrückt. Antike Philosophen zählten das Feuer zu den vier Elementen, die ihrerseits in der Temperamentenlehre bestimmte Charaktere bezeichnen. Im christlichen Sprachgebrauch steht das Feuer für die Liebe und das Wesen des Heiligen Geistes, aber auch für Hölle, Buße und Teufel.
Schon daraus läßt sich eine Reihe „abergläubischer" Ansichten ableiten. Etwa die Auffassung, vom Glanz der Jahresfeuer (Johannisfeuer) beleuchtete Felder seien besonders geschützt oder gar gesegnet. Das Überspringen solcher Feuer galt infolgedessen auch als heilkräftig.
In der katholischen Kirche wird seit dem 12. Jahrhundert die

Feuerweihe zu Ostern zelebriert. Nach dem Verlöschen der Kerzen am Karfreitag oder -samstag entzündet der Priester ein neues Licht, von dem sich alle Gläubigen mittels Schwämmen, Kerzen oder Kohlen Feuer ins Haus mitzunehmen suchten. Dieser Brauch ist noch heute der augenscheinliche Höhepunkt des griechisch-orthodoxen Kirchenjahrs.

Am Karsamstag kurz vor Mitternacht werden überall die Lichter gelöscht, und die Bevölkerung begibt sich mit langen Kerzen zu den Kirchen. Um null Uhr entzündet der Priester in der Kirche ein neues Feuer und reicht es an die Versammelten weiter. Nun bekommt jeder das Feuer von seinem Nachbarn und gibt seinerseits an jemand anderen das Feuer weiter. Nach wenigen Minuten brennen in und vor den Kirchen oft Tausende von Kerzen – und wer dem Glauben oder der Tradition noch verhaftet ist, bemüht sich, seine Kerze brennend nach Hause zu tragen. Dieses Feuer oder zumindest Reste von Brennmaterial galten als segenbringend und wurden in Haus, Hof und Feld vielseitig eingesetzt.

Allgemein betrachtet erfüllt das Feuer, das man sich als lebendiges, nur gefesseltes Wesen dachte, drei Funktionen. Es ist Voraussetzung zur kulturellen Entwicklung (Küche, Licht, Heizung, Schmiede, Keramik, Verbrennung), wird als Medium des Kontakts zwischen Himmel und Erde betrachtet (Prometheus, Blitz) und kann daher Segen oder Fluch bedeuten, und es wird zur Dämonenbekämpfung eingesetzt. Entsprechend seiner dualistischen Bedeutung für den Menschen als Nutz- oder Schadfeuer hat man es bis ins 17. Jahrhundert als Orakelmedium betrachtet. Die Pyromantie des Mittelalters, die geradezu „wissenschaftliche" Dimensionen erreicht hat, hat sich auch in den späteren Deutungen der Farben und Geräusche des Herdfeuers (dem man auch opferte) niedergeschlagen. Diese Orakel beziehen sich meist auf das Wetter, familiäre Konstellationen oder die Ankunft von Gästen (auch das Nahen von Tod oder eine Geburt). Blaue Flammen wurden als Hinweis auf eine Leiche verstanden, Funkenschlag als Ankündigung von Besuch oder Unglück. Ein knisterndes Feuer weise auf ein baldiges, freudiges Ereignis hin, während ein bullerndes Zank und Streit bedeute. Noch heute bekannt und verbreitet ist die Deutung des Feuers im Traum, wo es meist mit künftigem Glück, Hochzeit, materiellem Gewinn, seltener mit Trübsal und Tod assoziiert wird. In der sogenannten Volksmedizin wird das Feuer in sympathetische Beziehung zu verschiedenen Krankheiten gebracht (Antoniusfeuer, Brand), oder es wird sympathetisch zu Behandlungszwecken eingesetzt: „Man verbrennt oder räuchert solche Dinge, die mit dem betreffenden Menschen in Berührung gestanden haben oder die sein Leiden und ihn selbst stellvertreten."

FINGER

Im Zusammenhang mit der Betrachtung der ↗Hand und ihrer Deutung haben sich auch besondere Kenntnisse über die Physiognomie der Finger und ihr Ausdrucksvermögen im sogenannten Aberglauben niedergeschlagen. Schlanke Finger gelten weithin als Zeichen für einen sensiblen, musikalischen und intelligenten Menschen, während kurze Finger mit breiten Kuppen dem weniger einfühlsamen, praktischen und „gröberen" Typ zugedacht werden.

Antike Naturlehren haben sich dort durchgesetzt, wo man eine direkte Verbindung des Ring-Fingers zum Herzen voraussetzt (Ehering!) oder wo man glaubt, daß im kleinen Finger Klugheit, Wissen oder Tod und Leben (Eberhard von Cersne) stecke. Die Redensart, wonach *der Teufel die ganze Hand nehme, wenn man ihm den kleinen Finger gebe,* erhält von hier aus besondere Bedeutung. Sie soll auf wirkliche Teufelspakte zurückgehen (Hoffmann-Krayer).

Andere Vorstellungen gehen den Redewendungen *„jemandem ein Schnippchen schlagen"* oder *„sich etwas aus den Fingern saugen"* voraus. So hat man letzteren Ausdruck von Plutarch (De Iside XVI) abgeleitet, wo berichtet wird, daß Isis Astartes und Malkanders Kind dadurch ernährte, *daß sie ihm statt der Brust den Finger in den Mund legte,* und in diesen Zusammenhang eine jüdische Sage gezogen, wonach Abraham vom Engel Gabriel mit dem Finger ernährt wurde, aus dem Milch geflossen sei.

Mit dem Finger auf jemanden zu zeigen, gilt traditionell als unschicklich. In den „Drey Ertznarren" des Christian Weise (1683) wird schon gesagt: *„es stehet unhöflich, wann man auff alles mit den Fingern weisset ... Bey Leibe weise nicht mit dem Finger, du erstichst einen Engel"* (↗Stern). Dieser Gedanke wird bis heute in „abergläubischen" Anschauungen tradiert. Weise man mit dem Finger in den Himmel, so ersteche man einen Engel.

FINSTERNISSE

Sonnen- und Mondfinsternisse haben die Bevölkerung aller Erdteile seit je geängstigt. Der astronomisch einfach zu erklärende Vorgang – eine Sonnenfinsternis entsteht durch die (partielle) Bedeckung der Sonnenscheibe durch den Mond, eine Mondfinsternis durch den Erdschatten – ist in mythologischen, astrologischen und biblischen Zusammenhängen immer unheilvoll aufgefaßt worden. Für die abendländische Kultur war hierfür wohl die Apokalypse des Johannes ausschlaggebend, wo gesagt ist: *„und siehe ... die Sonne ward schwarz wie ein härener Sack und der Mond ward wie Blut ... und die Könige auf Erden und die Großen und die Reichen ... verbargen sich in den Klüften und Felsen an den Bergen und sprachen zu den Bergen und Felsen: Fallet über uns und verberget uns vor dem ... Zorn des Lammes ..."* (Apk 6, 12 ff).

Ferner hat die gelehrte Astrologie, schon ausgehend vom arabischen Nechepso-Petosiris, Finsternisse in meteorologischer, medizinischer und politischer Hinsicht negativ gedeutet. Da heißt es etwa 1599: *„jedoch ist zu besorgen, dess Ungewitters halben, welches durch die Finsternussen auch boesen aspekt andeuten wirt, den fruchten an etlichen orthen ein ziemlichen abbruch geschehen moechte ..."*.

Eine Reihe von Zeugnissen belegt den antiken Glauben, daß dem Tod eines bedeutenden Herrschers eine Sonnenfinsternis vorangehe; so noch in der Vita Caroli zum Tod Karls d. Gr.

Während Finsternisse im Altertum als das Werk thessalischer Hexen, böser Dämonen oder Wölfe (die den Mond verschlingen) gedeutet wurden oder die Furcht vor dem „Tod" eines der beiden lebenspendenden Gestirne grassierte, ist im Christentum die Auffassung vertreten worden, daß sie Zeichen Gottes (↗Komet) seien, der damit zur Umkehr, zu Reue, Beichte und Gebet aufrufe.

Es gab tatsächlich obrigkeitliche Warnerlasse, die die Bevölkerung zum Gebet und zum Fasten anläßlich einer bevorstehenden Finsternis aufriefen. Martin Luther soll während der Sonnenfinsternis im April 1539 in ständigem Gebet verharrt haben. Volksmeinung ist es geworden, daß Finsternisse mit giftigem Niederschlag (Himmelstau) einhergehen. Deshalb hat man sich davor gehütet, die Zeit während einer Finsternis im Freien zu verweilen. Die Brunnen wurden abgedeckt, Obst und Gemüse wurde erst nach seiner Reinigung durch den nächsten Regen verzehrt, man verwendete sogar Mundschutztücher und hielt im Freien aufgehängte Wäsche für infiziert.

Ein Erlaß des münsterischen Fürstbischofs Franz Arnold aus dem Jahr 1715 umfaßt die Verlegung einer Prozession auf einen anderen Tag, wegen der Schäden himmlischer Flüssigkeit, die eine Sonnenfinsternis mit sich bringe.

Andere behördliche Warnungen, wie die des Nürnberger Rates von 1654, lesen sich wie moderne Anweisungen zum Verhalten nach Atomunfällen. Da wird empfohlen, sich in Speise und Trank zu mäßigen, nicht im Freien zu bleiben, kein Obst und Gemüse zu essen und das Vieh einige Tage lang nicht weiden zu lassen. Neben derartigen Vorstellungen gab es aber auch andere (scherzhafte) Auffassungen, wonach eine Finsternis als Verhüllung des himmlischen Beilagers der Gestirne galt (Oberpfalz).

FISCHER

Die Fischerei gehört zu den ältesten Erwerbstätigkeiten des Menschen und verbindet sich daher mit besonders vielen mythischen Anschauungen, die sich auf die Menge der gefangenen Fische beziehen. Ein Fischer müsse etwa vor dem Fischzug keusch sein, fasten und schweigen, er dürfe nicht in Begleitung von Frauen aufbrechen und keinem Priester oder Pfarrer begegnen, der die Fische vertreibe.

Auf Erfahrung beruhten indes wohl Rezepte, die die Anwendung bestimmter Kräuterbeigaben zum Köder oder die Einreibung der Hände und des Angelgeräts mit Baldrian, Hauswurz oder Eisenkraut beschrieben, damit die Fische angelockt werden.

Wegen der besonderen Verbindung des Fischereigewerbes mit dem Christentum (vgl. Joh 21,6 und Lk 5,4) spielt die Anrufung des Fischerheiligen Petrus und das Gebet vor und nach dem Fischfang eine große Rolle. Bestimmte Gebete wurden sogar über Generationen hin vererbt.

Schon wegen der Gefahren, denen der Fischer bei seiner Ausfahrt ausgesetzt ist, wurde die Sonn- und Feiertagsruhe streng beachtet. Vielerorts galt auch die Nacht zum ↗Freitag oder der Freitag selbst als ungünstig für den Fischfang (Erinnerung an das Leiden Christi).

Auch bei den Fischern haben sich eigene Zunftbräuche ausgebildet, von denen etwa das Fischerstechen (Ulm) noch lebendig ist. Da werden zu bestimmten Zeiten des Jahres Turniere zu Wasser ausgetragen, wobei es darum geht, einander mit stumpfen Speeren vom Kahn aus ins Wasser zu werfen. Die Erklärung des Handwörterbuchs des deutschen Aberglaubens, wonach es sich bei diesen Stechen um eine Nachahmung des Fischestechens mit der Harpune handele, dürfte so nicht stimmen. Eher ist daran zu denken, daß das Fischerstechen eine bewußte Nachahmung der höfisch-adeligen Turniere des Mittelalters darstellt, wie sie im 16. Jahrhundert bei vielen Gewerken aufgekommen sind.

Auch die Fischerzünfte haben bestimmte Anteile am Jahresbrauch und stellen Abordnungen für die Durchführung kirchlicher Prozessionen und Feste. Sie haben eigene Abrechnungstage und halten besondere Allerseelenfeiern für die verstorbenen Mitglieder. Interessant ist ein Brauch, der heute am Sonntag

↗ Lätare in Ermatingen lebendig ist. Dort fahren Angehörige der Fischergilde mit einem Wagen, der mit Netzen behangen ist, durch das Dorf. Diese sogenannte Ermatinger Groppenfastnacht dient dem Fang der Mädchen am Straßenrand. Sie gehört wohl als Parodie auf die entsprechende Überlieferung des Neuen Testaments (Fischfang – Menschenfischer) zur fastnächtlichen „civitas diaboli" und hat weniger mit dem Frühlingstermin und der fruchtbar werdenden Natur gemein.
Andernorts feiern die Fischer ebenfalls eigene Feste – so etwa in Berlin-Stralau (Fischerzug; Beginn der Fischereisaison mit großen Netzen; heute eingestellt), in Memmingen (Fischertag) und in Flandern und der Bretagne (Fischerprozession am Peterstag). Mancherorts (Helgoland) feiern die Fischersfrauen eigene Weiberfastnacht.

FLUSS

Flüsse und fließendes Wasser sind wegen ihrer „Lebendigkeit" Gegenstand „abergläubischer" Ansichten und Verhaltensweisen. Wesentlich ist dabei vor allem der Gedanke, man könne Schaden und Krankheit vom Fluß fortführen lassen. Zahlreich sind die Belege für entsprechende Behandlungen, die meist unter besonderen Auflagen und Vorkehrungen (schweigend, allein, nackt, stromabwärts / -aufwärts gerichtet, Sprechen von Zauberformeln) an Flüssen unternommen werden. Nägel, Haare, Blut, Urin, Pflaster oder Dinge, auf die zuvor die Krankheit übertragen wurde (Erbsen, Papier, Brot), hat man fließendem Wasser übergeben, um das entsprechende Leiden (Wunden, Gelbsucht, Fieber, Gicht, Zahnschmerzen) loszuwerden.
Aber auch das Waschen mit geschöpftem Flußwasser oder das Trinken desselben galt in vielen Fällen als heilkräftig, besonders wenn dazu bestimmte Termine (Mitternacht, vor Sonnenaufgang, heilige Zeiten) beachtet wurden. Jordanwasser soll, wegen der Heiligung durch die Taufe Christi, unfruchtbaren Frauen Schwangerschaft ermöglichen.
Umgekehrt gab es aber auch Befürchtungen vor den schädlichen Wirkungen fließenden Wassers, das so, wie es Krankhei-

ten aufnehmen, eben auch Leiden zuführen könne. Das galt insbesondere dann, wenn das Wasser (schon in der Antike wegen seiner Reinheit für heilig geachtet) verunreinigt oder „beleidigt“ wurde. Im Kraichgau ist die Meinung vertreten, wer in fließendes Wasser uriniere, dem schwimme die Gesundheit davon.

Noch im 17. Jahrhundert soll in Estland einem fremden Müller die Mühle zerstört worden sein, weil man den Fluß, der das Rad antrieb, nicht „beleidigen“ wollte.

Die Furcht und der Respekt vor Wassermännern und Nixen im fließenden Wasser fand ihren Ausdruck etwa darin, daß man ein neugeborenes Kind nicht über eine Brücke tragen wollte, da es sonst von den Wassergeistern vertauscht werden würde. In der Harzgegend glaubte man, daß ein Hakenmann in den Strudeln der Bäche und Flüsse sitze, der Kinder mit seinem Haken hineinzöge.

Allgemein gilt fließendes Wasser als Grenze. Die Seelen Verstorbener vermöchten nicht, fließendes Wasser zu durchqueren, weshalb Trauerzüge verschiedenenorts durch Wasserläufe nach Hause zurück verliefen (↗Begräbnis). Geister und Hexen blieben machtlos, wenn man ihnen über einen Fluß hinweg entkommt. Und Zauber kann an einer Flußgrenze enden, so wie etwa Fausts Pferd wieder zu Strohwischen wurde, als es das Wasser eines Flusses berührte (Historia, Kap. 39). Als Sitz der Geister (↗Grenze) sind Flüsse häufig Opferstätten gewesen, wo es galt, schädigende Dämonen zu besänftigen. Dagegen hat sich etwa Anfang des 12. Jahrhunderts der Prager Bischof heftig empört. Es soll verbreitet gewesen sein, sogar Menschenopfer (Kinder) zu bringen, um so die Gunst der Wasserdämonen, insbesondere bei großen Flüssen, zu gewinnen und zu erhalten. Daß ein Fluß ein jährliches Opfer fordere, ist heute noch vielerorts zu hören. Hingegen ist das Menschenopfer jetzt durch stellvertretende Sachopfer (Nahrungsmittel, Kinderkleidung, Geld) abgelöst.

Seit der Antike gilt der Fluß auch als Schwelle zum Totenreich (↗Meer). Seine Entstehung wurde schon von Homer (Ilias,

XXI) mit dem unterirdischen Okeanos verknüpft, dem alle Flüsse entströmen würden.

FRAU

Die Rolle der Frau in der Kulturgeschichte des Abendlandes ist im wesentlichen von einer krassen Ambivalenz ihrer Wertung und ihrer Einschätzung bestimmt. Da steht das hochmittelalterliche Minneideal im Gegensatz zur späteren Hexenverfolgung, da steht die Christusmutter neben den „Evastöchtern", da begegnet sich die hohe Wertschätzung der Mutter mit der Personifikationsallegorie der sündigen „Frau We(r)lt".

Im Zusammenhang mit der Erläuterung des „Aberglaubens" hat man diese Ambivalenz einerseits aus entsprechenden christlichen Glaubenssätzen, andererseits aus der hohen Wertschätzung der Frauen in verschiedenen antiken und vorchristlichen Epochen zu erklären versucht.

Das Handwörterbuch des deutschen Aberglaubens teilt Belege über die germanische Frau mit, aus denen ihr Rang als kameradschaftlich dem Mann verbundene „Waffenschwester" ersichtlich wird, der die Heiligkeit innewohne. Von Tacitus ist etwa die Ansicht überliefert: *„inesse quin etiam sanctum et providum putant nec aut consilia earum aspernantur aut responsa neglegunt.... vetere apud Germanos more quo plerasque feminarum fatidicas et angescente superstitione arbitrantur deas."* Es habe den Germanen als Ehre gegolten, ihre Waffen aus der Hand einer Frau zu empfangen, die Frau sei zu Weissagung und Heilkunst befähigt gewesen, habe die Sorge für die Erfüllung der religiösen und sittlichen Pflichten der Sippe getragen und die Männer in ihren wesentlichen Planungen und Taten aktiv unterstützt. Die Existenz weiblicher Gottheiten und die „Walküren" geben diesem hohen Prestige der Frauen Ausdruck.

Daß die Frauen in der römischen Antike mit besonderen frucht- und segenbringenden Kräften in Verbindung gesetzt wurden, erweist etwa ein Wort des Plinius, der das Umschreiten der Feldgrenzen durch nackte Frauen als Mittel gegen Wurm- und Insektenbefall erwähnt. Die griechische Mythologie ist, wie die meisten weltbejahenden Kulturen und deren Mythen, geprägt vom strukturell gleichwertigen Miteinander weiblicher und männlicher Gottheiten (und Menschen). Platon ging davon aus, daß die Geschlechter ebenbürtige geistige Begabung hätten, und glaubte an die Möglichkeit gleichwertiger körperlicher und geistiger Erziehung.

Diese natürliche „Gleichberechtigung" der Geschlechter wurde mit dem Einbruch des Christentums verdrängt. Zwar gab es später noch die hohe Zeit des frühmittelalterlichen Minnesangs, in dessen Zentrum die edle, schöne und hochherzige „frouwe" stand, und bedeutende Werke der mittelhochdeutschen Literatur (Parzival, Tristan) zeugen von einer positiven Einschätzung der Frau als Herzensdame, Heilkundige und Weise, indes erscheint die Frau hier bereits zu einem Ideal stilisiert, das wohl kaum mehr mit der vorchristlichen Praxis des Umgangs mit Frauen verglichen werden kann.

Auch in der christlichen Kirche hat es nicht am Bemühen gefehlt, der Frau die ihr zukommende Wertschätzung angedeihen zu lassen. Da war Christus selbst als Vorbild vorangegangen, und da verhalf das typologische Denkmodell, wonach sich die Geschichte des Alten Testaments im Neuen heilvoll erfülle, zur Formel: „was Eva verloren, hat Maria uns wiedergebracht" – da wurden zahlreiche Frauen heiliggesprochen, und da wurden die Haupttugenden in weibliche Personifikationsallegorien gefaßt. Indes sah die mit dem Christentum über die Frauen hereingebrochene Praxis – sieht man von der bleibenden Wertschätzung der Frau als Mutter ab – anders aus.

Nach dem Bericht der Genesis 2,21 f hat Gott die Frau aus einer Rippe des Adam „gebaut". Schon in diesem Schöpfungsmythos erscheint die Frau als sekundäre (minderwertige) Schöpfung: *„denn vom Manne ist sie genommen"*. Sie sei dem Manne untertan.

Für die spätere negative Bewertung der Frau war die Darstellung des 3. Kapitels der Genesis ausschlaggebend, wonach sich die Frau der Schlange (dem Teufel) zugewandt, gegen Gottes Gebot verstoßen und den Mann verführt habe. Die Erzählung des ersten Sündenfalls *„ist die biblische Unterlage der kirchlichen Lehren von der Erbsünde und Erlösung (Röm 5, 12–21). Der in dieser Ursünde sich offenbarende Menschen-[Frauen-]Stolz wird durch Übertreten eines Gottesgebotes unter dem Bilde der verbotenen Frucht dargestellt."* Das paulinische (in den Wortschatz der Kirchenväter eingegangene) Wort: *„mulier taceat in ecclesia"* (vgl. 1 Tim 2, 12 *„stille hat sie zu sein")* geht gedanklich auf diese Vorgänge zurück. Die Umwertung der „Waffenschwester" und anerkannten Partnerin zur sündigen „Evastochter" vollzog sich im Anschluß an diese Überlieferung und empfing zusätzliche Impulse aus der herabwürdigenden jüdischen Auffassung von der Unreinheit der Frau und deren praktischen Folgen.

Besonders klar wird die strategische Wertminderung der Frau in der spätantiken Diskussion um die Frage, ob die Frau bei der Auferstehung zum Manne und eigentlichen Ebenbild Gottes erhoben werden würde. In dieser Diskussion standen sich Hieronymus und Augustinus gegenüber. Letzterer hat aber der Auffassung Gewicht verliehen, wonach das weibliche Geschlecht bei der Auferstehung fortbestehe. Seine Argumentation betraf indes nicht die Qualitäten des weiblichen Geschlechts, sondern die Annahme, daß bei der Auferstehung ohnehin keine physische Begehrlichkeit mehr existiere und demzufolge die Frau keinen Schaden mehr anrichten könne (vgl. de civ. dei lib. 22, cap. 17).

Bis zum Ausgang des späten Mittelalters galt die Frau als Quelle der Sünde, deren Grundzug die sexuelle Hingabe an den Mann darstelle. Auch wenn dieser Gedanke im Widerspruch zu anderen religiösen Auffassungen steht, wonach die Frau einem Acker verglichen wird, dessen sich der Mann bedienen solle, wie er wolle (Koran, vgl. Parallelen im Hohenlied Salomos; bei den Griechen ist teilweise das Wort σπέρνω „säen" für „zeugen" in Gebrauch), ging sie in die Diskussion der Kirchenväter und in die theologische und pastorale Praxis ein. Im 5. nachchristlichen Jahrhundert galt die Berührung der Sakramente durch Frauenhände als Besudelung, das Antlitz der Frauen bringe (unverhüllt) Gefahr; es habe bis in den Himmel hinein Ärgernis gegeben (Tertullian). Almaricus lehrte im Paris des 12. Jahrhunderts, daß ohne den Sündenfall nie eine Frau als Mensch zur Welt gekommen wäre und daß die Frauenerzeugung ein Fehlgriff der Natur sei. Im 15. Jahrhundert wurde noch ernsthaft über die Frage diskutiert, ob Frauen eine Seele hätten, und es war bis ins 18. Jahrhundert gebräuchlich, darüber zu streiten, ob Frauen vollgültige Menschen seien. 1772 erschien ein Werk des Jos. Bassus mit dem Titel: *„All erdenckliche warhaffte Weiber-Mängel nebst Tractat: Curiose Erörterung der Frage, ob die Weiber Menschen seynd."* Der Ausschluß der Frauen vom Gottesdienst und die Annahme, daß Frauen „abergläubische" Teufelsbündnerinnen seien, war weit verbreitet. So hat etwa Agrippa von Nettesheim der Überzeugung Ausdruck verliehen: *„Wollte man alle Tollheiten unserer alten Weiber anführen, so hieße das soviel, als den Sand zählen, denn es begnügt sich keine von ihnen mit einer Art des Aberglaubens, sondern sie erwählen sich bei jedem Zauberwerk einen anderen Teufel zum Patron."* Seinerzeit hatte die Hexenverfolgung, der naturgemäß nahezu ausschließlich Frauen unterlagen, ihre erste „Blütezeit" erreicht. Die geistliche Elite der Folgezeit hat das ganze Hexentreiben *„grundsätzlich auf das weibliche Geschlecht zugespitzt."* Die Frau war zum notwendigen Übel und zum bösen Prinzip herabgewürdigt und gebrandmarkt worden. Nur ihre Funktion als Mutter war anerkannt. So viele Kinder ein Weib gebäre, um so viele Stufen komme sie dem Himmel näher.

Diese negative Rolle, die man der Frau zugedacht hat, ist Thema vieler literarischer und pastoraltheologischer Werke. Strickers Novelle „Von einer bösen Frau" und sein Lehrgedicht „von übelen Wîben" oder Thomas Murners „Narrenbeschwörung", wo empfohlen wird, auf die Ehefrauen *„druff"* zu schlagen, *„als in ein mist"*, Hans Sachsens Fastnachtsspiele und

Frau Welt
Oberrheinischer Holzschnitt. Ende des 15. Jahrhunderts
Aus: W. Stammler: Frau Welt, Freiburg in der Schweiz, 1959
(= Freiburger Universitätsreden, N.F., 23)

Geilers von Kaysersberg Predigten zeugen von der unglaublichen Konsequenz im Umgang mit den „Evastöchtern". Hans Sachs hat etwa eine Variante zum Schöpfungsbericht überliefert, wonach die Frau aus dem Schwanz eines Hundes geschaffen worden sei, weshalb sie ständig *„widerreden und bellen"* müsse. Die Verspottung der Frauen und die Demonstration ihrer Lasterhaftigkeit kommt ebenso in Fastnachtsbräuchen wie dem Pflugziehen zum Ausdruck, das mit den unverheiratet gebliebenen „Weibern" veranstaltet wurde. Sie hatten, in ein Pfluggeschirr gespannt, durch den Ort zu laufen, wobei – wie man aus einem entsprechenden Text des Hans Sachs weiß – ihre Geschwätzigkeit, ihre Faulheit und körperliche Gebrechen angeprangert wurden. Ikonographische Darstellungen der Frau betrafen z. B. die „Narrenmutter Eva" (Ambraser Narrenteller). In mittelalterlichen Allegorien erscheinen die Todsündentiere meist im Zusammenhang mit Frauengestalten, und „Frau We(r)lt" ist etwa in der Kathedralplastik zu Worms die Personifikation weltlicher Sünden und der Verfallenheit des Menschen an Tod und Teufel.
Redensarten wie *Frauen haben lange Haare und kurzen Verstand* klingen noch harmlos im Vergleich zu der Auffassung, wonach es eine glückliche Lösung sei, wenn die Weiber sterben und die Gäule gedeihen. *„Weibersterbe isch ka Verderbe! Aber Gäuleverrecke, des isch e Schrecke."*
Ihren massivsten Ausdruck fand die negative Einschätzung der Frau in der Hexenverfolgung, die ohne christliche Tradition so nicht denkbar gewesen wäre.
Besonders schöne Frauen oder besonders häßliche, rothaarige oder solche mit buschigen Brauen, Frauen mit Silberblick oder solche mit geröteten Augen waren der Gefahr ausgesetzt, in den Verdacht zu geraten, eine Hexe zu sein.
„Die Prügelung der Ehefrau und die Folterung der Hexe werden [oder wurden] durch den gleichen Aberglauben sanktioniert."
„Weibisch" gilt bis heute als Schimpfwort.

FREITAG

Freitags-„Aberglaube“ resultiert im wesentlichen aus dem Kreuzestod Christi, der am Karfreitag, vorbedeutend für die Freitage des ganzen Jahres, im Vordergrund des Tagesgeschehens steht und mit Fasten und Gebet gewürdigt wird. Hinzu tritt die ungerade Zahl, auf die der Freitag in der Reihenfolge von Montag an fällt und die ihn zum Unglückstag macht.

Der Freitag fordere ein Menschenopfer im Meer (Tod Christi), freitags solle Essig angesetzt werden (Essigschwamm am Kreuz), man backte Blutküchlein, es hieß, daß freitags Verstorbene, sofern sie es verdienten, wie Christus gleich in den Himmel kommen und Freitag sei günstig für die Erlösung der armen Seelen. Am Freitag soll man nichts Wichtiges beginnen: *„Was Freitag wird begonnen, / Hat nie ein gut' End' genommen."* Eine Warnung, die sogar von Gustav Adolf, Napoleon und Bismarck ernst genommen worden sein soll.

Am Freitag Geborene würden ein unglückliches Leben führen müssen und einst vor den Scharfrichter kommen.

Außer in reformierten Landesteilen, in denen Freitag ein beliebter Hochzeitstermin war – wohl wegen des Wegfalls der Fastengebote –, soll freitags nicht geheiratet werden. Nur die „Lausigen“ und die gefallenen Mädchen heiraten freitags. In Bayern war auch das „Fensterln“ freitags verboten, und während andernorts der Frei-tag zum Freien geeignet schien, sagte man im Erzgebirge: *„Freitagsfreier, die hol' der Geier."* Wegen seiner christlichen Prägung ist der Freitag auch für Handel und bestimmte Arbeiten (Düngen der Felder) gemieden worden. Auch wurde kein Bau begonnen, der Dienst nicht angetreten und nicht umgezogen.

Neben dieser christlichen Tradition, die das Leben am Ende der Arbeitswoche einschränkte und so wohl auch auf die Sonnabend- und Sonntagsandacht einstimmte, ist aber auch der entgegengesetzte Aspekt wirksam geblieben, der wahrscheinlich aus römischen Auffassungen vom Tag der Venus herrührt. In den romanischen Sprachen noch als solcher erkenntlich (frz. vendredi, ital. venerdi), ist der Name Freitag als Ableitung von

„Frija“ gebildet worden, das eine weibliche Hauptgöttin der Germanen benennt. Zum althochdeutschen „friatag“ assoziierte man frei, woher im Zusammenspiel mit römischen Venustraditionen der Frei-tag entstand. Wo kirchliche Lehre nicht dominant war, blieb das „Freien“ gebräuchlich, wurde geheiratet und das Wetter, das an diesem Tag frei sei, genau beobachtet. *„Der Freitag ist's wert, / Daß sich's Wetter neunmal verkehrt.“* In der „Volksmedizin“ trafen beide Traditionen zusammen. Am Freitag gründete besondere Hoffnung auf Genesung im Gedenken an die Erlösung und die Assoziation zu „frei“. Viele Behandlungen erfolgten daher am Freitag.

FRONLEICHNAM

Der an diesem Tag bei der Prozession verwendete Blumenschmuck, aber auch das Birkengrün von den Straßenrändern und Äpfel, die auf den Stationsaltären gelegen haben, gelten als geheiligt und werden daher gerne als Mittel zur Schadensabwehr verwendet. Wenn die Prozession beendet ist, nimmt man von diesem Straßenschmuck etwas mit nach Hause, wo er zu Asche verbrannt, zu Pulver zerrieben oder nur getrocknet, aufbewahrt, ausgestreut oder dem Viehfutter beigemengt wird. Damit glaubt man sich vor dem Einfluß schädigender Dämonen, vor Blitzschlag und Krankheit sicher. Dieser „Aberglaube“ ist aber nur eine Randerscheinung des 1264 von Urban IV. eingeführten jüngsten Hochfests der katholischen Kirche. Es nimmt die Thematik des Gründonnerstags auf und feiert in der siebten nachösterlichen Dekade die „Ankunft in Jerusalem“ in Gegenwart Christi. Fronleichnam schließt den Osterfestkreis im Gedenken an die Erfüllung des göttlichen Heilsplans ab und steht der ↗ Fastnachtsfeier entgegen, die das Irdisch-Kreatürliche und die babylonische Gefangenschaft im Rahmen einer „civitas diaboli“ versinnbildet. Die Erlösung aus irdischen Drangsalen durch den Sieg Christi wird in triumphalen Umzügen, die von der Kirche aus ins Freie und zurück führen und damit auch Feld und Flur umfassen, gefeiert, wobei an vier im Freien errichteten Stationsaltären die Anfänge der vier

Evangelien gelesen werden. Gelegentlich hat man sich nicht gescheut, den Sieg über das Böse auch bräuchlich zu vergegenwärtigen, und etwa Teufelsfiguren im Umfeld der Prozession erscheinen lassen. Im Anschluß daran ist verschiedenenorts der Glaube tradiert worden, daß am Fronleichnamstag Alpgeister und Schatzfräulein, Tote, Teufel und die wilde Jagd auftreten.

FRÜHLING

Die Bezeichnung Frühling oder Frühjahr ist eine junge Schöpfung analog zu primavera oder printemps. Älter als diese ist der Lenz, der die Jahreszeit bedeutet, in der „lange Tage" sind. Zur Zeit Karls d. Gr. hieß der März, in dem astronomisch der Frühling beginnt, Lenzmonat. Zeitweise wurde der Frühlingsbeginn und ↗Neujahr zusammen am 25. März begangen.

„Volkstümlich" ist die Orientierung des Frühlingsbeginns an verschiedenen christlichen Feiertagen des Februars und des März (Lichtmeß, Petri Stuhlfeier, St. Matthias, St. Gertraud). Entsprechende Verse begleiteten solche Datierungen: *„St. Gertraud führt die Kuh zum Kraut, 's Roß zum Zug, die Bain zum Flug."* Lieder *(„Im Märzen der Bauer ...")* besingen den Frühlingsbeginn. Interessant ist die Beobachtung und Deutung der Tagundnachtgleiche bei Frühlingsbeginn durch den Theologen Ps.-Cyprianus (243 n. Chr.), der die Erschaffung der Welt mit dem Frühjahr verband. Da es in Gn 1,4 heißt: *„Gott sah, daß das Licht gut war. Da trennte Gott Licht von Finsternis"*, Gott aber nur Vollkommenes schaffe, so müßte die Zeit der Tagundnachtgleiche mit dem ersten Schöpfungstag zusammenfallen.

Im Frühling werden traditionell Blumen und Vögel (Veilchen, Anemonen, Schwalben, Störche) als Boten begrüßt und besungen, und die gesamte christliche Osterthematik und die ihr angeschlossenen Feste und Bräuche entsprechen dem „Auferstehen" der Natur in dieser Zeit. Deswegen lassen sich viele Bräuche (Todaustragen, Ostereier, Prozessionen) der Osterzeit auch leicht mit dem Frühjahr assoziieren.

Überlieferte Frühlingsfeste aus vorchristlich-germanischer Zeit gibt es indes nicht. Entsprechende Elemente in geübten Bräuchen sind jüngsten Umdeutungen entsprungen und meist nicht älter als 100 Jahre.
Im Rahmen der „Volksmedizin“ ist aber seit der Antike die Beachtung der Frühlingsblumen und -kräuter wichtig. Schon Plinius berichtet darüber: *„Die Magier erzielen von den Anemonen ein Geheimnis und schreiben vor, man solle die erste Pflanze, die man im Jahr erblickt, abreißen und dabei sagen, daß man sie gegen das drei- und viertägige Fieber gebrauche ...“;* eine Lehre, die man heute noch vielerorts befolgt.

FUSS

„Abergläubische“ Deutungen des Fußes sind verbreitet und haben sich etwa darin niedergeschlagen, daß man meint, nicht mit dem linken Fuß zuerst aus dem Bett aufstehen zu sollen. Dieser verbreiteten Anschauung ging einst eine Fülle gebräuchlicher Meinungen voraus, die dazu anleiteten, daß die Braut ihr neues Heim mit dem rechten Fuß zuerst betritt, daß ein neu gekauftes Rind so zum Stall hereingeführt wird, daß es seinen rechten Huf zuerst über die Schwelle setzt etc. Stehe man mit dem linken Fuß zuerst auf, so zöge der Teufel den rechten nach.
„Dextro pede“ wurde von Juvenal synonym mit „feliciter“ (Glück) gebraucht.
Allgemein wurden der Fuß und seine Teile als Sitz besonderer Lebenskräfte eingeschätzt und ihrer Physiognomie nach unterschiedlich gedeutet. Im Anschluß an den arabischen Arzt Mohammed Abû Bekr ibn Zakarijja al-Râzi († 923/932) hat Konrad von Megenberg zusammengefaßt: *„An welhen füezen vil flaisches ist und daz flaisch gar hert ist, daz bedäut ain poes vernunft an dem menschen. Kurz und leutsaelig füez bedäutent ainen unkäuschen menschen und ainen froeleichen. wem diu verse klain ist, das bedäut ainen vorhtigen menschen. wenne si aber grôz sint und stark, daz bedäut ain küenheit und vestikait an dem menschen ...“* Derartige Beobachtungen haben wohl auf

Vorstellungen eingewirkt, wonach der Tölpel oft als plattfüßig, aber der „Edelmann“ mit hochgewölbter Fußsohle gedacht wird.

Mythische Eigenschaften kommen in des Teufels Bocksfuß oder den geflügelten Fersen des Hermes zum Ausdruck.

Wo ein besonders kräftiger und energischer Mensch hintrete, da wachse, so sagt man, kein Gras mehr, während die Fußspur einzelner Heiliger und der Maria als besonders fruchtbar gilt. Dies wohl im Anschluß an Psalm 65,12: *„Du krönst das Jahr mit deiner guten Gabe, deine Pfade triefen von Üppigkeit“.*

Dem Handauflegen vergleichbar gilt der Tritt auf die Füße eines anderen Menschen der Übertragung positiver oder negativer Eigenschaften. Ein Ritus, der übrigens im Pontificale Romanum dem Firmling vorgeschrieben war, der seinen Fuß auf den rechten Fuß des Firmpaten stellen sollte, um so künftig an dessen Eigenschaften teilzuhaben.

Von besonderer Bedeutung ist die rituelle Fußwaschung, die im Anschluß an Jh 13,1ff: *„Beim Abendmahl war es … da stand er (Jesus) auf vom Mahl … und begann die Füße der Jünger zu waschen …“* am byzantinischen Hof in feierlichem Zeremoniell an den Armen geübt wurde und später am päpstlichen Hof ebenso wie an verschiedenen Kaiser- und Fürstenhöfen bekannt war. Die Fußwaschung ist in die Liturgie der Messe am Gründonnerstag eingegangen.

Travestien dieser Überlieferung sind im norddeutschen Fastnachtsbrauch des 18. und 19. Jahrhunderts nachgewiesen und aus Westfalen und Sigmaringen bekannt.

G

GEBÄRMUTTER

Die Gebärmutter war schon in der griechischen Antike beobachtet und mit verschiedenen Vorstellungen belegt worden. Für die Ausbildung überlieferter Anschauungen, die sich etwa in der sogenannten Volksmedizin niedergeschlagen haben, wo die „Bärmutter“ als auf- und absteigende Kröte gedacht wurde, war Platons Idee ausschlaggebend, der die Gebärmutter einem lebendigen Gebilde verglich, das sich im Körper der Frau bewegen könne. Ihm schlossen sich die Hippokratiker an. Sie haben der Gebärmutter nahezu eigenständige Lebenskraft zugedacht und ihre Wanderungen durch Bauch, Brust und Becken der Frau beschrieben. Derartige Gedanken standen am Anfang einer Tradition, die in Vorstellungen mündet, wie sie in Bayern und Ostpreußen belegt sind. Im Süden Deutschlands spricht man bei einer Kolik davon, *„daß die Bärmutter ... steigend worden ist“*, und im Osten des deutschen Sprachraums denkt man sich das Organ sogar als ein Tier von grauer Farbe, das mit Fingern ausgestattet sei: besonders häufig ist die Auffassung, wonach die Gebärmutter mit einem Lurch oder einer Kröte identifiziert wird.

Diese Überlieferung läßt sich auch im Mittelalter verschiedentlich greifen. So in der Kaiserchronik des 12. Jahrhunderts oder im mittelhochdeutschen „Moriz von Craon“, wo Kaiser Nero, um schwanger zu werden, ein Pulver nimmt, *„daz ein krete wuchs im in sînem magen ... do gelichte er einem wibe vornen an dem lîbe.“*

Der enge Zusammenhang, in den man die Kröte mit der Gebärmutter gebracht hat, schlägt sich auch in zoologischen Begriffen nieder. Die *Geburtshelfer*kröte ist allgemein bekannt.

GEBURT

Die Geburt eines Kindes wurde und wird mit „übernatürlichen" Kräften in Verbindung gebracht, weil die Herkunft des Leibes zwar rasch auf biologische Funktionen und Abläufe reduziert werden kann, die Quelle des Seelenlebens (↗Seele) indes bis heute keine wissenschaftliche Erklärung gefunden hat. Traditionell gilt etwa die Erde als Seelenhort, aus der bei der Geburt eines Kindes die Seele abberufen werde. Wie auch die anderen Seelenorte Baum, Quelle, Berg und Wolke ist die Erde ein Symbol für den vorchristlich uneingeschränkten Glauben an die Teilhaberschaft des Menschen an der „heiligen" Natur, aus der er emporwachse, seine Lebensenergie beziehe und zu der er im Tode zurückkehre. Daß dabei insbesondere der Baum als Zeichen für die Entstehung und das Gedeihen eines Menschen betrachtet und vielfältig eingesetzt wurde (und wird), liegt auf der Hand. Zeigt er doch besonders deutlich die Verwurzelung des Menschen in der Natur und seine Abhängigkeit von ihr an. Bäume, die man nach altem Herkommen noch heute im Anschluß an die Geburt eines Kindes in seinem Namen pflanzt, gelten als Anzeiger des Schicksals eines neuen Menschen. Dem Verfasser sind einige Beispiele dafür bekannt, daß Eltern ihren Neugeborenen solche Bäume stiften, wobei oft der Mutterkuchen an den Wurzeln des Bäumchens vergraben wird. So gedeiht etwa auf der Insel im See von Ioannina ein Kirschbaum, den die Eltern bei der Geburt ihrer Tochter Cherry gepflanzt haben. Eine Birke, die den Namen des Verfassers trägt, steht im Garten seines Vaters. Bis heute ist es in Griechenland verbreitet, bei der Geburt einer Tochter einen Nußbaum zu pflanzen, aus dessen Holz später die Aussteuertruhe gefertigt wird – eine Tradition, die schon bei Plinius erwähnt ist und eventuell in Homers Gleichnis von den *„Blättern*

im Walde, die knospen und welken wie die Geschlechter der Menschen" (vgl. Ilias 6,146) einen frühen Vorboten hat.
Goethes Großvater soll zu des Dichters Geburt einen Birnbaum gepflanzt haben, und es entspricht altjüdischer Überlieferung, einem Jungen eine Zeder, einem Mädchen eine Fichte zu pflanzen. Diese Baumsorten sind bisweilen durch Ziersträucher (Myrte, Bruchkraut) ersetzt worden. Gustav Freytags Verse: *„Vor meinem Fenster stand ein Myrthenstrauch, / ein kleiner Herre, nach des Landes Brauch / gepflanzt im ersten Neumond meines Lebens /"*, zeugen davon.
Die Idee des Lebensbaumes ist auch auf die Gründung von Dorfgemeinschaften bezogen worden, wo sie in der allbekannten Dorflinde ihren Ausdruck fand.
Neben dem Baum gehört der Seelenquell zu den wichtigsten Topoi im „Aberglauben" um die Geburt des Menschen. Das Wasser als Lebensträger und Lebensspender ist stets in seiner natürlichen Bedeutung erkannt worden und in zahlreiche „abergläubische" Motive eingegangen. Daß Flüsse, Seen und Teiche, Dorfbrunnen und Wasserlachen zur Erklärung der Kinderherkunft herangezogen wurden und überhaupt eine typische Grenze zwischen dem Diesseits und dem Jenseits darstellen, ist ungezählte Male belegt. Die neue Erde wölbe sich aus dem Meer empor, Boden- und Titisee galten als Kinderwasser, und viele Zeugnisse belegen den Glauben an die Herkunft der Kinder aus Flüssen, wo sie gefischt, aus dem Wasserschaum gefiltert, aus dem Wasserfall aufgefangen werden. In dieser Tradition haben besonders die „Gotterlöcher" der Donau bei Donaueschingen einen Namen erworben. In der christlichen Allegorese fanden derartige Vorstellungen ihren Niederschlag im „Höllbrunnen" und dem mittelalterlichen „Sündenquell", von dem ein Überlieferungsstrang zu den (besonders im Südwesten des deutschen Sprachgebiets bekannten) Narrenbrunnen führt, dem in der Fastnachtszeit die närrischen Zentralfiguren der örtlichen Narrenzünfte entsteigen (oder geboren werden).
Besondere Felshöhlen und aufragende Steine wurden vieler-

orts als Lebensspender verehrt. *„Der Glauben an solche Kinderfelsen, Kindersteine oder Kindlisteine [...] die oft in Bach oder See liegen, begegnet in mancherlei Abwandlung ...“* und ist nicht zuletzt im griechischen Mythos von der Menschenabkunft ἀπὸ πέτρης bezeugt. Diesem Mythos zufolge hätten die Götter, nachdem sie die Menschen, bis auf ein liebendes Paar, im Zorn von der Erde verbannt hatten, den Vereinsamten die Möglichkeit gegeben, durch Steinwürfe über ihren Rücken neue Menschen zu schaffen.

Daß Kinder schließlich aus der Luft und aus den Wolken kämen vermitteln zahlreiche Vorstellungen von kinderbringenden Störchen, Krähen, Elstern oder Schwänen, Marienkäfern (Lieb-Gott-Käfern) und anderen Insekten und deren „abergläubische“ Ausschmückungen. Der Seelen-Schmetterling ist etwa auch mit dem Mythos von Eros und Psycho assoziiert worden.

Neben dem Glauben an die Herkunft der Kinder von bestimmten Seelenorten war (und ist) der Glaube an Zusammenhänge der Geburtsstunde und -orte mit astralen Konstellationen wesentlich. Die ↗Horoskopie gründet auf der Charakterisierung des Menschen und seiner Schicksalsdeutung im Zusammenhang des Einflusses der Sterne und Planeten im Geburtsmoment. Schon im alten Ägypten und Babylonien hat man versucht, aus astralen und planetaren Konstellationen auf die Beziehungen zwischen Gott und dem neuen Menschen zu schließen. Neben den griechischen und römischen Geburtsgott trat später der Schicksalsstern, der auch in der biblischen Schilderung der Geburt Christi aufscheint. *„Es ist zur Zeit Christi eine geläufige Anschauung, daß mit der Geburt eines Menschen ein Stern aufgeht, der diesen durchs Leben begleitet, um so heller leuchtend, je bedeutender der betreffende Mensch ist, und der herabfällt, wenn der Mensch stirbt“* (↗Stern).

Man schloß später aus der Stellung von Sonne und Mond auf Häßlichkeit oder Sommersprossen, Hexen- und Vampyrcharaktere, Werwölfe und Bösewichter. Wesentlich wurde auch der Tag der Geburt eines Menschen; das Handwörterbuch des deutschen Aberglaubens hat dazu etwa zusammengestellt:

„Sonntagskinder – glückliche Kinder
Montagskinder – kluge Kinder
Dienstagskinder – reiche Kinder
Mittwochskinder – geschwätzige Kinder
Donnerstagskinder – zornige Kinder
Freitagskinder – unglückliche Kinder
Sonnabendskinder – Todeskinder“

Christliche Festtage, wie etwa Gründonnerstag (die Geborenen ersticken) und Allerseelen oder Neujahr (geistersichtig) wurden ebenso in die Deutung der Schicksale einbezogen wie die nach christlichem Verständnis unheilverheißenden Tage des Judas Ischarioth (1.4.), der Verstoßung Luzifers (1.8.) oder des Untergangs von Sodom und Gomorrha (1.12.).
Heil oder Unheil leitete man auch von der Geburtsstunde (↗Mittag, ↗Mitternacht) ab. Und letztlich wurde auch der Geburtsvorgang selbst, den man mit allerlei „magischen“ Riten zu beeinflussen trachtete, auf Wohl oder Wehe des Kindes hin ausgelegt. Schmerzlose Geburt etwa verweise auf Werwolf und Drud, und wenn die Mutter bei der Geburt des Kindes die Augen schließe, so werde es blind.

GEBURTS- UND NAMENSTAG

Die Ausbildung dieser zwei verschiedenen „persönlichen“ Feiertage eines Menschen im Jahreslauf geht aus voneinander abweichenden konfessionellen Traditionen hervor. Während die Katholiken den Namenstag besonders feierlich gestalten, kommt dem Geburtstag in evangelischen Landesteilen mehr Aufmerksamkeit zu. Im katholischen Kulturkreis, der das Leben und die Bedeutung der Heiligen ganz anders definiert als die reformierte Kirche, wird den Kindern im Anschluß an spätantike Gepflogenheiten der Name eines Heiligen gegeben. Der persönliche Festtag verknüpft sich mit dem geheiligten Vorbild, das als Mittler zwischen dem Menschen und Gott wirke, und er fällt in der Regel mit dem Todestag des Namenspatrons zusammen. Dessen freudige Grundstimmung ergab sich aus der Auffassung, daß der (irdische) Todestag den Geburtstag (dies natalis) in die Gottesgemeinschaft umfasse. Und aus dieser Anschauung gehen die Bräuche hervor, die sich um das Aufstellen des „Lebenslichtes" oder die besondere Hut des Herdfeuers am Namenstag ranken.

Die katholische Tradition bleibt damit näher an frühchristlichen Gepflogenheiten – noch im 3. Jahrhundert hatte etwa Origenes darauf hingewiesen, daß die Bibel nur von heidnischen Geburtstagsfeiern (Herodes, Pharao) berichte. Dies mag mit ein Grund für die relativ späte Einführung des Christgeburtsfestes gewesen sein, das erst aus der auf dem Konzil von Nicäa (354 n. Chr.) aufgestellten Lehre von der „hypostatischen Union" Christi (zugleich Mensch und Gott) abgeleitet und später in Analogie zur Offenbarungsfeier am 6. Januar als Inkarnationsfest geschaffen wurde (↗Weihnachten). Bis heute spielen im katholischen Kalender nur die Geburtstage Christi und seines Vorgängers Johannes d. T. (24. Juni) eine gewichtige Rolle.

Im evangelischen Kulturkreis wurde aber, mit Rücksicht auf die Christgeburtsfeier und im Anschluß an die Herabstufung der Heiligen zu bloßen Glaubensvorbildern (ohne Mittlerfunktion), die individuelle Geburtstagsfeier durchgesetzt, die dem Gedanken an die Gemeinschaft aller Gläubigen besser entspricht. Daß dabei heidnische Vorbilder eine „präfigurierende" Bedeutung gehabt hätten, wird zumindest derjenige in Zweifel ziehen, der den Inhalten dieser Feiern Beachtung widmet. Die evangelische Geburtstagsfeier geht aus der inneren Logik des christlichen Glaubens hervor und verbindet sich mit Glückswünschen, kleinen Geschenken und der Gewährung besonderer Wünsche (Lieblingsspeise etc.).

Verschiedentlich galt der Geburtstag als besonders glückbringend, oder er wurde zur Schicksalsdeutung genutzt. So legte man etwa dem einjährigen „Jubilar" ein Ei, ein Geldstück und

ein Buch vor und schloß aus dem Gegenstand, den er ergriff, auf seinen künftigen Lebensweg (als Bauer, Geschäftsmann oder Gelehrter).
Im Zusammenhang der Bedeutung des „Lebenslichts" spielt der Geburtstagskuchen eine Rolle, der in der Regel mit Kerzen bestückt wird, deren Anzahl den verlebten Lebensjahren entspricht. Älterem Herkommen nach darf das mittlere „Lebenslicht" nicht ausgeblasen werden, da das Geburtstagskind sonst sterben müsse.

GEHIRN

Im Zusammenhang der Traditionen, die bestimmte Vorstellungen über ↗Kopf und Schädel überliefert haben, gerieten auch ältere Anschauungen über das Hirn in die Neuzeit. In gelehrten Kreisen spätestens seit dem 10. Jahrhundert (Arabien) als Sitz des Verstandes und der „rationalen Seele" (schon bei Plato) angesehen und dem ↗Herz übergeordnet, wird es allgemein mit den Denkfunktionen in Verbindung gebracht. Im allgemeinen Sprachgebrauch wird dabei nicht klar zwischen Kopf, Schädel und Gehirn unterschieden (vgl. etwa die Scherzworte „Holzkopf", „Stroh im Schädel" oder niederdt. „bregenklöterig" – bregen = Gehirn). Ebenso wie die Hirnschale (↗Kopf) wurde auch das Gehirn selbst in der sogenannten „Volksmedizin" verwendet. Nach einem preußischen Rezept des 18. Jahrhunderts helfe „Menschenhirnspiritus" gegen die Epilepsie. Als besonders bedeutend für die Beeinflussung der menschlichen Physis wurde indes das Gehirn verschiedener Tiere angesehen, das teilweise seit der Antike (Plinius) zu bestimmten Zwecken verabreicht wurde. Wer Bärenhirn esse, *„gereht (...) darüber in solcher Phantasei und stärke Imagination, daß er sich bedünken läßt, glich alls wäre er zum Bären worden."*
Aus Sperlings-, Menschen-, Katzenhirn sowie dem Hirn des Hahnes brauten Zigeunerinnen, „Hexen" und Dirnen ihre Liebestränke, und dem Geierhirn wurden ganz besonders nützliche Wirkungen zur Bekämpfung des Kopfschmerzes zuge-

schrieben. In jedem Fall beruhten solche Rezepturen auf Analogieschlüssen, wonach spezifisch tierische Eigenschaften auf den Menschen übertragen wurden.

GESCHLECHTSTEILE

Die (männlichen) Geschlechtsteile werden traditionell als Ausdruck der seelischen Kräfte angesehen, die den sexuellen Affekt begleiten. Ihnen entsprechen die Nieren als deren innere Verkörperung. Infolge ihrer biologischen Funktion sind die Geschlechtsteile besonders in den Zusammenhängen gedeutet worden, in denen es um Zeugung, Fruchtbarkeit und Lebenskraft geht. So habe man die Geschlechtsteile eines jung verstorbenen Mannes dazu verwendet, die Felder fruchtbar zu machen, und der tierische Phallus, etwa von Stier, Hund und Hase (die man als besonders geil betrachtete), diente oft der Abwehr böser Dämonen.

Im Christentum ist der Phallus als Signum des Gottesleugners tradiert worden. Narrendarstellungen spielen häufig auf einen geilen unchristlichen Lebenswandel an, wobei die Darstellung des Phallus meist indirekt-symbolisch erfolgte: etwa in Gestalt eines Hahnenkopfes, weil man auch dem Hahn besondere Geilheit nachsagte. Eine von A. Heusler mitgeteilte nordische Bekehrungssage hat den Phallus eines Hengstes als Sinnbild für das Heidentum überliefert. Das abgeschnittene Geschlechtsteil eines Hengstes wird dort von einer Bauersfrau sorgfältig aufbewahrt und allabendlich im Familienkreis als Gott verehrt, bis der fromme König Olaf († 1030) von diesem Treiben erfährt und ihm persönlich ein Ende setzt.

Die Zubereitung tierischer Geschlechtsteile als potenz- und kraftförderndes Mahl ist in verschiedenen Regionen Europas und verschiedenen Erdteilen belegt und geht auf einen einfachen Analogieschluß zurück.

GRAB

Das Grab wird als die Wohnung des Verstorbenen angesehen, der darin in irgendeiner Weise weiterlebe. Dabei ist vor allem daran gedacht, daß sich die Seele beim Leichnam aufhalte. Aus dieser Grundanschauung folgen die zahlreichen Motive der Gespenster- und Friedhofssagen, in denen Tote eine Rolle spielen. „Sie rufen, schreien aus dem Grab, schlagen nach dem, der es verletzen will, sitzen nachts auf dem Grabhügel, lassen sich Nachrichten ans Grab bringen." Aber sie irren auch über den Friedhof, stehen den Lebenden im Kampf bei (Waffenhilfe der Toten), beschützen das Land vor feindlichen Angriffen und beschenken (am Palmsonntag) die Kinder.

Über spezifische Grabformen (umgekehrtes kielloses Boot – Jenseitsreise?) wird wenig berichtet. Wesentlicher als die Form des Grabes ist die Orientierung des Toten in ost-westlicher Richtung, damit er den Auferstehungstag nicht verschlafe (↗Himmelsrichtungen). Die Ausstattung des Grabes mit Kreuz, Stein, Lichtern und Weihwasser gilt nicht nur der Errichtung eines Denkmals, sondern bezieht sich auf die Ruhe und Fürbitte, die der Tote benötige. Das Licht sei nötig, um Gott anzuschauen. Ebenso wie die Leiche selbst hat man auch das Grab zu allerhand „Heilzauber" (miß)braucht: Krankheiten (Fieber, Warzen, Magersucht) suchte man darauf zu übertragen, indem man sich zwischen Gräber legte, sich darüberrollte, darübersprang oder -schritt, den Tau vom Grab sammelte oder mit den Fingern bis zum Sarg bohrte.

Die im vor- und außerchristlichen Kulturkreis wesentliche Grabbeigabe, die aus dem Gedanken resultierte, daß der Tote auch im Totenreich und auf der Reise dorthin Hab und Gut, Frau und Diener, Pferd und Wagen nötig habe, spielt im mitteleuropäischen Raum heute keine Rolle mehr. Ausnahmen machen da gelegentlich Kindergräber, in die das liebste Spielzeug gelegt wird, Gräber von Wöchnerinnen, denen man eine Stoffpuppe (oder das mitverstorbene Baby) in den Arm legt, oder Gräber von Brautleuten, denen der Hochzeitsschleier, der Ehering oder Blumen mitgegeben werden.

Hier handelt es sich aber in der Regel um sentimentale Gebärden, denen ein kulturgeschichtlich relevanter Bezug fehlt.

GRENZE

Mit der Herausbildung differenzierter Eigentumsverhältnisse gewann die Grenze als umschließendes „Band" privaten oder gemeinschaftlichen Besitzes Bedeutung. Sie kann sich sowohl auf ein Gebäude allein beziehen und wird dann mit der Dachtraufe (↗ Dach) oder der Türschwelle (↗ Tür) gleichgesetzt, oder sie umfaßt Grund und Boden. Ackergrenzen treten sichtbar in Gestalt unbebauter Feldstreifen, sogenannter Raine, hervor. Kleinflächiger Besitz wird mit Zäunen umgeben. Anders dagegen werden Dorfgrenzen an natürliche Gegebenheiten – etwa an Wasserläufen, besonderen Grenzbäumen, Felsformationen und Waldschneisen – orientiert. Wo die natürlichen Grenzmarken zur eindeutigen Demonstration der Eigentumsverhältnisse nicht genügen, behilft man sich mit Grenzsteinen, meist behauenen Blöcken, die oft mit den Wappen der Grenzanrainer gekennzeichnet werden. Zur Bestimmung des Grenzverlaufs hat man neben der exakten Vermessung auch schlichtere Methoden eingesetzt: Stein- oder Hammerwürfe, Wettläufe aus zwei entgegengesetzten Richtungen oder weisende Tiere (ein blindes Pferd, Krebse).
Im „Aberglauben" hat die Grenze eine Doppelfunktion. Sie umschließt eine bestimmte Zone, und sie grenzt aus. Ein Dieb könne nach Überschreiten der neunten Grenze nicht mehr gefaßt werden, die Wirkung eines Zaubers reiche nicht über eine Grenze hinaus, Krankheiten wurden jenseits der Grenze „vergraben" (bei Gicht ein Stück Fleisch, bei Zahnweh ein Hölzchen, mit dem man zuvor den kranken Zahn berührt hat) oder auf der Grenze an einen Baum „gebunden" (Fieber). Bestimmte christliche Bräuche, wie das Besprengen der Grenzsteine mit Weihwasser, verleihen ihr apotropäische Kraft. Andererseits galten Grenzen auch für besonders geeignet, schädliche Dämonen, Schadenszauber oder gar Hexen zu bannen. In allen Kulturen unterliegt die Grenze dem rechtsstaatli-

chen Schutz und einer religiösen Heiligkeit. Grenzverletzungen wurden und werden mit besonders schweren Strafen geahndet. Es gibt Sagenmotive, in denen ein Grenzfrevler noch nach seinem Tod mit einem Grenzstein umgehen muß, so lange, bis der ordnungsgemäße Grenzverlauf wiederhergestellt ist. Schon der „Mißbrauch" eines Grenzsteins durch das Daraufsetzen eines Kleinkindes ist im „Aberglauben" sanktioniert. Man sagt, ein solches Kind wachse nicht mehr.

GROSSER WAGEN

Der Große Wagen (von altgr. ἅμαξα) oder Große Bär gehört zur Reihe der Merkgestirne, die auch den astrologischen Laien bekannt waren und zu Orientierungszwecken herangezogen wurden. Seine Benennung, Form, Lage und Ausdehnung waren in der Antike festgelegt und sind etwa mit Konrad von Megenberg dem deutschen Mittelalter überliefert worden. Wie andere Sternbilder auch erfuhr der Große Wagen eine Reihe von Umdeutungen: als der Wagen des Dietrich von Bern, als Karlswagen und Eliaswagen, mit dem dieser zum Himmel aufgefahren sei, oder man bestimmte die Fahrtrichtung des Großen Wagens *„na Lüneburg", „alle Abende nach Jerusalem"*. Der Fuhrmann (Reiterlein, Däumling), das ist ein kleinerer Stern oberhalb der Wagendeichsel, fahre *„weiter na Rußland"*.
In einigen Sagen heißt es, der „Girenwagen" komme einmal alle sieben Jahre vom Himmel herab und eine Begegnung mit ihm habe dann böse Folgen.
Auch der Fuhrmann spielt in Sagen eine Rolle. Er sei ein ehemals böser Mann gewesen, der im Tod zur Strafe an den Himmel gesetzt wurde und dort wild umherfahren müsse. Eine andere Version behandelt ihn als den Fuhrmann Christi.
Populär ist die Wetterprognose aus der Stellung des großen Wagens. Fahre er wieder *„bargdal"*, gebe es Frostwetter. Ein Relikt politischer Vorhersage ist der Glaube, dem man 1915 bei Schweizer Soldaten begegnete: stünde der Große Wagen in der Nähe des Mondes, so bedeute das nahenden Krieg.

HAAR

Dem menschlichen Haarwuchs und seiner Deutung wird von alters her besondere Aufmerksamkeit gewidmet. Pflege und Wuchs, Gestalt, Länge und Farbe, seine Fülle und sein Glanz gaben zu lebhafter Beschäftigung Anlaß, und sie zog eine Fülle „abergläubischer“ Anschauungen nach sich.

Populär war die Ansicht, daß Rothaarige etwas Böses, Hinterhältiges verkörpern (vgl. Judasdarstellungen) oder gar mit dem Teufel im Bunde stünden. Verräter, Teufel und „Hexen“ wurden häufig rothaarig dargestellt. Starker Haarwuchs am Körper lasse auf animalische Instinkte schließen. Die mittelalterliche Präsentation von stark behaarten „Wildleuten“ in der ↗Fastnacht ging etwa auf derartige Vorstellungen zurück. Sie verkörperten das Prinzip der „civitas terrena vel diaboli“ ebenso, wie es die Tierallegorien aus der Tradition des Etymachietraktates taten. Noch heute werden energischen Personen oft *Haare auf den Zähnen* zugeschrieben.

Lange Haare waren indes lange Zeit ein Privileg von Königen, Fürsten und Freien. Eine Tradition, die sich wohl aus alttestamentlich bezeugten Ansichten herleitet, wonach das Haar als Sitz und Ausdruck der Lebenskraft und einer gottgeweihten Seele möglichst lang getragen wurde. Nach dem Buch der Richter 16,17 habe Simson der Dalila gegenüber erklärt: *„Kein Schermesser ist über mein Haupt gekommen, denn ich bin ein Gottgeweihter vom Mutterschoße an. Werde ich geschoren, so verläßt mich meine Kraft. Ich werde schwach und bin wie jeder andere Mensch.“*

Aus dieser Tradition erklärt sich die besondere Bedeutung des

Haaropfers, das in der griechischen Kirche noch heute während des Taufzeremoniells erbracht wird und die Ausbildung verschiedener Anschauungen über günstige Termine für die (oft unausweichliche) Haarschur. Schneide man das Haar bei zunehmendem Mond, so wachse es voller und länger nach. Assoziationen mit bestimmten Tierkreiszeichen (Widder, Löwe) legten Termine nahe, die sich nach dem Stand der Sterne richteten (↗Sternbilder). Verschiedenen Terminen des Kirchenjahrs folgten Ansichten, wonach sich der 22. Juli, der Tag der Maria Magdalena mit ihrem prächtigen offenen Haar, für das Schneiden der Haare bestens eigne.
Manche Märchen- und Sagenmotive spiegeln die Anschauung, wonach man in die Gewalt desjenigen gerate, der in den Besitz der (abgeschnittenen) Haare gelangt. Das Austauschen abgeschnittener Locken zwischen Verliebten steht wohl in diesem Zusammenhang. Die gewaltsame Haarschur galt früher als Strafe.
Demgegenüber entsprang aus einem Wort des Paulus: *„Lehrt euch nicht schon die Natur, daß es für den Mann, wenn er langes Haar trägt, nicht zur Ehre gereicht? Trägt aber die Frau langes Haar, gereicht es ihr zur Ehre. Denn das Haar ist ihr als Schleier gegeben“* (1 Kor 11,14), eine andere Tradition, wonach die alttestamentliche Bewertung langer Haare in Frage gestellt wurde.

HAND

Von Aristoteles als das „Organ der Organe“ bezeichnet, verkörpert die Hand wohl am augenfälligsten den menschlichen Geist. Am zielgerichteten und vernunftgesteuerten Gebrauch der Hände erkennt man die Menschen. Deshalb spielt die Deutung der Hand im sogenannten Aberglauben eine besondere Rolle. Versuche, menschliche Charaktere aus der Physiognomik der Hände und den Linien der Handflächen zu deuten, hat es seit der Antike gegeben. Sie laufen in der tradierten Chiromantie zusammen.
In den bekannten Redensarten, die etwa davor warnen, *etwas*

aus der Hand zu geben oder dazu raten, *etwas in den Händen zu behalten,* drückt sich die Bewertung der Hand als Zeichen und Symbol aus. Pars pro toto steht die Hand häufig in biblischen Zusammenhängen (vgl. Lk 1,66 oder 1 Sam 5,6). Das Händewaschen hat demzufolge rituelle Bedeutung erlangt. Psalm 18,21: *„Der Herr tut wohl an mir nach meiner Gerechtigkeit, er vergibt mir nach der Reinigkeit meiner Hände"* oder das Deuteronomium 21,6 präfigurieren die neutestamentliche Darstellung des Pilatus, der seine Hände mit den Worten: *„ich bin unschuldig an dem Blute dieses Gerechten"* (vgl. Mt 27,24) wusch, bevor er Christus verurteilte.

Im Anschluß daran galt das Händewaschen etwa in Cornwall als ein Zeichen für die Unschuld an einem Verbrechen, und es ist weithin bekannt, daß man *seine Hände in Unschuld waschen* könne.

Besonders wichtig war die Ansicht von der Heilkraft der Hände begnadeter Menschen, die etwa schon bei Plinius Gestalt gewonnen hatte. Als ein kräftiges Mittel gegen Geschwülste empfahl er das Auflegen des Handrückens einer nackten, nüchternen Jungfrau. Die Heilkraft der Hände kommt in ungezählten „volksmedizinischen" Riten zum Ausdruck, die sich um das Auflegen der Hand gebildet haben. Der christliche Segensritus, die Eidesleistung und verschiedene Aufnahme- und Einweihungsriten aus biblischer Überlieferung lassen die hohe Wertschätzung der Hand erkennen.

Schon in der orientalisch-hellenischen Antike wurde der Physignomie der Hände besondere Aufmerksamkeit gewidmet. Neben einer eher oberflächlichen Betrachtung der Handformen und ihrer Deutung, wie sie später bei Konrad von Megenberg greifbar ist – *„lind hend und behent bedeutent vil weishait und guot vernunft. gar kurz hend bedäutent torheit ..."* – ist wohl schon seit dem ersten vorchristlichen Jahrtausend eine teils wissenschaftliche Disziplin, die Chiromantie, erwachsen, die sich die Aufgabe gestellt hat, die Handformen und -linien zu lesen; das heißt aus der äußeren Beschaffenheit der Hände auf Charakterzüge des Menschen und sein Schicksal zu schließen.

Während die Chiromantie in der Antike offenbar relativ unproblematisch geübt werden konnte (erste Ansätze für ein Deutungssystem bei Aristoteles) und während infolge ihrer Verschmelzung mit der Astrologie (↗Sternglaube etc.) ein weitläufiges und differenziertes Spezialwissen entstand, haben die Autoritäten des christlichen Mittelalters (etwa Thomas von Aquin) diese Disziplin verworfen und zu unterdrücken versucht. Die wenigen deutschsprachigen Lehrwerke vom Ende des Mittelalters sind daher oft unvollständig und widersprüchlich.

Als Muster für die Überlieferung der tradierten Traktate ist ein 1481 (ohne Orts- und Jahresangabe) gedrucktes Werk: „Ex divina philosophorum academia secundum naturae vires ad extra chyromanticio diligentissime collectum“ ausgemacht worden, dem der deutsche Traktat „Kunst der Chiromantzey“ (1531 u.ö.) des Johannes von Hagen folgte.

Heute sind die Anpreisungen von Chiromanten-Künsten in den Kleinanzeigen der Tagespresse geläufig. Es gibt eine „Vereinigung der Chiromanten Deutschlands“ und eine Zeitschrift „Die Chiromantie, Monatsschrift für wissenschaftliche Handlesekunst und medizinische Handdiagnostik“. Die Zahl der Bücher über Chiromantie ist Legion.

HAUS

Das Haus ist Sinn- und Abbild des menschlichen Schutzbedürfnisses in der Natur und wird in engster Beziehung zu seinem Besitzer gesehen. Vielerorts geht etwa der Hausname auf den Besitzer über. In der Rechtsordnung verknüpfen sich Holz- und Wasserrechte mit dem Haus.

Schon die Auswahl des Bauplatzes ist daher von besonderen Vorsichtsmaßnahmen begleitet. Man wollte den Genius loci nicht verärgern, in dessen Refugium mit dem neuen Bau eingegriffen wurde. Bauopfer (↗Maurer) wurden und werden erbracht und bestimmte Orakel beachtet. „Die alten Norweger nahmen aus der Heimat die Hochsitzsäulen mit, warfen sie vor dem Landen in Island ins Wasser und bauten dort, wo sie sie

angeschwemmt fanden.“ Weisende Tiere (Hahn, Pferd, Maultier) hat man in Mitteleuropa eingesetzt.
Aus einsichtigen Gründen war es verboten, auf einem Weg, in einem Kornfeld oder über einem Brunnen ein Haus zu bauen und es galt als gefährlich, dort zu bauen, wo zuvor ein Haus niedergebrannt war (besonders nach Blitzschlag).
Der Bau selbst wird mit der Grundsteinlegung begonnen, die schon seit dem 10. Jahrhundert mit besonderen Zeremonien begangen worden sein soll. Früher waren Gebete und Bauopfer üblich, heute ist die Bewirtung der Bauleute und Nachbarn gewöhnlich, ebenso wie bei der feierlichen Setzung des Schlußsteins (bei Gewölbebauten).
Die Zeit für den Baubeginn, das Baumaterial und das Richtfest, später auch der Einzug sind ungezählten „abergläubischen“ Regelungen unterworfen, die alle dem Schutz des Hauses dienen sollen. Beim Einzug etwa soll man zuerst Brot und Salz, ein Kruzifix und Geld und ein Gesangbuch hineintragen, der Baubeginn soll ebenso wie der Umzug nicht an einem Montag oder bei Mondwechsel erfolgen, der Richtemai muß unter großem Lärmen angebracht werden. Vielerorts wird der Priester oder Pfarrer um die Weihe eines neuen Hauses gebeten. Mit den Besitzern eines Hauses soll der Hausgeist einziehen, der in der Moderne als harmloses Neck- und Kindergespenst, als Puck oder Kobold aufgefaßt wird, der das faule Personal, Mägde und Knechte zur Arbeit antreibt aber auch hilft und viel Arbeit auf sich nimmt. Vorläufer dieses Hausgeistes soll ein Dämon namens Agemundus sein, der Anfang des 12. Jahrhunderts im Ysengrimus beschrieben wurde. Hier handelt es sich indes um einen häßlichen Teufelsbalg mit Habichtschnabel, Pferdemähne, Katzenschwanz, Stierhörnern, Ziegenbart, Gänsefedern und vier Füßen, der als Quälgeist die Mägde beim Melken und Buttern stört. Ist das Haus errichtet und bewohnt, so unternahm man allerhand Maßnahmen zur Abwehr böser Geister. Man brachte etwa apotropäische Zeichen am Hausgiebel an (auch Tierköpfe, Geweihe), es wurden Heiligenfiguren in besonderen Erkern aufgerichtet

und zu bestimmten Zeiten des Jahres (Weihnachten, Silvester, Epiphanias, Zwölften, 1. Mai, Pfingsten) verschiedene Bräuche geübt: räuchern und segnen, Gebete, Verschließen des Hauses, Schmuck mit grünen Zweigen und Umwandeln des Hauses.

HAUT

Nach antiker Vorstellung gibt es einen Zusammenhang zwischen der Hautfarbe eines Menschen, seinem Wesen und den ↗Planeten des Sonnensystems. Ins Mittelalter überkommen, sind diese Gedanken bei Agrippa von Nettesheim und Konrad von Megenberg aufgegriffen und entwickelt worden. So bezeichne Saturn einen dunkelhäutigen, stark behaarten Menschen, der schlau, scharfsinnig und nicht selten kriminell sei. Jupiter wird einem Menschen mit weißlich rosafarbener Haut zugerechnet. Dieser Mensch sei gutmütig und besitze einen guten Charakter. Mars bedeute Verwegenheit, Stolz und Schlauheit und wird mit rötlichen Hauttypen in Verbindung gebracht. Die Sonne wiederum weise auf Menschen mit braun-rötlicher Hautfarbe und kennzeichnet sie als weise, treu und lobgierig. Grau-rötliche Hautfarbe entspricht der Venus. Menschen diesen Typs seien liebevoll, wohlwollend und geduldig.
Konrad von Megenberg hat diese Zusammenhänge derart formuliert: *„Rôtin varb oder roetlotiu bedäut vil hitz und vil pluots ... aber mitelvarb zwischen rôt und weiz bedäut ain geleich nâtûr. ... welches menschen varb ist feurlin als ein flamme, der is unstaet und töbig ...“*
Andere Vorstellungen über die Haut des Menschen und ihr Ausdrucksvermögen haben sich etwa in der Redensart *aus der Haut fahren* niedergeschlagen, die im weitesten Sinne die Wandel- und Verwandelbarkeit des Menschen anspricht (vgl. das Motiv im „Bärenhäuter“).
Weitere „abergläubische“ Deutungen der Haut betreffen spezifische Hautkrankheiten (Ausschlag, Geschwüre), die man als gesund (blutreinigend wertete) (↗Bad, baden).
Im Kontext der Strafjustiz und des Märtyrerkults im Frühchri-

stentum sind zahlreiche „abergläubische“ Vorstellungen um die geschundene (d.h. abgezogene) Haut eines Leichnams erwachsen, die literarische (Pentamerone) und paraliterarische Formen angenommen haben: so im Sagenmotiv vom gottlosen Senn, dessen geschundene Haut auf dem Dach der Almhütte ausgebreitet wird.
Leichenhaut spielte in verschiedenen „volksmedizinischen“ Riten eine Rolle, wo man z.B. gegerbte Menschenhaut als geburtsfördernde Leibbinde umlegte.

HERBST

Das althochdeutsche Wort „herbist“ bezeichnet die Zeit der Ernte, der reifen Früchte. Astronomisch fällt der Herbstbeginn auf den 23. September. Verschiedentlich werden aber schon Laurentius (10. August) und Bartholomäus (24. August) als Herbstanfang angesehen. Insbesondere der düstere und nebelige Spätherbst, in dem die Erscheinung des Zweiten Gesichts häufiger ist als zu anderen Jahreszeiten, wird mit Geistererscheinungen und dem Totengedenken assoziiert. Für die „Volksmedizin“ spielt das Sammeln verschiedener Wurzeln und Heilkräuter im Herbst eine Rolle und aus Wetter- und Naturbeobachtungen schließt man auf die Qualität des Winters.

„Je rauher der Hase,
Je kälter die Nase.“

Dabei setzte man die Dichte des Hasenwinterfells in Beziehung zur Winterkälte. Außer den Weinfesten im Herbst, die mit der Ausbreitung des Weinanbaus entlang der Römerstraßen auch in Germanien bekannt wurden und bis heute gefeiert werden, gibt es keine aus vorchristlicher Zeit tradierten Herbstfeste. Bei Kelten und Germanen hat es aber Herbst- und Erntefeste gegeben, von denen etwa Widukind berichtet. Germanicus hat das Herbstfest der heidnischen Maiser zu Ehren der Tanfana ausgenutzt, um sie zu überfallen und zu vernichten. Üblich war die Einberufung des Herbstdings, der Gemeindeversammlung mit anschließendem Volksfest.

Die heutigen Herbstbräuche sind christlichen Festen und Gedenktagen (Kirchweih, ↗Allerheiligen, St. Martin) verbunden.

HERD

Seit je hat es verschiedene Formen des Herdes gegeben. Die einfache Feuerstelle auf dem Boden inner- oder außerhalb des Hauses, mit Steinkränzen umgebene und aus Steinen erhöht aufgemauerte Herde. In jedem Fall galt der Herd aus verschiedenen Gründen als Mittelpunkt des Hauses und der Hausgemeinschaft. An ihm hat man die Gäste begrüßt, Versammlungen abgehalten, Ehrenplätze errichtet (Hausvater, Wöchnerin) und bestimmte Bräuche vollzogen. Die Herdumwandlung war üblich beim Umzug in ein neues Haus, beim Einzug des Brautpaars und nach der Taufe eines Kindes.
Die Frage, was dem Herd seine besondere Bedeutung vermittelte, ist im wesentlichen mit der Heiligkeit des ↗Feuers (schon in der Antike) und dem Herdbegräbnis beantwortet worden. Verschiedentlich war es gebräuchlich, verstorbene Familienmitglieder (insbesondere Kinder) unter dem Herd beizusetzen (↗Tür). Demnach galt der Herd als Wohnstätte der Totengeister, armen Seelen, Hausgeister und Feuerdämonen. Ihnen hat man am Herd geopfert. Den Seelentieren Katze, Schlange, Maus und Wiesel stellte man Näpfchen mit Milch, Brot oder Grütze unter den Herd. Aber auch dem Herd selbst sind in Gestalt von Speiseresten Opfer gebracht worden.
Die Behandlung der Glut und der Asche war besonderen Regelungen unterworfen, die einerseits aus der Brandgefahr, andererseits aus der Heiligkeit des Feuers abgeleitet werden. So überliefert etwa ein Flugblatt aus dem 17. Jahrhundert folgende Anleitung: „*Wenn man die Asche auf dem Herd zusammenkehrt / und spricht nicht / das walt Gott oder speyt dreimal drein / im Namen Gott des Vatters / Sohns und heiligen Geists / so können sie (die Hexen) Feuer vom selbigen Aschen holen, wann sie wollen / oder dasselbige Haus gar brennend machen.*“
Als Sitz der Geister wurde der Herd auch als Orakelstätte angesehen. Junge Mädchen setzten sich in der Christ- oder Neu-

jahrsnacht auf den Herd und lasen in der Offenbarung des Johannes, damit ihnen im ↗Schornstein der Zukünftige erscheine.

HERZ

Schon im klassischen Altertum als Zentralpunkt des Körpers bekannt, ist uns das Herz heute als Sinnbild für die Seelenkräfte, insbesondere für die Liebe und den Mut geläufig. Auf Jahrmärkten werden Lebkuchenherzen verkauft, die mit entsprechenden Zuckergußaufschriften einfache Liebesgrüße vermitteln lassen. Ein Gedanke, der schon in mittelalterlichen Darstellungen vom Austausch der Herzen ausgeprägt war.
Man spricht davon, daß zwei Menschen, die sich gut verstehen, *ein Herz und eine Seele* seien, große Freude lasse das Herz anschwellen, bis daß es fast den Brustkorb zersprenge (vgl. das Motiv beim „eisernen Heinrich"), während Trauer das Herz breche. Andererseits gilt ein *beherzter* Mensch als besonders mutig. Die Aufforderung *nimm' dir ein Herz* soll Mut machen.
Die Überlieferung, die derartige Anschauungen geprägt hat, läßt sich seit der Antike immer wieder greifen. Im 16. Jahrhundert hat Tabernaemontanus zusammengestellt: *„Im Hertzen ist auch der sitz aller Gemütlichen bewegungen / als frewd / leidt / trawren / forcht / sorg / kümmernuß / hoffnung / lieb / haß / zorn / neid / mitleidē / erbarmung vñ dergleichen."*
Infolge der besonderen Einschätzung, die diesem Organ zuteil geworden ist, hat man (schon im Altägypten) für das Herz besondere Bestattungsriten entwickelt. Von Richard Löwenherz etwa weiß man, daß er sein Herz gesondert in Rouen beisetzen ließ, das Herz Friedrich Wilhelms IV. liegt im Charlottenburger Mausoleum begraben und die Wittelsbacher verfügten, daß ihre Herzen in den Kapellennischen bei der „schwarzen Madonna" in Altötting beigesetzt werden. Das Herz des Komponisten Karl Loewe ruht in einer goldenen Kapsel in der c-Flöte der Orgel von St. Jakobi in Stettin.
Eine eigene Tradition um die Lebenskraft des Herzens hat sich im ungarisch-rumänischen Kulturkreis ausgebildet, wo sie im

Vampyrglauben Gestalt gewann. Einen Vampyr zu vernichten, bedürfe es der Pfählung und/oder Verbrennung seines Herzens, als dem Sitz des Lebensrests selbst bei Toten. Und es kam nicht selten vor, daß man vampyrverdächtige Tote exhumierte, ihnen das Herz ausschnitt und es verbrannte oder einen Pfahl durch die Brust des Leichnams trieb.

Das Verhältnis von Herz und ↗Hirn hat Hildegard von Bingen im Anschluß an Plinius so charakterisiert: Die Seele sei wie ein Feuer der Mittelpunkt des Herzens. Von hier aus stiegen die Gedanken heiß auf ins Gehirn, wo sie unter dem Einfluß der Kälte des Hirns zum Gleichmaß eines vernünftigen Geistes umgeformt werden würden.

HIMMELSRICHTUNGEN

Die Himmelsrichtungen sind die einfachsten Orientierungshilfen im Raum und wurden seit jeher als Inbegriff des Kosmos verstanden. Neben der geläufigen Klassifizierung in Osten, Süden, Westen und Norden, die auf einer mathematischen Winkelberechnung des Kreises beruht, gibt es bis heute die Unterteilung in Morgen, Mittag, Abend und Mitternacht, die dem natürlichen Empfinden des Sonnen- und Tageslaufs folgt. Offiziell durchgesetzt hat sich indes die mathematische Einteilung, die wesentlich genauere Unterscheidungen erlaubt. Schon Karl d. Gr. hat aus antiken Schriften 12 Himmelsrichtungen übernommen und im mitteleuropäischen Kulturkreis eingeführt. Hingegen gibt es auch ganz einfache, an regionalen Gegebenheiten orientierte Systeme. In der Lechgegend wird der Ostwind immer noch als der Bayerwind bezeichnet.

Zu allen Zeiten sind die Himmelsrichtungen, d. h. der Kosmos, unmittelbar mit der menschlichen Existenz verknüpft worden. Das hebräische Wort „Adam" (= der Mensch) wurde auch etwa als Synthese der altgriechischen Bezeichnungen für die Himmelsrichtungen aufgefaßt. Die Anfangsbuchstaben von 'Ανατολή (Osten), Δύσις (Westen), 'Αρκτος (Norden) und Μεσημβρία (Süden) ergeben das Wort ΑΔΑΜ. In der Astrologie, mit deren Hilfe das Wesen des Menschen gedeutet werden soll, liegen die sogenannten „Häuser“ des Horoskops (↗Horoskopie) in den vier Himmelsrichtungen. Überdies hat man dieses Richtungssystem aber schon seit altägyptischer Zeit mit bestimmten Wertungen belegt. Dominant und zugleich positiv ist immer der Osten gewesen, wo die Sonne aufgeht. In allen Zivilisationen ist diese Himmelsrichtung als „kreativ“ aufgefaßt worden. Als Punkt, von dem aus alle schaffende Kraft (Echnaton), alle Erleuchtung (germanische Gerichtspraxis) oder die Auferstehung (Christentum) ausgehe, galt dem Osten besondere Aufmerksamkeit. Hingegen wurden die Gegenrichtung Westen und der Norden, wo die Sonne nie steht, mit dem Totenreich (Homer) und bösen, zauberischen Kräften in Verbindung gebracht. Von Norden zogen die Riesen aus, um mit den Göttern zu streiten, „nach Norden sprach man den Reinigungseid in persönlichen Sachen; einem Bösewicht, der enthauptet werden soll, wendet man das Gesicht nach Norden.“

HINTERN

Der Hintern spielt im „Aberglauben“ deswegen eine größere Rolle, weil er in verschiedensten Stellungen und Darbietungen zur Schadensabwehr entblößt wurde. Mütter, die ihre Kinder vor dem Berufen schützen wollten, hätten, so schrieb 1669 der Leipziger Gelehrte Prätorius, die Aufforderung: *„lecke mich im Arse“* ergehen lassen. Die Formel erlangte mit dem Götz von Berlichingen später Weltgeltung.

Wohl infolge möglicher Assoziationen galt das Entblößen des Hintern in besonderer Weise der Abwehr von Wind- und Sturmdämonen. Das Handwörterbuch des deutschen Aberglaubens etwa teilt dazu folgende Belege mit: *„Der ‚Feullaton‘, ein gefürchteter Wirbelwind in Salvan (Wallis) muß einen verschonen, wenn man ihm den Hintern zeigt ... 1653 haben um Sorau herum Bleichweiber eine sechzehnwöchige Dürre verursacht, indem sie jedesmal, wenn eine Regenwolke am Himmel erschien, mit dem bloßen Hintern rückwärts gegen sie liefen und*

Holzschnitt aus Geoffroy de Latour Landrys „Ritter von Thurn“,
Basel, (bei Michael Furter), 1493.
Aus: J. Küster, Spectaculum Vitiorum.
Studien zur Intentionalität und Geschichte
des Nürnberger Schembart-Laufes,
Remscheid 1983, Abb. 8.

dazu sagten: ‚Regne mir in den Hintern und nicht auf meine Leinwand', worauf die Wolke verging."
Schon in der mittelalterlichen Lasterikonographie wurde der „hoffärtige" Gebrauch von Spiegeln mit der Anschauung von des Teufels Hintern verbunden. Zahlreich sind die Bildbelege, die das gespiegelte Antlitz eines eitlen Selbstbetrachters in das rückwärtige „Gesicht" einer Teufelsfigur umformen.
Als Zauberbrauch entstanden wird die Entblößung des Hintern heute vorwiegend als Verhöhnung aufgefaßt. Für diesen Prozeß waren wohl militärische und paramilitärische Gepflogenheiten sowie die erzwungene öffentliche Darstellung des Hintern als Ehrenstrafe maßgebend, die aus Florenz, Neapel und den Niederlanden überliefert ist.
Der Hintern spielt heute noch im Fastnachtsbrauch eine Rolle – etwa zur Versinnbildung der „vita carnalis". In der Oberpfalz war es gebräuchlich, den Mädchen in der Fastnacht ein Brett auf den Hintern zu drücken und darauf mit einem Hammer zu schlagen.
Burchard von Worms überliefert eine der möglichen Quellen dieses Fastnachtsbrauchs, die auf mittelalterliche Liebeszauber zurückführt. Danach hätten Frauen den Brotteig auf ihrem entblößten Gesäß geknetet, den sie im fertigen Brot ihren Männer vorsetzten.

HOCHZEIT

Überliefertem Herkommen nach liegt die Bedeutung der Hochzeitsfeier nicht primär in der Vereinigung zweier Individuen, sondern geht aus dem rechtsverbindlichen Zusammenschluß zweier Gemeinschaften (Familien) hervor, aus dem eine neue Lebensgemeinschaft (Tisch und Bett, Dach und Herd, Schicksal und Religion) gegründet wird.
Die vielen Bezüge der Hochzeitsfeiern auf den Ahnen- und Totenkult – „in Baden machte der Hochzeitszug noch vor der Kirche halt, um die Brautleute erst zum Grabe verstorbener Eltern zu entlassen" – und die betont familiäre Ausrichtung der Feier werden erst vor diesem Hintergrund recht verständlich.

Vom Morgen des Hochzeitstages bis zur nächtlichen Bettbesteigung (vor Zeugen) wurden und werden (etwa noch in einigen kretischen Dörfern) die Jungvermählten kaum aus den Augen gelassen. Die Rechtmäßigkeit der Eheschließung unterliegt der Kontrolle durch die Gemeinschaft, deren Struktur mit einer Hochzeit verändert wird.

Als Schwellentermin ist die Eheschließung im „Aberglauben" besonders hervorgehoben worden. Wegen der Fülle des zusammengetragenen Materials sei an dieser Stelle auf die Sammlung bei Ernst Samter, Geburt, Hochzeit und Tod (Beiträge zur vergleichenden Volkskunde, Leipzig und Berlin 1911) verwiesen.

Allgemein läßt sich aber feststellen, daß die Hochzeit und der Hochzeitstag ganz besonders deswegen genau beobachtet wurden, weil ihr Übergangscharakter zukunftsweisende Orakel und Prophezeiungen nahelegte. Kaum eine Beobachtung, kaum ein Ereignis, kaum eine Begegnung, die man nicht auf die glückliche oder unglückliche Zukunft des jungen Paares hin gedeutet hat.

Die Gesichtsfarbe der Braut, der Zustand des Hochzeitsstraußes und des Brautschleiers, die Leuchtkraft der Kerzen und Fackeln, die Sitzordnung bei Tisch, der Verlauf des Hochzeitszuges, Wettererscheinungen, Mißgeschicke, ja „auch der geringfügigste ungünstige Umstand" beeinflussen das Eheglück und wurden vielfältig ausgelegt.

Von besonderer Bedeutung war deshalb auch die Wahl des Hochzeitstages im Jahresablauf, die weithin von kirchlichen Traditionen eingeschränkt war. So galt es als unglücklich, im Mai (also zwischen Ostern und Pfingsten/Fronleichnam) zu heiraten: *„Im Maien gehn Huren und Buben zur Kirchen". „Zwischen Ostern und Pfingsten heiraten die Unseligen."* Nach kirchlichem Verständnis war dieser Zeitabschnitt dem „Aufstieg nach Jerusalem", also der Erfüllung des göttlichen Heilsplans vorbehalten, dessen Abschluß im Fronleichnamsfest gefeiert wird. Dies ließ sich schlecht mit dem andererseits geforderten ↗Eheschließungsakt vereinbaren, der (vor Zeugen) auch sexuell besiegelt werden sollte.

Deswegen kamen auch die wöchentlichen Fasttage ↗ Mittwoch und ↗ Freitag für eine Hochzeit kaum in Betracht. Der Mittwoch sei den gefallenen Mädchen vorbehalten, während der Freitag *„den Lausigen"* gehöre.
Dagegen öffnete die ↗ Fastnacht in besonderer Weise die Möglichkeit zur Heirat, da die Kreatürlichkeit des Ehevollzugs der weltlichen Grundstimmung dieser kirchlichen Festzeit voll entsprach. Übersieht man die Eheschließungsdaten aus den vergangenen Jahrhunderten seit dem späteren Mittelalter, so läßt sich tatsächlich immer wieder die außerordentliche Häufung der Hochzeitstermine in den Tagen vor Beginn der österlichen (aber auch vor Beginn der ehemaligen weihnachtlichen) Fastenzeit beobachten.

HOROSKOPIE

Als Horoskopie bezeichnet man die Anwendung der Astrologie auf die Prognose des Wetters, politischer Entwicklungen und die Deutung menschlicher Charaktere (genethlialogische Horoskopie). Sie läßt sich in zwei Bereiche gliedern, von denen einer den ↗ Sternglauben (mithin den Glauben an die Entsprechung von Makro- und Mikrokosmos und an den Einfluß der Sterngottheiten auf den Menschen) umfaßt, und der andere Beobachtung, Berechnung und Analogieschlüsse betrifft.
Die Horoskopie beruht auf verschiedenen Systemen der Deutung astronomischer Vorgänge und wurde wahrscheinlich zuerst im babylonisch-assyrischen Kulturkreis gepflegt. Dieses älteste Verfahren beruhte auf der Interpretation des Einflusses der ↗ Planeten, die man in die Reihenfolge: Mond, Merkur, Venus, Sonne, Mars, Jupiter, Saturn brachte. Die Auslegungen der damaligen Astrologen betrafen, soweit man aus der spärlichen Quellenzahl sehen kann, im wesentlichen politische Ereignisse und Wetterkunde. Anhaltspunkte gewann man weniger aus Positionen und komplizierten mathematischen Berechnungen, als vielmehr aus sichtbaren Phänomenen wie der Helligkeit und Farbe, der Höfe und ↗ Finsternisse.
Genethlialogische Aussagen bleiben zumeist noch vage und

werden methodisch aus dem Auf- und Untergehen eines oder zweier Himmelskörper und ihrer Stellung am Himmel abgeleitet. Da heißt es etwa: *„Wenn ein Kind geboren wird, während der Jupiter aufgeht und die Venus untergeht, wird dieser Mensch Glück haben, aber seine Frau verlassen ...“*

Neben der Oppostion am Himmel hat man auch den Trigonalaspekt schon gewürdigt.

Einer späteren Zeit schreibt man die Benutzung von Ephemeridentafeln zu, in denen die Position der Planeten zu einigen Fixsternen und den 12 Tierkreiszeichen angegeben war.

Die astrologischen Methoden der hellenistischen Welt, die vorwiegend in Alexandria entwickelt wurden, sind dagegen weit differenzierter. In den letzten Jahrhunderten vor Christi Geburt, die gezeichnet waren von einer Hinwendung zur Mystik und Jenseitsgläubigkeit, entfaltete sich die Astrologie und mit ihr die Horoskopie zu höchster Blüte.

Da trat die Zuordnung der Erdgegenden zu den Tierkreisbildern hinzu, die genauere politische Prognosen ermöglichte und da wurde das System der Astromantik auf der Basis der Nechepso-Petosiris verfeinert.

Das umfaßte zunächst die 12 Orte (Häuser), die sich aus den vier ↗Himmelsrichtungen und ihren Unterteilungen ergaben. Dabei kommt jedem Ort Einfluß auf bestimmte Lebensbereiche zu. Dazu wählte man besondere weitere Punkte, unter denen das sogenannte Glücksrad hervortritt. Es berechnet sich aus der Länge des Mondes, vermehrt um den Winkelbogen zwischen der Länge der Sonne und des Aszendenten. Außerdem errechnete man das Dodekatemorion, das das 12fache einer bestimmten Sternlänge bezeichnet.

Diese Punkte, kombiniert mit den Planeten eines Horoskops und den 12 Tierkreiszeichen und ihren Unterteilungen (↗Sternbilder), ermöglichten außerordentlich differenzierte Prognosen. Ausschlaggebend war dabei immer die Vorstellung, daß die herangezogenen Himmelskörper und -räume von göttlichen oder dämonischen Wesen beherrscht seien, die ihren Einfluß auf den Menschen geltend machten. Die 36 Dekane

(↗Sternbilder) des Zodiakalkreises sah man von eigenartigen Gestalten bewohnt. So heißt es: *„Der 3. Dekan des Widders ist ein Mensch, in der Hand trägt er einen Stab, auf dem er ausruht. Er ist hitzig und feuerfarben. Er trägt einen roten Mantel. Seine Hände sind gelähmt und er bearbeitet das Eisen ...“*

Auch in der hellenistischen Horoskopie wurde der Planeteneinfluß als Hauptfaktor des kosmischen Einflusses auf irdisches Schicksal betrachtet. Die Zuordnung der Planeten zum weiblichen und männlichen Prinzip, zu Tag und Nacht, zu den Qualitäten trocken und feucht, warm und kalt und den vier Elementen ging der Ableitung von menschlichen Eigenschaften unter ihrem Einfluß voraus. Da wurde Mars als männliches Nachtgestirn ausdörrender, verbrennender Natur betrachtet, worauf man in seinem Einfluß geborene Menschen mit Krankheit, Gewalttat, Mord, Krieg und Raub, Brandstiftung, Ehebruch und Flucht assoziierte.

Die Intensität dieses Planeteneinflusses hängt im astrologischen Denken von seinem Standort im Zodiakalkreis ab. Jeder Planet hat ein Tierkreiszeichen seiner höchsten und eines seiner niedrigsten Wirksamkeit, eines für den Tag und eines für die Nacht. Ferner sind ihnen Dekane und einzelne Gradabschnitte anderer Tierkreiszeichen zugeordnet.

Außer der Stellung des Planeten hat man verschiedene Aspekte (Opposition, Trigonal, Geviertschein, Sextilschein und andere Radien) beachtet, von denen der Opposition zumeist den Einfluß schlechter Planeten verstärkende, dem Trigonal ihn abschwächende Wirkung zugemessen wurde.

Dem genethlialogischen Horoskopieren mußte zunächst die Entscheidung vorangestellt werden, ob man den Zeitpunkt der Empfängnis oder den Zeitpunkt der Geburt ansetzen sollte. Zumeist sollen Empfängnishoroskope erstellt worden sein (weshalb die Astrologen durchaus auch mit der Errechnung günstiger Termine für den Geschlechtsverkehr und die Geburtsstunde beauftragt wurden).

Vom 13. bis zum 18. Jahrhundert wurde die Horoskopie auch im mitteleuropäischen Kulturkreis gepflegt und teilweise noch

weiter differenziert. Johann Müller, genannt Regiomontanus (1436 bis 1476), hat etwa eine Abteilung der 12 Häuser auf dem Himmelsäquator eingeführt, mit deren Hilfe er Ungenauigkeiten besser überprüfen zu können glaubte. Seine Lehre von den Direktionen, nach der man auch die Aspekte der Planetenkonstellationen beobachtete, die in den Tagen nach der Geburt auftreten, entsprach einem Prinzip, wonach im menschlichen Leben das Verhältnis von einem Tag zu einem Jahr (1 :365) wirke. Die Übereinstimmung dieser Proportion im Makro-Mikrokosmos hat später noch bei Kepler „feines Ansehen" ausgelöst. Mit seinen Planetenbewegungsgesetzen und der Erfindung des Fernrohrs, das weitaus genauere empirische Erkenntnisse zuließ, als man sie je zuvor hatte gewinnen können, mit dem Aufkommen des Begriffs der Selbstverantwortung des Individuums infolge der Reformation und der Aufklärung verlor die Horoskopie an Bedeutung. Im 19. Jahrhundert hat sich die Kenntnis ihrer Methoden schon weitgehend verloren.
Indes waren so eindeutig wahrnehmbare Beziehungen wie zwischen Sonne und Jahreszeiten, Mond und Gezeiten, Menstruation und Pflanzenleben, biologisch-hormonellen Vorgängen auch im menschlichen Körper, immer wieder der Anstoß zur Beschäftigung mit astrologischen Lehren und der Horoskopie. In weiten Kreisen der Bevölkerung gibt es entsprechende Glaubensformen, die nicht nur aus der „Bauernpraktik" (↗Sternglaube etc.) entlehnt sind und sich auf Wetterprognosen beschränken, sondern die auch in gebildeten Kreisen im Rahmen der Charakterbestimmung eines Menschen gepflegt werden. Gerade in einer kirchenfeindlicher werdenden Zeit suchen die Menschen wieder nach kosmischen Zusammenhängen, besonders dort, wo das christliche Sündendogma abgelehnt wird. Die Astrologie und mithin ihre prognostizierende Anwendung bietet die Möglichkeit, jenseits der Begriffe Schuld und Reue in eine mechanistische Weltordnung einzudringen, die vielen attraktiver erscheint, als das Studium des Katechismus.

HUNDSSTERN

Der „Hundsstern" Sirius hat in der Astrologie sowie im daran anknüpfenden „Aberglauben" stets eine wichtige Sonderrolle gespielt.

Seit Homer mißt man ihm Einfluß auf die menschliche Gesundheit zu, er verursache Fieber.

Im Sirius wurde die Göttin Sothis verehrt, ihm hat man auf der Insel Keos feierlich Opfer gebracht und zur Abwehr seines schädigenden Einflusses rituelle Waffentänze aufgeführt.

Die Zeit von seinem Erscheinen im Juli bis zu seinem Untergang Ende August/September (wechselnde Datierungen) fällt zusammen mit den heißesten Wochen im Jahreslauf. Diese Zeit ist mit dem Begriff „Hundstage" belegt worden, der aus der griechischen und römischen Antike stammt (vgl. „dies caniculares"). Hippokrates hatte schon die Ansicht vertreten, daß der Hundsstern schwere Gallenkrankheiten mit sich bringe, und die Römer hielten die Hundstage für gefährlich, da sie dem Menschen, den Tieren und den Feldern Schaden beibrächten. Wer einmal über längere Zeit hinweg der Mittagshitze des südeuropäischen Hochsommers ausgesetzt war, wird die Assoziation von Hitze, Dürre, Feuer, Krankheit und Wahnsinn verstehen, die den Vorstellungen vom schädlichen Einfluß des Hundssterns zugrunde liegt.

Im Mittelalter ruhten mancherorts in den Hundstagen die Gottesdienste. Kalenderreime enthielten Warnungen vor dem Aderlaß in dieser Zeit (da das Blut nicht gerinne) oder Aufrufe zu besonderer Vorsicht:

„Die Hundßtag streichen her mit macht /
Drumb hab ich mein fleißiger acht."

Das Wasser sei in dieser Zeit giftig, in den Hundstagen solle man nicht baden, man ertrinke in dieser Zeit und Regenwasser sei schädlich. So lauten die Erfahrungssätze zum Gebrauch von Wasser in den Hundstagen, die bis heute – jedenfalls in den weniger zivilisierten Gebieten Griechenlands – ihre Gültigkeit besitzen. Besonders im Hochsommer kommt es hier zur

Verseuchung des Trinkwassers mit Bakterien, finden viele Menschen infolge Überhitzung beim Baden den Tod und ist das wenige Regenwasser besonders stark mit Staub (und neuerdings giftigen Chemikalien) durchsetzt.
Im antiken Griechenland ist Sirius zum „Hundsstern" (κύων) geworden, weil man die verheerenden Folgen der Hitze (Dürre, Feuer, Seuchen) auf hundeähnliche Dämone zurückführte. Im Zusammenspiel mit biologischen Vorgängen mag die Ansicht, die Hundetollwut breche im Sommer aus, wichtig sein.

J

JAHR

Bevor mit dem Julianischen Kalender 46 n. Chr. die Jahreszählung vom 1. Januar bis 31. Dezember eingeführt wurde, gab es verschiedene Zeitgliederungssysteme. Man rechnete nach Wintern (im Norden) oder Sommern (im Süden) und bezog sich damit auf natürliche Witterungsvorgänge oder man beachtete die Mondphasen und kam damit zum Mondjahr.

Das Jahr zu zwölf Monaten und die Woche zu sieben Tagen hat sich seit 1940 Jahren erhalten und ist auch den Versuchen der französischen Revolution (Einführung des Dezimalsystems) nicht erlegen. Heute ist der Unterschied zwischen dem astronomischen Jahr (365 Tage, 6 Stunden, 9 Minuten und 9, 539 Sekunden) und dem bürgerlichen Jahr nahezu aufgehoben (↗Schaltjahr).

Aus verschiedenen mythologischen und religiösen Quellen sind auch mehrere Jahre zu Einheiten zusammengefaßt worden. Da umfaßte das Götterjahr 360, das Himmelsjahr 1440, das platonische 25 920 und das Weltjahr 36 000 Jahre.

„Aberglaube“, der sich mit dem Jahr verbindet, bezieht sich im wesentlichen auf Heiratsorakel für das kommende Jahr oder Prognosen aus Ereignissen des Jahresanfangs. Da gab und gibt es allerdings auch im europäischen Kulturkreis viele konkurrierende Berechnungsweisen. Der 1. Januar des römisch-bürgerlichen Jahres ist zwar dominant, aber in kirchlichem Zusammenhang ist der 1. Advent oder Hochneujahr am 6. Januar mindestens ebenso wichtig. Der Ostertermin oder Mariae Verkündigung am 25. März und Weihnachten snd aus christlichen Überlegungen als Jahresanfänge bevorzugt worden, wäh-

rend bei Kelten und Germanen der Winterbeginn im Oktober oder November und bei den Franken, Alemannen und Langobarden der 1. März, der Tag der Reichsversammlung, gezählt wurden.
Am Jahresanfang sind jedenfalls der Angang (das heißt die erste Begegnung), Wetterbeobachtungen und die Visionen des Jahresgangs (schweigend, fastend) in der Morgendämmerung auf kommende Ereignisse hin gedeutet worden. Erhalten haben sich solche Vorstellungen etwa im traditionellen Bleigießen in der Silvesternacht (↗Neujahr).

JAHRESZEITEN
Ursprünglich ist die besondere Hervorhebung des unangenehmsten Jahresabschnitts, des ↗Winters. Ihm hat man den ↗Sommer als davon abgesetzte Jahreshälfte entgegengesetzt. Die Behandlung des November- und des Maibeginns war bis zu Karl d. Gr. entsprechend. Zu diesen Terminen wurden Tagedinge abgehalten, Rechtsgeschäfte erledigt und religiöse Feierlichkeiten begangen. Im indischen Kulturkreis entspricht dieser germanischen Zweiteilung die pitrayana (Wege der Väter, Zeit der Ahnenverehrung, Winter) und die dévayana (Wege der Naturgötter, Wachstum, Sommer).
Als Übergangszeit ist indes schon bald der ↗Frühling bezeugt, wonach sich die Dreiteilung des Jahres durchgesetzt hat: mit drei Gerichtstagen und drei Opferfesten.
Mit dem Obst- und Weinanbau ist dann wohl die Berücksichtigung einer weiteren Jahreszeit, des ↗Herbstes, aufgekommen. Damit entsprach die Teilung des Jahres den vier Jahrespunkten (Sonnenwenden, Nachtgleichen) und dem altgriechischen System der Elemente.
Zum Winter zählen nun Dezember, Januar und Februar, zum Frühling März, April und Mai, zum Sommer Juni, Juli und August und zum Herbst September, Oktober und November, wobei die Berücksichtigung meteorologischer und astronomischer Aspekte die jeweiligen Anfänge der Jahreszeiten etwas verschoben hat. Auf orientalischen Quellen basiert die antike

Zuordnung der vier Jahreszeiten zu den vier Winden und die Vergötterung dieser Perioden im Gefolge astrologischen Denkens. Opferkulte und Jahreszeitenspiele galten dem Beistand der guten und der Abwehr der schlechten Jahreszeit.

JANUAR

Der erste Jahresmonat ist von Numa Pompilius den ursprünglichen zehn Monaten hinzugefügt worden und erhielt seinen Namen nach dem römischen Gott Janus. Im deutschsprachigen Raum hat man ihn nach Karl d. Gr. als „Wintermonat" oder „Wolfsmonat" geführt. *„Wolfmondin heyssin yn die leyen. Dy wolfe treten denne eren reyen."* Im Januar ist die Ranzzeit der Wölfe.
Während im antiken Rom in dieser Zeit die Saturnalien gefeiert wurden, ist es der Kirche gelungen, diesen heidnischen Mummenschanz auszurotten. Bis heute wird im Januar nur ↗Neujahr gefeiert, das im bürgerlichen Kalender auf den ersten Januar fällt.
Als kältester Monat des Jahres gilt der Januar als gefährlich für die Gesundheit. Dennoch hofft man in der Landwirtschaft auf das Eintreten der unvermeidlichen Kälte zum frühen Termin am Jahresbeginn: *„Januar muß vor Kälte knacken / Wenn die Ernte gut soll sacken."* Hingegen heißt es: *„Wächst das Gras im Januar, ists im Sommer in Gefahr."*

JUNI

Der Name Juni ist wahrscheinlich von der Göttin Juno abgeleitet und hat sich gegenüber den deutschen Bezeichnungen „Brachmonat" oder „Sommermonat" durchgesetzt. „Brachmonat" nannte man ihn deswegen, weil im Rahmen der Dreifelderwirtschaft im Juni das Brachland gepflügt wurde. Im Breslauer Monatsgedicht aus dem 15. Jahrhundert wird wie folgt gehandelt: *„Der brûchmonde her och heyst / Von dem roczigen gebawer allermeyst, / Sy reyssen denne das fehlt umme. / Dy lenge und och dy kromme / Vnd machens bequeme czu der czeyt."* Während im römischen Kalender im Juni ein Fest zu

Ehren der Vesta begangen wurde, fallen im christlichen Kalender die beweglichen nachösterlichen Feste ↗Pfingsten und ↗Fronleichnam oft in den Juni.

JULI

Der Juli ist Geburtsmonat Caesars und wurde 45 v. Chr. zu seinen Ehren Julius genannt, während man zuvor, von März ausgehend, einfach den fünften Monat (Quintilis) zählte.
Der deutsche Name Hundsmonat rührt von den Hundstagen her, die mit dem Auftrag des Sirius (↗Hundsstern) anbrechen.
„Volksmedizinische“ Ratschläge betreffen das Meiden heißer Gerichte, des Aderlassens, Purgierens und Badens.
Wetterregeln beschränken sich auf den 10. Juli (Siebenbrüder) und den 13. Juli (Margaretha). Regnet es am 10., so bleibe das Wetter sieben Wochen schlecht. Der 13. gilt als Regentag. Da sagt man im Böhmerwald: *„D'Margredl brunzt gern.“*

K

KALENDER

Als Kalender bezeichnet man eine Liste der nach Wochen, Monaten (oder mehreren Jahren) geordneten Tage, womit ein Verzeichnis der Fest- und Heiligentage, astronomischer Daten (Mondphasen, Sonnenlauf) und ehemals astrologischer Ratschläge für Landwirtschaft und „Volksmedizin“ verbunden ist. Der Begriff Kalender (lat. calendae) geht zurück auf calare = ausrufen und meint zunächst den Tag, an dem der Pontifex Maximus den Neumond und damit den Monatsanfang bekanntgab. Besonders in Neujahrs- und Weihnachtsbräuchen sind Ableitungen von „calendae“ erhalten (so im tschechischen koleda, das einen Umzug zu Weihnachten meint und im böhmischen „Golede geigen“).
Die zweite Bedeutung des Begriffs Kalender bezieht sich auf die Zeitrechnung selbst. Sie ging bei den Römern vom Mondjahr aus, bis 46 v. Chr. Julius Caesar den Julianischen Kalender einführte und mit ihm den Ausgleich zum Sonnenjahr schuf. Der Julianische Kalender ist mit der Expansion des Imperiums auch nördlich der Alpen verbreitet worden und galt bis zur gregorianischen Reform 1582. Diese war nötig geworden, weil Caesars Kalender infolge einer jährlichen Differenz von mehr als 11 Minuten gegenüber dem Sonnenjahr mit den natürlichen Verhältnissen nicht mehr übereinstimmte. Der gregorianische Kalender ist aber bis ins 20. Jahrhundert hinein nicht überall akzeptiert worden (vgl. HTB Bd. 1177).
Das Handwörterbuch des deutschen Aberglaubens bezeichnet den Kalender als „Bibel des Aberglaubens“, da er Natur- und Sternglauben, religiöse Elemente und Zahlenmystik umfaßt

und tradiert. Tagwählerei, das heißt die von überlieferten Tagesprognosen abhängigen Tagesplanungen der Bevölkerung (für Geschäfte, landwirtschaftliche Unternehmen, Krankheitsbehandlung) setzt den Gebrauch eines entsprechenden Kalenders voraus. Der enthielt eine Reihe von besonders gekennzeichneten Unglücks- oder verworfenen Tagen (1. April – Judasgeburt/-tod, 1. August – Luzifers Sturz, 1. Dezember – Untergang von Sodom und Gomorrha), die sowohl christlicher Überlieferung als auch babylonischen, ägyptischen und römischen Quellen folgten. Nach dem ältesten semitisch-babylonischen Kalender aus den Jahren um 2325 v. Chr. galt der 13. Adar als schlechter Tag, an dem keine Fische und Vögel gegessen werden durften. Das hängt vielleicht damit zusammen, daß die Zeiten um den Mondphasenwechsel stets besonders kritisch empfunden wurden. Dieser Mondphasenwechsel aber tritt alle 14 Tage auf, so daß der 13. auf den Vortag des astronomischen Ereignisses fällt. Die Zeit vom 13. bis 21. Februar galt bei den Römern als den Toten geweiht und ist deshalb für Eheschließungen gemieden worden, und die Hundstage (↗Hundsstern) galten allgemein als ungünstig für alle Vorhaben. Die Liste der Unglückstage wurde ständig erweitert und umfaßte im *„Schreibkalender auf das Schaltjahr 1728"* des Johann Christoph Wagner (Nürnberg) schon 78.
Kalender und ihre „abergläubischen" Daten und Prognosen sind seit Beginn des 16. Jahrhunderts in gedruckter Form aufgekommen und sehr beliebt gewesen. Insbesondere die sogenannten hundertjährigen Kalender mit ihren Hilfen zur Wetterprognose waren außerordentlich beliebt, auch wenn die dargelegten Methoden einer meteorologischen Überprüfung nicht standhielten. So hatte etwa schon Fischart den Kalenderglauben als *„aller Praktik Großmutter"* verurteilt.
Neben diesen populären Aspekten des gedruckten Kalenders existierte aber spätestens seit Gregor d. Gr. eine inhaltliche Definition des Kalenderjahrs, die das christliche Heilsgeschehen auf Abschnitte und Stationen des Kirchenjahrs übertrug. Diese inhaltliche Charakteristik schlug sich in den Perikopen der

Sonn- und Feiertage nieder (vgl. HTB Bd. 1293) und wurde der Bevölkerung über die Predigten vermittelt. Da galt etwa die Zeit vom Sonntag Septuagesima bis Ostern der Vergegenwärtigung irdischer Drangsale und irdischen Jammers (Babylonische Gefangenschaft, ↗Fastnacht), während die Zeit von Ostern bis zum zweiten Sonntag nach Pfingsten der Heilserfüllung (Aufstieg nach Jerusalem, ↗Fronleichnam) gewidmet ist (vgl. HTB Bd. 1391). Die Zusammenhänge des „Aberglaubens“ mit diesem Kalender sind indes noch nicht wissenschaftlich untersucht worden.

KALENDERFESTE

Sieht man von einigen Ausnahmen (↗Neujahr, Erster Mai, Muttertag) ab, so verknüpfen sich die meisten Kalenderfeste mit den Höhepunkten des Kirchenjahres, insbesondere innerhalb der beiden großen Festkreise, die die Geburt und Offenbarung Christi und die Auferstehung umfassen.

Das Kirchenjahr setzt am 1. Advent (↗Advent) mit dem Beginn des Weihnachtsfestkreises ein und behandelt hier zunächst die Zeit vor Christi Geburt, den Sündenfall und die Vorzeichen des Jüngsten Gerichts. Pädagogische Lehrbräuche, die mit dem Barbara-, Lucien- und Nikolaustag verknüpft wurden, stehen im Vordergrund der Festgestaltung, die mit der Heiligen Nacht und den Weihnachtstagen (↗Weihnachten) ihren Höhepunkt erreicht. Denen folgen die ↗Zwölften, eine Zeit der Besinnung und Umkehr vor Anbruch des Großneujahrs mit der Offenbarung Christi am 6. Januar (↗Dreikönig). Wieder werden biblisches Geschehen und daran anschließende Lehrinhalte in Bräuche überführt, und sie finden ihren Niederschlag in „abergläubischen“ Vorstellungen und Handlungen. Am 40. Tag nach der Geburt Christi (↗Lichtmeß) endet im Gedenken an die Darstellung im Tempel und das Ende der Reinigungszeit der Maria der Weihnachtsfestkreis, dem der Osterfestkreis folgt. Ihm voraus geht der Sonntag Septuagesima und die Vorfastnachts- und ↗Fastnachtszeit, die schon von den Kirchenvätern als Kalenderabschnitt aufgefaßt worden ist, der dem

Gedenken (und später der Darstellung) irdischer Wirren und Drangsale, der babylonischen Gefangenschaft und der Hölle gewidmet ist. Ihr folgt die ↗Fastenzeit, mit der die Abwendung davon, Umkehr und Öffnung zu Gottes Geboten hin vollbracht werden sollen, und die mit ihren verschiedenen Gedenktagen (↗Aschermittwoch, ↗Lätare, ↗Karfreitag) Anlaß zur bräuchlichen Gestaltung entsprechender Glaubensinhalte gab. Mit dem Osterfest (↗Ostern) erreicht der zweite große Festkreis des Jahres im Gedenken an die Auferstehung Christi seinen Höhepunkt, dem eine Zeit folgt, die mit entsprechenden Festen (↗Christi Himmelfahrt, ↗Pfingsten, ↗Fronleichnam) den Aufstieg nach und die Ankunft in Jerusalem behandelt.
Die Festkultur dieser Kalenderabschnitte wird von den Perikopen der Feier- und Sonntage beherrscht, die nach jüngeren Forschungen in die bekannten Bräuche zwischen dem 1. Advent und Fronleichnam überführt wurden und auch im übrigen Kirchenjahr besondere Feiern (Martinsumzüge) nach sich zogen. Der „Aberglaube“, der sich mit diesen Kalenderfesten verbindet, ist zumeist ursächlich mit den christlich-kirchlichen Definitionen der Stationen des Jahreslaufs verbunden.

KARFREITAG
Im Gedenken an die Kreuzigung Christi und die damit vollbrachte Erlösung des Menschen gilt der Freitag vor Ostern allgemein als hoher Feiertag. Er zeichnet sich aus durch strenges Fasten, Trauer (auch der Bäume und Tiere), Arbeitsruhe und verschiedene Gebote, die etwa Pflügen und Graben betreffen, *„um Christus nicht im Grabe zu beunruhigen“*. Der „Aberglaube“ umfaßt Warnungen vor dem Bruch der Arbeitsruhe, „volksmedizinische“ Behandlungen (Trinken von Essig gegen Magenleiden, Tragen von Gichtringen aus Sargnägeln) und die Verwandlung des Wassers in Blut. Daß Karfreitags die Sonne stundenweise nicht scheinen würde, geht wohl aus den entsprechenden Evangelienstellen hervor.

KIND

Von überragender Bedeutung für den „Aberglauben" war der Zusammenhang von Kindesgeburt und Seelenherkunft. In den ungezählten Mythen, die die Abstammung der Kinder aus „widernatürlichen" Quellen beschreiben, wird man in erster Linie wohl nicht eine „verschämte Umschreibung" des natürlichen Zeugungsaktes sehen dürfen, sondern Versuche, die Herkunft der menschlichen Psyche zu erklären. Solche Seelenorte hat das Handwörterbuch des deutschen Aberglaubens in fünf Rubriken eingeordnet, von denen die erste die Abstammung aus der Erde betrifft und die folgende den Geburtsbaum, zu dem der Lebensquell, heilige Berge und die Wolkenmythologie treten (↗Geburt). Eine sekundäre Herkunftserklärung betrifft den Kauf des Kindes auf dem Markt oder bei der Hebamme.

Die vermeintliche Nähe des Kindes – insbesondere des Säuglings – zur übernatürlichen (Himmels)-sphäre hat man ganz besonders für Zwecke der Weissagung und Zukunftsschau (miß)-braucht und aus einer Fülle von äußeren Merkmalen auf voraussichtliche Ereignisse im Leben des Kindes und der Familie geschlossen. Daß das Leben der Älteren mit dem der Kinder verknüpft sei und zwar so, daß im Neugeborenen das Kommende, im reifen Alter aber das Gegenwärtige, bald Vergangene sich verkörpere, hat Luther mit dem markanten Wort erfaßt: *„Wir alten Narren essen mit den Kindern, nicht sie mit uns."* Aus auffälligen Zeichen am Neugeborenen (rote Äderung im Gesicht, langer Haarwuchs, pränataler Zahnwuchs, Wirbel, Muttermale, Ausschlag) hat man auf frühen Tod oder lange Lebensdauer, Klugheit, Berühmtheit oder Schönheit und Häßlichkeit des heranwachsenden Kindes geschlossen. Es war in den vornehmen Familien üblich, dem Kind das ↗Horoskop stellen zu lassen.

Aus dem Verhalten in den ersten sieben bis 12 Lebensjahren leitete man Erwartungen über das spätere Schicksal des Erwachsenen (und seiner Angehörigen) ab. Sehe das Kind in den Spiegel, so werde es eitel, kaue es am Federkiel, so werde es

dumm, laufe es sich runde Löcher in die Schuhsohlen, so werde es reich.
Mit besonderen Glückskräften gesegnet, bewahre das kleinste Kind im Haus das Anwesen vor Blitzschlag, Kinder treten im Tauf- und Hochzeitszug sowie im Erntebrauch als Glücksbringer auf. Der Umgang mit Kindern war aber ganz besonders auch geprägt vom Bemühen, Dämonen und feindliche Mächte von ihnen abzuhalten. Daß diese Furcht zuletzt aus der christlichen Lehre entsprang, wonach die ungetauft gestorbenen Kinder im Tod keinen Frieden fänden, liegt auf der Hand. Und man mag zumindest die Vermutung aufstellen, daß zahlreiche entsprechende „abergläubische" Gebräuche auf das Wirken eifriger Pastoraltheologen zurückgehen, die damit über ein vorzügliches Mittel zur Motivation des Taufgangs verfügten. Von Dantes Versen: *„Nicht Sünder sind's; doch ob getreu der Pflicht, / Nicht konnte ihr Verdienst zum Heile dienen, / Wo Taufe, deines Glaubens Tor, gebricht /"* (div. com., Inferno IV. Gesang), die sich auf die Ungetauften des Alten Testaments beziehen, bis zum täglichen Bad des ungetauften Säuglings, das „die Erbsünde abwaschen helfe", ist es nicht so weit.
Daß im Gefolge der christlichen Dämonenlehre auch nach „Karls Verbot und Agobards Leugnung der ‚dämonischen' Krankheiten" viele Kinder aber gerade zweifelhaften Behandlungsmethoden oder exorzistischen Riten erlegen sind, wird kaum bezweifelt werden.
Denn die Zurückführung der Kinderkrankheiten auf „ heidnische Mächte", „Dämonen", „Hexen" oder „bösen Blick" mußte jede natürliche Heilpraxis lähmen. Das Aufhängen von Windeln im Herrgottswinkel, fromme Gebete, provisorische Wassertaufen durch die Hebammen, Verabreichungen von geweihtem Salz oder das Anbringen bestimmter magischer Zeichen (Pentagramm) am Bett des Kindes mögen zwar aus ehrlicher Elternsorge hervorgegangen und als heilkräftig gegolten haben, daß damit indes der erheblichen Säuglings- und Kindersterblichkeit des Mittelalters wirksam begegnet worden

ist, darf wohl kaum angenommen werden. Das Handwörterbuch des deutschen Aberglaubens teilt dazu einen zusammenfassenden Beleg mit: *„Das neugebohrne Kind turfte nicht ehenter in die Wiege oder Kriplein gelegt werden, bis unter dem Bethkiss ein Feuerstahl und Schlafkaunz von einer Dornhecke eingesteckt worden, an Kopf und Fuß der Wiege aber Druittenfüße angemahlen und mit Weihwasser eingesprengt und gesegent wurde, bey den Austragen haben sie dem Kind verschiedene Amolets, Freigroschen, Wurzeln, Steine, Märzenhasen-Augen und Wolfszähne angehangen, damit es nur von aller Hexerey befreyhet, und gegen einen Wechselbalk nicht möge vertauscht werden, wenn es nun Abend geworden und alles zu Bethe gegangen darf ja nicht vergessen werden, das die Kinds Mutter den hölzernen Kochlöffel vor die Thüre und das Schloß steckt, dann damit ist alles verriegelt, das kein Alb, kein Druit noch Erdgeist und Hexe hinein kann."* Während einerseits dem (ungetauften) Kind besondere Sorge zugewandt wurde, gab es andererseits schreckliche Zauberbräuche mit den Leichen ermordeter Kinder.

Schwangere wurden um des Besitzes ungeborener (besonders zauberkräftiger) Kinder willen verkauft und geschlachtet, Kinderfinger galten den Dieben als glücksbringend, Kinderhände, Herz und Leber wurden zu Heilsalben verarbeitet, Kinderblut spielt in der Magie eine wesentliche Rolle. Im Palast Kaiser Julians hätten Körbe voller Kinderköpfe gestanden, die zu Zwekken der Zukunftsschau verwendet worden seien. Kinder wurden lebendig eingemauert, um das Bauwerk vor „bösen Mächten" zu schützen, bei Wassernot, Krankheit und Viehseuchen galt die Opferung von Kindern als besonders wirksames Gegenmittel. Gegenüber diesen grausamen „Blüten" paramythischer und parachristlicher Herkunft nehmen sich die religiösen Trostformeln über den Tod von Kindern reichlich naiv aus. So etwa habe jedes verstorbene Kind einen Engel im Himmel, Gott mache für jedes tote Kind einen neuen Stern am Himmel und Maria führe die toten Kinder am Johannistag in die Erdbeeren.

„Die Geltung der Taufe aber verschließt den ungetauften Kindern den Himmel und überläßt sie einem friedlosen Irrlichterdasein ...“.

KNOCHEN

Der christliche Glaube an die leibliche Auferstehung des Fleisches umfaßte wesentlich die Aufbewahrung der Knochen in eigens errichteten Karnern (Gebeinhäusern) für den Tag des Jüngsten Gerichts. Wie auch in anderen Kulturen verknüpft sich hier die Vorstellung vom Leben nach dem Tod mit dem Erhalt der Knochensubstanz. Selbst die Knochen geschlachteter Tiere sind verschiedenenorts für die Auferstehung gesammelt und vergraben worden. In Märchen-(Machandelboom) und Sagenmotiven gewannen solche Wertungen und Traditionen Gestalt. Im „Aberglauben“ galten die Knochen als ein Sitz der Seele und der Kraft, weshalb insbesondere auch den Knochenreliquien der Heiligen (↗Kopf) verstärktes Interesse gewidmet worden ist.

Zahlreich sind die Regeln zum Gebrauch der Knochen von geschlachteten Tieren, deren Fleisch zu Ostern geweiht wurde. Wohl im Anschluß an Ex 12,46: *„du darfst von dem Fleisch nichts aus dem Hause nach draußen tragen. Keinen Knochen dürft ihr daran zerbrechen“* (vgl. Num 9,12 und Jh 19,36) galt es bei den Slowenen als unglücksbringend, wenn Knochen vom Osterfestmahl von Hunden gefressen oder zu den Abfällen geworfen wurden. Man verwahrte diese Knochen sorgfältig auf dem Dachboden und verbrannte sie zu einem späteren Zeitpunkt feierlich. In der „Volksmedizin“ spielt wohl im Anschluß daran der Verzehr von Knochenasche (besonders von geweihten Osterlämmern) eine Rolle. So empfiehlt etwa ein Pflanzenbuch aus dem 15. Jahrhundert: *„ir solt nemen die pain von dem osterlamp vnd solt sy zu pulver prennen in einem newen haffen und darnach klein stossen in einem morser vnd seyberlich durch ein sib gefad vnd also sawber behalten piss man sein bedurffe; es ist auch gut das pain von einem jeden lamp doch das gesegnet ist das peste.“*

Knochensplitter und -asche fanden Anwendung gegen Bettnässen, Viehschäden, Gicht und Epilepsie.
Bei der relativ großen Bedeutung der Knochen kann es ferner nicht verwundern, daß Knochen auch als glückbringende Amulette getragen und zu „Orakelzwecken" gebraucht wurden. Jeder kennt wohl den „Wunschknochen" bei gegartem Geflügel, der verschieden gehandhabt (gefunden, zerbrochen, aufbewahrt, verschenkt) die baldige Erfüllung eines Wunsches anzeigt.

KOMET

Keiner anderen Himmelserscheinung ist seit der Antike soviel Aufmerksamkeit gewidmet worden wie den Kometen. Von den Babyloniern zunächst im Rahmen astrologischer Wetterprognosen beachtet, ist der Komet schon in der griechischen Antike als zentrales Element metereologischer und politischer Zukunftsdeutung behandelt worden. Seine auffallenden Formen, verschiedenen Farben, merkwürdigen Bahnen und die Seltenheit seines Erscheinens haben den Kometen natürlich besonderes Interesse beschert. Anläßlich der Wiederkehr des Halleyschen Kometen konnte man noch vor wenigen Jahren die Bereitschaft weiter Bevölkerungskreise studieren, wissenschaftliche, astrologische und „abergläubische" Informationen und Thesen zu diskutieren. Traditionell wird das Erscheinen eines Kometen als unglücksverheißend aufgefaßt. Es ziehe die Bedrohung der Allgemeinheit durch Krankheit, Krieg, Regierungssturz, Naturkatastrophen oder gar Weltuntergang nach sich.
Nach Aristoteles und Seneca verursachen Kometen Regengüsse und Stürme. Der Komet des Jahres 372 v. Chr. wurde von den Spartanern als Vorzeichen der Niederlage (371 Leuktra) aufgefaßt. Im römischen Glauben galten Kometen als Todesvorboten großer Männer (Augustus, Claudius, Nero, Vespasian u. a.)
Im Verbund mit den eschatologischen Lehren des ersten vorchristlichen Jahrhunderts haben die antiken Astrologen viele

Kometen als Boten der Zerstörung und Vernichtung der Welt betrachtet. Derartige Anschauungen sind auch im Christentum tradiert worden. Bischof Synesios von Kyrene befand etwa: *„Unglücksfälle für das ganze Volk, Versklavung von Völkern, Aufstände von Städten, Untergang von Königen, nichts Kleines, nichts in mäßigen Grenzen sich Haltendes, sondern alles schlimmer als das Schlimmste"*, das bringen Kometen über die Menschheit.

Nur wenige Glücksprophezeiungen stehen dem gegenüber. Dem Korinther Timoleon, König Mithridates von Pontus und Kaiser Augustus wurden Kometenaufgänge günstig ausgelegt. Babylonischen Traditionen folgten verschiedene gute Ernteprognosen.

Mit der Ausbreitung des Imperium Romanum fanden solche Anschauungen Eingang in die mitteleuropäische Kultur. Doch erst mit dem Eindringen der Astrologie im 10. und 11. Jahrhundert kann nördlich der Alpen eine eingehendere Beschäftigung mit Kometen nachgewiesen werden.

Isidor von Sevilla soll der Ausgangspunkt der mittelalterlichen Überlieferung sein. Dessen düstere Prognosen (Revolution, Pestilenz) sind von seinem Schüler Beda fortgesetzt worden, der etwa die Sarazeneneinfälle in Gallien von 729 mit Kometenaufgängen in Verbindung setzte.

Die spätmittelalterliche Kometendeutung und ihre Behandlung in der Renaissance war geprägt von der Auffassung, daß sie von einer Strafe Gottes künden. Man hat Kometen daher auch als Zuchtrute oder Schwert Gottes gedeutet. Die seit der Antike aufgezeichneten Kometenaufgänge, ihre Deutungen und die zugeordneten Folgeerscheinungen schienen überzeugend genug, um auch den Einwänden aufgeklärter Naturwissenschaftler des 18. und 19. Jahrhunderts standzuhalten. Anders als die gesamte übrige Astrologiegläubigkeit ist der Schrecken, der sich mit Kometenerscheinungen verband, besserem Wissen bis ins 19. Jahrhundert kaum gewichen. 1680 hat etwa der Engländer Whiston gelehrt, daß sich die Wiederkunft des Kometen von 1680 im Jahre 2255 mit der Sintflut und dem

Jüngsten Gericht verbinden werde. Gottsched hat diese Idee aufgegriffen und in Deutschland verfochten. 1857 sollte ein Komet, der schon 1264 und 1556 beobachtet worden war, den Weltuntergang hervorrufen. Auch der Beginn des Ersten Weltkriegs wurde noch auf Kometenerscheinungen zurückgeführt. Derartige „abergläubische" Gedanken sind der gelehrten Astrologie entsprungen, die naturgemäß wesentlich differenzierter war und sowohl das Wesen der Kometen zu bestimmen, als auch ihre Folgeerscheinungen zu begründen suchte.

Die angewandten Methoden betrafen zunächst die Zuordnung der Kometen zu entsprechenden Planeten (nach Farbe, Form und Stellung). Dies ermöglichte eine Unterteilung in gute und böse Kometen (je nach der Natur des assoziierten ↗Planeten). Da galt etwa der Leitsatz, daß Jupiter- und Venuskometen günstige, Mars- und Saturnkometen schädliche Einflüsse nach sich zögen. Der moderne „Aberglaube" fußt im wesentlichen auf der Kometenastrologie des 16. Jahrhunderts, deren Hauptvertreter Geronimo Cardano die Frage nach der Entstehung der Kometen beantworten wollte. Er war der Erste, der mit der hergebrachten Auffassung brach, wonach der Kometenaufgang als Ursache folgender Katastrophen gedeutet wurde. Er betrachtete Kometen lediglich als signa, als Zeichen atmosphärischer Vorgänge und damit im wesentlichen regionaler Luftverdünnungen. Sie galten ihm als die wahren Ursachen der Dürrekatastrophen und Stürme, weil die dünne Luft kein Wasser zu halten vermöge und labil sei, der politischen Umbrüche, weil die dünne Luft die Mischung der Körpersäfte (und damit der Temperamente) ungünstig beeinflusse und der Krankheiten (aus gleichen Gründen). Die Kometen würden dort sichtbar, wo die Luft dünn und durchsichtig sei. Mit zunehmender Luftverdickung nähme dann das Unheil wieder ab.

Religiöse Perspektiven erhielt die Kometendeutung im 16. Jahrhundert durch den Karmeliter Franciscus Junctinus, der die signa-Lehre des Cardano aufnahm und sie in christlichem Zusammenhang auslegte: *„sind doch die Kometen Zeichen, die richtigen und frommen Meinungen über Gott in uns zu*

befestigen, so daß wir urteilen, daß es sich um Zeichen handelt, die von der Gottheit eingesetzt sind, bestimmt, die Menschen zu mahnen, von Gott Hilfe zu erflehen.“ Daran hat auch Melanchthon angeschlossen.
Diese Grundauffassung ist dann in die ungezählten Kometenprognostiken des 17. und 18. Jahrhunderts, in Flugblattdrucke und die Literatur eingegangen. Da wurde gedichtet:

„Schau, ein neuer Schreck, „Comet“
Uns am Himmel vorgestellt;
Als ein Gottes Straff-Prophet,
wo man nicht zu füssen fällt.
Mit gesamter Herzens-Buss,
Gott, der da erzürnet ist,
Anderst er sonst straffen Muss,
Merck, erkenne, mein guter Christ.“

Im Gefolge wissenschaftlicher und religiöser Kometenbetrachtungen der Gelehrten hat der Kometenglaube auch bei astrologischen Laien besondere Formen angenommen. Hier deutete man Kometen als schreckliche Himmelstiere (Drachen, Schlange) oder teuflische Boten, aber auch als Engel Gottes (im Anschluß an den Stern von Bethlehem), der als Bote von nahen Strafen künde und zur Umkehr mahne. 1681 verkündet eine populäre Schrift: *„Ist Gott gerecht, so müssen auf große Sünden große Strafen einbrechen. Man mag ihn nicht länger anhören, wenn er mit freundlichen Lippen predigt, darum muß er Kometen, Pest und Cartaunen zu Predigern beruffen und mit einer so feurig-langen Zungen Rache, Blut und Tod über die Gott vergessende Welt ausschreyen.“* Andererseits lebten „im Volk“ auch naturwissenschaftliche Deutungen, die an Aristoteles anschlossen, fort. Da sah man das Unheil, das Kometen über die Menschen brächten, als Folgeerscheinung der Hitzeeinwirkung des Schweifsterns auf die Atmosphäre an und assoziierte: *„Leute hitziger Gemütsart werden ... unmutig und zornig.“*
Abwehrmaßnahmen betrafen das Mittagsläuten gegen Kometeneinflüsse, Einsegnung der Häuser mit Weihwasser, Reue,

Beichte und Buße sowie den Besuch von Gottesdiensten. Eine behördliche Anordnung zur Abwehr schädigenden Kometeneinflusses aus der Landgrafschaft Hessen-Darmstadt von 1618 lautet entsprechend: *„Nachdem wegen dez in jungst verruckter Zeitt, gesehenen Comet undt Sterns, so ohne Zweiffel Gottes Zorn undt straff antreuwen und verkundiegen thutt ..., so ist hirmit unser ernster befelch bey vermeidung hoher ohnnachlessiger straff, daß Morgen Freytags vor Mittag, alle Man undt weibs Persohnen, Als Menner weyber Kinder undt gesindt im Bussekkerthall, sich zum Gehor Gottliches wordts verfügen, dasselbe mit Andacht anhoren, die sündte bereuwen, selbiege Gott abbitten, undt hinfuhro ein Christliches ohnstraffliches leben fuhren sollen."*

KOPF

Dem Kopf kam als dem Hauptsitz der Sinnesorgane bei Mensch und Tier schon in den ältesten Kulturen besondere Aufmerksamkeit zu. Bestattungsriten (der Kopf wird abgetrennt und dem Leichnam zwischen die Beine gelegt) und verschiedene Methoden der Strafjustiz (köpfen, Abpflügen des Kopfes) haben nachhaltigen Einfluß auf Motive gehabt, die in Erzähl-, Lied- und Brauchtraditionen immer wieder hervortreten (kopfloses Gespenst, Wiedergänger). Die dem Kopf innewohnende Seele fände solange keine Ruhe, bis er eine ehrenvolle Bestattung gefunden habe. Überlieferten Vorstellungen zufolge wurde der Schädel in der sogenannten „Volksmedizin" vielfach verwendet. Die Schädeldecke eines Heiligen war als Trinkgeschirr dort in Gebrauch, wo es Kopfschmerzen und andere Krankheiten abzuwenden galt (Würzburg, Marienkapelle). Das Kloster Ebersberg in Oberbayern war ein bedeutendes Wallfahrtszentrum, weil man dort eine Schädelreliquie des hl. Sebastian verwahrt, die als Mittel gegen die Pest eingesetzt wurde. Der Schädel des hl. Gumpertus diente als Gefäß für einen Umtrunk zur Bekehrung der Heiden.
Aus Apotheker-Ordnungen des 16. und 17. Jahrhunderts wird ersichtlich, daß die „Hirnschal" zur Herstellung verschieden-

ster Präparate in Gebrauch war, deren bedeutendstes gegen die Fallsucht verwendet wurde.

Die apotropäische (schadenabwehrende) Funktion von Totenschädeln ist vielfach belegt. So dienten auch Tierköpfe – an Hausgiebeln oder über Portalen angebracht – der Abwehr böser Geister (↗Haus, ↗Stall und Scheune). Zu literarischer Gestalt haben die Gebrüder Grimm das Motiv erhoben, wo die Gänsemagd mit dem Schädel ihres treuen Pferdes Falada spricht.

Der Gebrauch von Jagdtrophäen (Hirsch-. Reh- und Gamsschädeln) als Häuserschmuck in den Alpenländern steht vielleicht am Ende eines sekundären Prozesses, in dem solche Anschauungen überliefert wurden.

KÖRPER UND DIE KÖRPERTEILE

Landläufige „abergläubische" Anschauungen über den Körper des Menschen und seine Teile konzentrieren sich im wesentlichen auf ihre pharmazeutische Verwendung, auf ihre physiognomische Deutung, auf ihre Erkrankungen und deren Behandlung und auf ihren wahrsagerischen Nutzen (Mantik). Viele dieser tradierten Vorstellungen haben sich in Redensarten niedergeschlagen, wo sie bis heute am leichtesten zu erfassen sind. Das „Schlitzohr" und die „klingenden Ohren" sind ebenso weithin bekannt, wie der Ausdruck *„frisch von der Leber weg"* oder die Empfehlung, sich *„zuerst bei der eigenen Nase zu nehmen."* Auch derartige „abergläubische" Vorstellungen, wie sie in den Kontext dieser Redensarten gehören, werden gemeinhin gerne einer un- oder übergeschichtlichen Zivilisationsebene zugerechnet, als deren Hauptquelle der „Volksglauben" und die Naturerfahrung ungebildeter Laien betrachtet wird. Nun zeigt indes schon die kritische Betrachtung einiger Beispiele, daß solcherlei Wertungen weitaus eher „abergläubisch" genannt werden könnten, als ihre Bezugsobjekte selbst. Sieht man von einigen Randphänomenen ab, deren wissenschaftliche Deutung wahrscheinlich gut möglich wäre, aber wohl kaum nötig ist, und die in den Bereich des Zauber- und

Dämonenwesens gehören (das seinerseits auf ältere kosmologische und kosmogonische Denksysteme zurückweist), so bleibt nicht vieles, was nicht aus den antiken und mittelalterlichen Naturlehren oder biblischen Quellen hervorgegangen ist. Die meisten „abergläubischen“ Begriffe lassen sich auf namhafte Philosophen und Naturwissenschaftler der Antike zurückführen und sind im Mittelalter populär geworden.

So verbinden sich etliche physiognomische Deutungen mit dem Namen Konrads von Megenberg (1309–1374), der neben seiner späteren Tätigkeit als Dompfarrer in Regensburg zahlreiche politisch-historische, moraltheologische und naturkundliche Schriften verfaßt hat. Zu seinen Hauptquellen zählen dabei „de natura rerum“ des Thomas von Chantimpré und Schriften des Albertus Magnus. Nach Konrad hatten später vor allem Agrippa von Nettesheim (1486–1535) und Paracelsus (1493–1541) Anteil an der Überlieferung des naturkundlichen Wissens, das man heute mit dem Begriff „Aberglaube“ belegt. Agrippas Hauptwerke „de vanitate et incertitudine scientiarum“ (Über die Eitelkeit und Unsicherheit der Wissenschaften) und seine magisch-philosophischen Schriften haben später nicht nur Einfluß auf Goethe und die deutsche Klassik gezeitigt, sondern sind als Quellen vieler „volksmedizinischer“ Anschauungen und Riten in die Heilpraxis eingegangen.

Im Zentrum der spätmittelalter- und frühneuzeitlichen „Volksmedizin“ stand Paracelsus, der versucht hat, antike Traditionen, christliche Dogmen und praktische Erfahrungen zu einem geschlossenen (medizinischen) Denkmodell zu vereinen. Sein Rückgriff auf die entsprechenden Autoritäten der griechischen und römischen Antike (Aristoteles, Plato, Dioskurides, Plinius, Galenus, Avicenna) verhalfen seiner Lehre zu Gewicht und Ansehen. Paracelsus gilt insofern als Begründer der „Chemo-Therapie“, als er den Gebrauch von Mineralien zu Heilzwekken bekannt machte.

Bedeutende Impulse gingen aus von seinem Gedanken an einen ursächlichen Zusammenhang zwischen den Krankheiten und astralen Konstellationen, wobei der einfache Grundsatz

wesentlich war, daß sich im Mikrokosmos „Mensch“ der Makrokosmos abzeichne. Dem irdischen Leib des Menschen entspreche ein siderischer, aus dem der Mensch Vernunft und Sinn empfange (ein Gedanke, der etwa noch in Rudolf Steiners Anthroposophie eine wesentliche Rolle spielt). Als Anhänger der Signaturenlehre widmete Paracelsus einen bedeutenden Anteil seiner Arbeit den Heilpflanzen, aus deren äußeren Merkmalen auf ihre medizinischen Verwendungsmöglichkeiten geschlossen wurde und wird. Der homöopathische Grundsatz, wonach Ähnliches mit Ähnlichem geheilt werden könne, hängt damit zusammen.
Eine weitere wesentliche Quelle „abergläubischer“ Deutungen des menschlichen Körpers und seiner Teile ist die vielfach vertretene antike Humoralpathologie, die auf Empedokles zurückgeht und von Hippokrates und Galenus fortentwickelt worden war (↗Elemente). Sie besagt, daß Krankheiten durch fehlerhafte Mischungen der Körpersäfte (Blut, Schleim, gelbe und schwarze Galle) entstünden. In der Bezeichnung „Rheuma“ (von griech. ῥέω = ich fließe) oder in der noch im 19. Jahrhundert von der Schulmedizin aufgestellten „Krasenlehre“ hat sich die Humoralpathologie ebenfalls niedergeschlagen.

KÜSTER

„Wer am Morgen zuerst dem Küster begegnet, stirbt bald.“ Mäht der Küster den Friedhof, so regne es bald. Das sind nach dem Handwörterbuch des deutschen Aberglaubens Beispiele für „abergläubische“ Ansichten über den Berufsstand des Küsters (oder Mesners im katholischen Sprachgebrauch). Er ist der Hausmeister in der Kirche und wacht über Gebäude, Anlage, Friedhof und das gottesdienstliche Gerät, und er hilft dem Pfarrer bei der Ausübung des Gottesdienstes, wobei er von den Ministranten (kath.) unterstützt wird.
Ihm obliegt die wichtige Aufgabe des Wetterläutens, weshalb man verschiedentlich den Küster auch der Wettermacherei und allerhand Wetterzauber bezichtigte.

Die Entlohnung des Küsters erfolgte in früherer Zeit auch in Naturalien; er erhielt etwa ein Grundstück der Pfarrgemeinde zur Bewirtschaftung und die letzte Garbe des geschnittenen Korns.
Als böses Vorzeichen galt es, wenn Pfarrer und Küster zur gleichen Zeit starben. Dann, so hieß es, müßten bald viele nachfolgen.

LÄTARE

Am vierten Sonntag in der vorösterlichen Fastenzeit steht der Jahreszeitenwechsel im Mittelpunkt „abergläubischen" Gedenkens. Vielerorts veranstaltete und begeht man heute noch das Sommereinholen oder den Sommergewinn, die sich mit dem Austreiben des Winters verbinden. Bräuche wie etwa der Heidelberger „Sommertagszug" entstanden Ende des 19. Jahrhunderts infolge älterer Überlieferungen neu. Die Tradition, auf die dabei zurückgegriffen wurde, behandelte aber seit den ersten verheerenden Pestwellen im Europa des 14. Jahrhunderts den Tod. Es ging dabei im Anschluß an das Evangelium des Mittfastendonnerstags (Lk 7, 11–16) um das Todaustragen. Da wurde eine männliche oder weibliche Strohpuppe als „Tod" auf eine Stange montiert, durch den Ort getragen und vor den Toren der Stadt im Fluß versenkt oder verbrannt. In Leipzig hatten die Dirnen der Stadt diese Aufgabe übernommen, wobei sie glaubten, damit zur Abwendung der Pest beizutragen. An diese Umzüge schlossen sich dann verschiedene „abergläubische" Vorstellungen an, die die Angst davor betreffen, der „Tod" könnte zum eigenen Fenster hereinsehen oder vor dem Haus stehenbleiben – dann müßte jemand daraus im Verlauf des Jahres sterben.

Erst im Verlauf des 18. und 19. Jahrhunderts ist dem Todaustragen das Sommereinholen angegliedert worden. Das war unter anderem deswegen so leicht, weil der Tod nach traditioneller Sichtweise mit dem Winter assoziiert wurde. Vom Tod- zum Winteraustragen oder -treiben war es nicht weit, zumal in einer Zeit, die den Vorgängen des Jahreszeitenwechsels mehr Au-

genmerk widmen wollte, als christlich-kirchlichen Traditionen. Im Anschluß an die ältere Überlieferung gilt der Sonntag Lätare aber noch weithin als Unglückstag, an dem jemand ertrinken müsse und der Wassermann besonders wüte.
Demgegenüber schlägt die Heilsgewißheit, nach Ablauf der Fastenhalbzeit am Sonntag Lätare zuerst liturgisch gefaßt, auf Anschauungen durch, wonach dieser Tag Glück und Freude beschere. Man besucht sich und trinkt „Stärke und Schönheit", die Liebespaare treffen sich und gehen aus, man beschenkt sich mit Brezeln (Fastengebäck) und glaubt, daß Lätarebrot mehr sättige, als alles andere. Diese Anschauung ist wohl geprägt von der angeblich auf diesen Tag fallenden Speisung der 5000.

LEBENSLAUF

Der Lebenslauf des Menschen wird im „Aberglauben" von verschiedenen Seiten beleuchtet. Im wesentlichen unterscheidet man den Aspekt der übernatürlichen göttlichen Seelenabkunft und ihres Verbleibs nach dem Tod und die Biologie der körperlichen Entstehung, Entfaltung und Auflösung.
Die Frage nach der Abkunft der Seele war in der Antike mit dem Zusammenwirken des Himmels(gotts) und der (empfangenden) Erde beantwortet worden und später auf verschiedene ↗Elemente (Wasser, Luft) und natürliche Gegebenheiten (Bäume, Quellen, Steine, Mond) übertragen worden, soweit nicht christliche Motive oder der biologische Zeugungsakt in den Vordergrund gerückt wurden. Schon vor Paracelsus gab es eine umfangreiche (volks-)medizinische Tradition, die der Förderung oder der Verhütung einer Schwangerschaft galten. Letzterer begegnete die Kirche seit dem 10. Jahrhundert mit drastischen Strafen. Die Schwangerschaft selbst unterlag einer ambivalenten Betrachtung und die Schwangere erfuhr sowohl Respekt und Achtung als auch Schmähung und Spott. Je nachdem man den, der Gemeinschaft förderlichen Nachwuchs oder den vorangegangenen „actus carnalis", mit dem sich die Erbsünde fortsetze, ins Auge faßte. Schon vor der Geburt wird der neue Mensch in die Rechtspraxis einbezogen, die auch Spuren

im „Aberglauben“ gezeitigt hat. So galt etwa eine Schwangere nicht mehr als vollgültige Rechtsperson und wurde zu Eidesleistungen nicht herangezogen.
Mit dem Geburtsvorgang setzt dann eine Fülle von „abergläubischen“ Prophezeiungen und Orakeln ein, die sich auf die Biographie des Geborenen beziehen. Art, Dauer und Intensität der Geburtswehen werden auf das spätere Schicksal des Ankömmlings hin gedeutet. Der Geburtsmoment und seine astralen, planetarischen und kosmischen Begleitumstände haben eine eigene „naturwissenschaftliche“ Disziplin (↗Horoskopie) begründet. Hervorragende Ereignisse im menschlichen Lebenslauf wie etwa der Namens- oder Geburtstag, Hochzeit und Ehe, unterliegen in der „abergläubischen“ Praxis im wesentlichen den allgemeingültigen kirchlichen und staatlichen Rechtsverordnungen, während der Tod und das Begräbnis wieder von zahlreichen Bräuchen und Anschauungen umrankt sind, die den Verbleib der Seele, die Macht des Toten und die Furcht vor dem Tod zum Gegenstand haben. In diesem Zusammenhang werden kirchliche Lehre, die Erfordernisse der bürgerlichen Ordnung und einfache (medizinische) Analogieschlüsse beachtet und in Bräuche überführt.

LEBER

Ähnlich wie dem ↗Herzen und dem ↗Gehirn hat man der Leber den Rang eines Seelen- und Kraftzentrums zugedacht. Das hatte besondere Folgen für den Glauben, daß der Mensch aus dem Verzehr von Tierlebern Lebenskraft schöpfen könne.
Ursprünglich etwa im Prometheusmotiv versinnbildet, gilt die Leber als Verkörperung der Vitalität. Prometheus war, zur Strafe dafür, daß er den Menschen das Feuer gebracht habe, von Zeus dazu verurteilt worden, die folgende Qual zu erdulden. Ein Adler benagte ohne Unterlaß die Leber des an einen Felsen gekettteten Titanensohns. Die Leber aber wuchs jede Nacht neu.
Daß Tierlebern einen besonders guten Nahrungssaft enthalten, unbesiegbar oder unsichtbar machen und verschiedene Krank-

heiten zu heilen imstande sind, glaubten nach Plinius etliche bedeutende Vertreter der antiken und mittelalterlichen Naturwissenschaften.
Die Leberschau, so überliefert Tabernaemontanus, sei zu mancherlei Lügen und Wunderwerk mißbraucht worden. Wohl im Anschluß an Tobit 6,8: *„Das Herz und die Leber braucht man, wenn ein Dämon oder böser Geist jemanden quält; dann muß man diese in Gegenwart eines Mannes oder der Frau als Räucherwerk verbrennen; in der Folge wird man nie mehr gequält"* wurde die Leber für magische Abwehrhandlungen verwendet. Von hier aus versteht sich auch ihr Gebrauch in der „Volksmedizin". Das Verbrennen von Lebern und die sogenannten Leberreime verknüpften sich später insbesondere mit erotischen Anspielungen. *De Lever de ward brâden bi Flackerfür un Strô, jung Mäten, nim ken ollen Mann, süst warst du nümmer frô.* Derartige Verschmelzungen gingen wohl auf die Ansicht zurück, wonach die Leber vor allem als Sitz der Liebe, der Wollust und des Zorns eingeschätzt wurde.
Bis heute lassen sich die tradierten Wertungen in der Redensart *frisch von der Leber weg* (d.h. munter drauflos) oder im Begriff der *Laus, die jemandem über die Leber krieche* (für einen mißlaunigen Menschen) fassen.

LEICHE

Nach gängiger Definition bezeichnet man einen Verstorbenen bis zu seiner Bestattung als Leiche. Ihr werden noch bestimmte vitale Kräfte beigemessen, die man als „Körperseele", das „Tote", als „lebende Leiche" oder „Macht" umschrieben hat. Das sind Vorstellungen, die zum großen Teil im Animismus gründen. Wesentlich daran erscheint das Prinzip, daß sich ein Verstorbener erst zum Toten entwickeln müßte; eine Auffassung, die noch bis hinein die Rechtspraxis ausstrahlte.
Es gab ein besonderes Totenrecht, aus dem sich die Verpflichtung zur Totenpflege ebenso ableitete, wie die Gültigkeit eines Testaments, wenn die fremdgeführte Leichenhand noch warm war. Als lebend wurde die Leiche wohl auch dort betrachtet,

wo man ihr ein aufgeschlagenes Gesangbuch oder ein Gebetbuch in die Hände gab.
Bedeutender aber war der Übergangsstatus, den man der Leiche verliehen hat, für die Behandlung des Verstorbenen und das Verhalten der Angehörigen. Da sind zwei Aspekte zu unterscheiden: die Furcht vor der Leiche und die Sorge für die Leiche. Darunter lassen sich die meisten „abergläubischen" Gepflogenheiten subsumieren.
Werde die Leiche lange nicht starr, blieben Finger und Hände weich oder das Gesicht welk, so hole der Tote bald ein Familienmitglied nach, sehe er freundlich aus oder lächle er, so müsse bald ein lieber Verwandter sterben.
Es gehörte zu den Pflichten der nächsten Angehörigen, dem Verstorbenen die Augen, den Mund (verschiedentlich auch Ohren und Nase) zu verschließen, um so schädliche Ausstrahlungen zu verhindern. Bliebe der Mund offen, so rufe der Tote bald jemanden nach, mit gebrochenen Augen könne die Leiche einen Verwandten bannen.
Diesen Anschauungen liegt der Gedanke zugrunde, daß die Seele des Verstorbenen im Körper eingeschlossen bleiben müsse, damit sie mit dem Körper zusammen begraben werden könne, weil sie dann nicht zu mehr fürchten sei.
Der gefürchteten Unreinheit der Leiche wurde mit zahlreichen Mitteln begegnet: etwa mit der sofortigen Reinigung des Hauses, nachdem der Leichenzug die Türschwelle des Totenhauses überschritten hatte oder mit rituellen Salz-, Sand- und Wasserabreibungen der Leichenkammer und ihrer Einrichtung. Dem „Toten" suchte man auch dadurch Einhalt zu gebieten, daß man alle Möbel, allen Hausrat, alle Vorratsschüsseln und -töpfe, ja selbst das Vieh im Stall und die Bienenstöcke bewegte, nachdem die Leiche aufgebahrt und zum Begräbnis geschafft worden war.
Die ganze Dorfgemeinschaft wurde vom Tod eines Gemeindemitglieds in Kenntnis gesetzt, und das Haus des Verstorbenen wurde besonders markiert (Kreuz, Flor, Totenbretter, Zypressenzweige), damit niemand die Seele des Toten stören könne und später fürchten müsse. Verschiedenenorts durften die An-

gehörigen das Haus nicht verlassen, und da die Speisen als unrein galten, wurde den Familienmitgliedern von Nachbarn das Essen gebracht.
Andererseits galt aber auch die besondere Aufmerksamkeit dem Wohl des Verstorbenen. Totenwache und Aufbahrung, Waschung, Einkleidung und Überführung der Leiche waren mit ungezählten Auflagen verknüpft, die sowohl der Seelenruhe des Toten dienen sollten, als auch die Rückkehr der Seele zu verhindern suchten. Es kam vor, daß man die Leiche auf die Bahre fesselte und es war vielfach üblich, den Leichenzug durch die Hintertür oder das Fenster ins Freie zu dirigieren – gelegentlich auch durch eigens gebrochene Mauerlöcher, die man hinter dem Leichenzug wieder verschloß.
Dreimaliges Absetzen des Sarges auf der Türschwelle, besondere Gebete, die Ausrichtung der Leiche auf der Bahre oder im Sarg, der Leichenweg und Stationen, die man darauf einlegte, schon die Wahl des Aufbahrungsortes selbst und die Auswahl der (meist schönsten) Kleider, die man dem Toten anlegte – alles diente der Versöhnung mit der Seele des Verstorbenen, der Verhinderung ihrer Rückkehr und wohl nicht zuletzt einem gemessenen, fließenden Abschied.
Aus einfachen Analogieschlüssen entstand eine Tradition, in deren Rahmen die Leiche für allerhand „Heilzauber“ verwendet wurde. Das gilt nicht nur für organische Substanzen (Leichenfett) oder abgetrennte Körperteile (Daumen, Finger, Geschlechtsteile), sondern im wesentlichen für das Prinzip des vergehenden Lebens, auf das man Krankheiten, Geschwüre, Warzen und ähnliches zu übertragen suchte (↗Luft, Wind, ↗Fluß). Die Berührung einer Geschwulst oder Warze, einer Flechte, eines Ausschlags oder eines Kropfs (schon bei Plinius) mit Leichenfingern galt als heilkräftig, weil man glaubte, daß sich der Tod der Krankheit mitteile: *„Waarte ful af as de Dode in sin Graff“* oder *„Der Himmel ist hoch, der Krebs ist rot, Die Todeshand ist kalt. Damit still ich diesen Brand“* sind Beispiele für Formeln, die man in diesem Zusammenhang aufsagte.
Für die Neuordnung der Familiengemeinschaft, für die Vertei-

lung des Erbes, die Entlohnung der Dienstleistenden (Schreiner, Träger, Totengräber) und die Fürbitte für den Verstorbenen waren die Leichenfeiern wesentlich, die man nicht nur anläßlich des Begräbnisses beging, sondern am 3., 7., 30. Tag und nach einem Jahr wiederholte. Hervorstechendes Merkmal dieser Leichenfeiern ist die üppige Bewirtung der Gäste mit Speisen und Getränken (insbesondere Alkoholika). Es gab besondere Speiseordnungen, die für diesen Anlaß 13 Gänge für Männer und 11 für Frauen vorsahen.
Dem Verfasser selbst sind Beispiele vom bayerischen Leichenschmaus in Erinnerung, die keineswegs pietätvoll und still – man möchte sagen: angemessen verliefen, sondern laut, lustig und bierselig. Die Menge des ausgeschenkten Biers bestimmt darüber, ob es eine „schöne Leiche" war, die man verschmaust hat. Laut mündlicher Mitteilung sind die irischen „wakes" dem nahe verwandt; dort artet die Leichenfeier meist in Raufereien aus. Man kann sich diese Sitten vielleicht mit der „Lebendigkeit" erklären, die so dem Tod entgegengesetzt wird.

LICHTMESS

Lichtmeß am 2. Februar und damit am 40. Tag nach Christi Geburt beschließt die Reinigungszeit der Maria und gilt der Darstellungsfeier Jesu im Tempel. Die Lichtsymbolik, die an diesem Tag in der Kerzenweihe und in Lichterumzügen zum Ausdruck kommt, bezieht sich auf die Gleichsetzung Christi mit dem „Licht zur Erleuchtung der Heiden".
Die zur kirchlichen Weihe getragenen „Haushalts"-kerzen gelten im ganzen Jahresverlauf als schadensabwehrend, insbesondere gegen Blitzschlag und Hexerei. Verschiedentlich werden Wachskreuze an Türen und Fenster geheftet, das Vieh mit einigen Wachstropfen besprengt oder Kreuze mit Lichtmeßkerzen in die Türrahmen gebrannt. Wenn Lichtmeß auf einen Sonntag fällt, so habe das geweihte Licht die 10fache Kraft. Am Lichtmeßtag wird besonders das Wetter beobachtet, und man lauscht auf den Gesang der ersten Lerche. Sie kündet ein

fruchtbares Jahr an, weshalb an manchen Orten die Burschen auf die Felder zogen, um die Lerchen zu „wecken".

Im Zusammenhang mit der Kerzenweihe gilt die besondere Aufmerksamkeit auch den Bienen, deren Stöcke mit geweihten Lichtern umgangen werden, oder die man damit grüßt, daß man anklopft und sagt: *„Bineli, freued euch, Lichtmess isch do."*

LOSTAGE

Lostage, die das Handwörterbuch des deutschen Aberglaubens von den Los- oder Horchnächten und von Tagen, an die einfache Wetterregeln angeschlossen sind, unterscheidet, gelten der mantischen Deutung der Witterung bezüglich meteorologischer und politischer Prognosen.

Das Element der Ungewißheit über die Wetterverhältnisse an einem Lostag ist dabei wichtig. Als Quelle für die Auswahl der Lostage kommt neben den antiken astrologischen Schriften, deren Einfluß auf die Bauernpraktik (↗Sternglaube etc.) entscheidend war und die ihrerseits die Hervorhebung der ↗Zwölften unter den Lostagen überliefert, der Heiligenkalender der katholischen Kirche in Betracht. Mit ihm verknüpfen sich die meisten Lostage. Daneben zählen aber auch die beweglichen Feste der Kirche zu den Lostagen.

Die Zwölften, also die Tage zwischen ↗Weihnachten und ↗Neujahr werden auf die 12 Monate des kommenden Jahres bezogen. Ein eigener Abschnitt der Bauernpraktik gilt dieser Prognose. *„Der pauren practick stat also Sy habe am Christag an vnd mercken auff die zwölff tag. Bis an den obristen / vnnd wie es wittert an yr yecklichen zwölff tag. Also sol es auch witteren an seynem monat der im zuogehöret / vnd ist zuo merkken der Christag liesset den Jenner / vnd sant steffans tag den Hornung / vnd sant Johans tag den mertzen / vnd also für vnd für bies auff den obristen."*

Methodisch wurde dabei so vorgegangen, daß man die Tage in vier Tageszeiten unterteilte und aus der jeweiligen Witterung auf entsprechendes Wetter in der zugeordneten Woche schloß. Andere Verfahren betrafen den Gegensatz zur Witterung an einem Lostag, dem ein anderer zugeordnet wurde: *„Katharina naß – Andreas trocken."*

Die Perioden, für die das Wetter eines Lostages Geltung habe, unterscheiden sich und umfassen eine Woche (Aschermittwoch), 14 Tage (Margarethe), 40 Tage (Lichtmeß), 6 Wochen, 7 Wochen, ein Vierteljahr (Bartholomäus) oder gar ein Jahr (Neujahr, Karfreitag). Auch nicht exakt kalkulierte Perioden, wie Jahreszeiten, Festzeiten, Arbeitsgänge können vom Losen betroffen sein.

Und schließlich sei erwähnt, daß auch die Zeiten vor und nach Lostagen in die Prognose einbezogen wurden: *„sooft es vor Michaelis reift, sooft reift es nach Georg."* Der Standpunkt der Kirche zu diesem Losen war geteilt. Einerseits hielt man mantische Zukunftsdeutung für schädliche Hexerei und suchte sie zu unterdrücken, andererseits akzeptierte man den Erfahrungshintergrund, den insbesondere die Wetterprognose aufzuweisen hat.

Einer naturwissenschaftlichen Überprüfung hält das Losen zwar nicht stand, indes sprechen manche, insbesondere in größeren Zeitabschnitten kalkulierte Wetterprognosen dafür, Lostage als Exponenten entsprechender Perioden aufzufassen und aufeinander zu beziehen.

LUFT, WIND

Als weiteres Element, das der „deutsche Aberglaube" umfaßt, soll die Luft behandelt werden. Es ist indes schwierig, dieses Element selbst ins Blickfeld zu rücken, da im wesentlichen nur seine besondere Erscheinungsform als Wind sinnlich erfahrbar und „volkstümlich" zu deuten ist. Zwar verzeichnet das Handwörterbuch des deutschen Aberglaubens zum Begriff „Atmosphäre" die germanische Auffassung, diese sei die Backstube der Riesen, aber schon die dort in den Zusammenhang gerückte christliche Darstellung atmosphärischer Vorgänge als Folgen des Wirkens der Jungfrau Maria erscheint abwegig. Mehr aber kann zu dem abstrakten Begriff nicht gestellt werden.

Anders dagegen ist die „abergläubische" Deutung des Windes partiell weit verbreitet. Jedem ist wohl der Begriff von der (höllischen) Windsbraut geläufig und vielfach ist die Auffassung vertreten worden, wonach im Wind die „wilde Jagd" sich offenbare. Ferner galt der Luftzug – ähnlich wie bewegtes Wasser (↗Fluß) als heilkräftig.
Der „deutsche Aberglaube" behandelt vor allem die Personifizierung des Windes. Man denkt ihn sich als Toben eines Riesen mit seinen vier Söhnen (Himmelsrichtungen) oder eben als eine buhlende Jagd auf eine riesenhafte Windsbraut. Ganz allgemein haben sich diese Personifizierungen im Sprachgebrauch niedergeschlagen, wo man etwa davon spricht, daß der Wind heult, pfeift, tobt oder rüttelt.
Vorläufer solcher Personifizierungen finden sich im Wafthrudnirlied, wo geschildert ist, daß der Riese Hraeswelg in Adlergestalt als Leichenverschlinger am Rande des Himmels sitzt und durch das Bewegen seiner Schwingen Wind erzeugt.
In der griechischen Mythologie gibt es den Windgott Aiolos und im germanischen Kulturkreis braust Wotan als Führer des „wilden Heeres" und einer Hundemeute durch die Luft. Insbesondere in den Rauhnächten, also zwischen Weihnachten und Neujahr, soll diese „wilde Jagd" auftreten und ihr Unwesen treiben (↗Zwölften).
Abgesunken erscheinen solche Vorstellungen in Sprüchen, die den Wind so charakterisieren:

„Der Wind isch es altes Männle
Und het e schlappigs Hüetle uf."

Sprichwörtlich ist der „Windhund" geworden.
Aber besonderes Augenmerk ist stets auf den Begriff „Windsbraut" gelegt worden, deren Ursprung in der germanischen Mythologie, die eine „wintes brût" oder „windis prût" kennt, liegt. Ihr entspricht die römische Parallele von Boreas und Oreithyia (nach Ovid, Metamorphosen 6). In der mittelalterlichen Literatur ist das Motiv bei Dante (div. com. Inferno, 5. Gesang) greifbar: *„Die höllische Windsbraut treibt, die nim-*

mer ruht, / Die Geister um, es quält sie ohn Erlahmen / Mit Stoß und Schleudern ihres Wirbels Wut.“ Wegen der negativen Wirkungen auf die Gesundheit des Menschen (Hautausschlag, geschwollenes Gesicht, entzündete Augen, Blindheit), die man dem Wind zugeschrieben hat, sind verschiedene Abwehrriten entstanden. Dazu gehören das Werfen eines scharfen Messers in den Wind, die „Fütterung“ des Windes (Opfer), die sich mit bestimmten Formeln verband *(„Da hast du, lieber Wind, für dich und dein Kind“),* oder christliche Riten wie das Bekreuzigen und Beten.

Umgekehrt glaubte man, durch Pfeifen den Windheiligen Antonius aufwecken zu können, damit dieser nützlichen Wind entfache. Der Wind spielt ferner in verschiedenen Wetterregeln eine Rolle, wo man sagt: *„Wind von Niedergang ist Regens Anfang / Wind vom Aufgang, schönen Wetters Anfang“,* oder *„Viel Wirbelwind, der leise geht, den Regen auf lange Zeit verweht.“*

LUNGE

Während der Atem in unmittelbarem Zusammenhang seelischer Vorgänge interpretiert wurde, galt die Lunge stets nur als mechanisches Werkzeug, etwa einem Blasebalg vergleichbar. Anders als vielen anderen inneren Organen (↗Herz, ↗Leber) hat man der Lunge keine besondere Bedeutung beigemessen. Konrad von Megenberg überliefert dazu eine Auffassung des Aristoteles, der gesagt habe, *„daz diu lung sei ain wintvanch, der den luft auz und ain füert, dâ von daz herz erküelt wird.“* Derart auf eine praktische Funktion reduziert, hatte die Lunge auch im Bereich der „Volksmedizin“ lange keinen bedeutenden Stellenwert. Nur das Blutspeien wurde schon im 13. Jahrhundert mit der Lunge in ursächlichen Zusammenhang gebracht – von der Cholera, so glaubte man, werde *„der mensch so siech, daz er pluot spîet.“*

Fraglich erscheine sogar, ob „das Volk“ die Tuberkulose zu allen Zeiten als Lungenkrankheit erkannt hat. Belege darüber ziehen für die Erklärung der Krankheit häufig andere Organe

mit hinzu. So glaubte man im Frankenwald, daß der (Lungen-) Schleim im Magen gekocht oder das Blut verschleimt sei. Daneben aber wurde auch die Kenntnis von Lungenheilmitteln tradiert, deren wichtigstes das sogenannte Lungenkraut ist. Gemäß der Signaturenlehre, wonach aus äußeren Zeichen auf Verwendungsmöglichkeiten geschlossen wird (Weidenlaub zur Haarpflege), hat man diese Pflanze, deren hellfleckige und fein behaarte Blätter Ähnlichkeiten mit der Lungenoberfläche aufweisen, zur Behandlung Lungenkranker angewendet.
Wie sich bei späteren wissenschaftlichen Analysen der Heilpflanzen, deren Verwendung die Signaturenlehre nahelegte, häufig herausstellte, enthält auch das Lungenkraut Bestandteile, die der Lunge förderlich sind. Das Lungenkraut ist schleimgebend, auswurfbefördernd und entzündungshemmend.

M

MÄDCHEN/KNABEN

Besondere Wertungen und Bräuche, die man hauptsächlich mit den jungen Ledigen beiderlei Geschlechts verbindet, lassen sich im wesentlichen nur in den Berichten über Mädchen- und Knabenschaften greifen oder in Riten, in denen es um die Aufnahme eines Neulings in eine etablierte Genossenschaft ging. So traten die Mädchenschaften bei besonderen Mädchenfesten als selbständige Gruppierungen auf, und Mädchentänze beschlossen etwa die überlieferten Schäferfeste (Hammellauf, Hahnenschlagen) und Maifeiern.

Im allgemeinen sind diese Mädchenschaften aber dem Wirken der Knabenschaften ausgesetzt, die eigene Mädchengerichte, Haberfeldtreiben, Auslosungen, Versteigerungen und Neckspiele abhielten. Zu den kennzeichnenden Merkmalen dieser Knabenschaften, deren Organisation mit Satzungen verbindlich festgelegt war, gehörte nämlich eine sittenrichterliche Funktion auf dem Gebiet der Religion.

Zwar treten Mädchen- und Knabenschaften an Festtagen des Jahres auch als selbständige Gruppen in Aktion, aber Vorrechte der Knaben bei Maifeiern (Maibaum), Jahresfeuern (Scheibenschlagen) und in verschiedenen Fastnachtsbräuchen sind häufiger belegt als Privilegien der Mädchen.

Aufnahmebräuche gingen überwiegend von Verbänden und Genossenschaften aus, deren Mitglieder männlichen Geschlechts sind (Zünfte, Universitäts- und Schulverbände, Knechtebrüderschaften). Der Ausdruck *„hänseln"*, der einst solchen Zeremonien vorbehalten war, ist heute ein Synonym für „verspotten". Ursprünglich meint er die Handlungen, die

an einem Novizen in der etablierten Gemeinschaft vorgenommen wurden: Wassertaufen, Prügel, Rasuren, Prellen, wobei das letztere, Aufwerfen des Kandidaten mit einem Tuch, auch als Strafe verhängt worden ist und später in den Fastnachtsbrauch einging. Nachrichten über das Prellen oder Precken zeugen von der Gefährlichkeit dieser Riten; so wurden sie später vorwiegend an Strohpuppen oder Tieren vorgenommen, auf die man zuvor eine Stellvertreterfunktion übertragen hat (vgl. den Karnevalsbrauch in Jülich).
Harmloser erscheint da das traditionelle Durchkriechen von eisernen Faßreifen oder Felslöchern oder die Belegung eines Kandidaten mit Spitznamen. Das „Deponieren" der Posamentiergesellen zu Annaberg vereinigt mehrere solcher Aufnahmegebräuche und wird wie folgt geschildert: *„Jeder Novize mußte sich auf einen Stuhl setzen. Zuerst bekam er von dem Altgesellen eine Ohrfeige. Dann trat ein anderer Geselle, der als Zimmermann gekleidet war, vor und bearbeitete den Neuling mit einer hölzernen Axt ... Ein anderer seifte ihn hierauf ein und barbierte ihn mit einem hölzernen Messer."* (↗Beruf etc.)

MAI

Allerorten verbindet sich die im Mai erreichte Hochfrühlingsstimmung mit erotischen Bräuchen und Liebesorakeln der Jugend. Da werden die Mädchen in Gestalt des Mailehens an die Burschen verlost (für die Dauer eines Tages, des Monats oder auch des ganzen Jahres), da werden Maibraut und -bräutigam, Maigraf, Maikönig und Maiköniginnen gekürt, und früher wurden in einigen französischen Gebieten die von den Mädchen errichteten Minneburgen (Châteaux d'Amour) gestürmt. Heute verbindet sich der erste große Tanz des Jahres mit dem Aufstellen des Maibaums.
Dennoch gilt es als ungeschickt, im Mai zu heiraten. *„Hochzeit im Mai ruft den Tod"*, und die Tiroler Mädchen meinen, man dürfe zu einer Zeit, da alle Esel verliebt seien, nicht heiraten. Wieweit dieser „Aberglaube" nun auf der schlichten Erfahrung beruht, daß Frühlingsliebe oft vergänglich ist, oder auf antiker

Tradition, wonach am 9., 11. und 13. Mai die Totenfeier der Lemuria in Rom begangen wurde, bleibe hier dahingestellt.
Im Rahmen der „Volksmedizin" gilt der Mai als gesundheitsfördernd. Ein Maibad sei besonders wertvoll, im Mai sei die Zeit für den Aderlaß günstig, Mairegen rege das Wachstum der Kinder und das der Haare an und mache schön.

MANN

Dem Mann und seinen Eigenschaften ist im „deutschen Aberglauben" bei weitem nicht soviel Aufmerksamkeit zugekommen wie der ↗Frau. Das mag zum einen daran liegen, daß die Frau seit jeher schneller mit übersinnlichen Vorgängen in Verbindung gebracht wurde als der Mann, und zum anderen darin begründet sein, daß der Mann als Träger der Hauptfunktionen im gesellschaftlichen Leben seit der Spätantike viel stärker der allgemein akzeptierten Glaubens- und Wissenssphäre zugeordnet wurde als die Frau. Wesentliche Impulse für den „Aberglauben", die von der Sexualsymbolik ausgingen oder darin mündeten, wurden im Christentum, im Anschluß an die Darstellung des Sündenfalls (↗Frau), auf die Frauen konzentriert.
Sieht man aber von einigen männerspezifischen Aufgaben bei Tauf-, Sterbe- und Begräbniszeremonien sowie bei peripheren „abergläubischen" Saatmethoden, so bleibt im übrigen nur die Feststellung, daß der Mann gelegentlich auch in Gebräuchen privilegiert erscheint, die man mit dem Etikett „Aberglauben" belegt hat: er darf etwa am Weihnachtsabend auf seinem Teller einen Rest lassen oder der Kirche fernbleiben und ihm stehen die ersten Früchte eines jungen Baumes zu.
Gewisse Bedeutung haben Vorstellungen erlangt, die man mit „zoomagnetischer" Sympathie umschreiben könnte. Da galt es als wesentlich, daß ein Mann die Stalltür hinter einem neu erworbenen Zuchteber schließe, oder als wichtig, daß ein Mann an bestimmten Tagen (Weihnachten, Silvester, Neujahr) zuerst die Stube betrete; man schloß daraus auf das (männliche) Geschlecht der Nachkommenschaft des Viehs.

MÄRZ

Der März, abgeleitet vom römischen Kriegsgott Mars, war bis zur Kalenderreform Julius Caesars der erste Monat im neuen Jahr. Der Beginn des natürlichen Wachstums fiel damit in Mitteleuropa mit ↗ Neujahr zusammen. Der März war der Monat, in dem die großen Heerschauen stattfanden (Märzfeld) bis Pippin d. Kleine sie – wohl aus Mangel an Futter für die vielen Pferde – in den Mai (Maifeld) verlegte.

Während in Rom der März mit der Attisfeier, den Matronalia und Riten zur Vertreibung des alten Jahresgottes (Mamurius Veturius) festlich begangen wurde, hat seine Bedeutung nach der Verlegung des Neujahrstermins auf den 1. Januar rasch abgenommen. Es kann keine Rede davon sein, daß sich in Bräuchen wie der Fastnacht, Sommer-Winter-Kampfspielen oder dem Todaustragen römisches Erbe kontinuierlich erhalten habe. Die mitteleuropäischen Bräuche in der Frühlingszeit knüpfen zum überwiegenden Teil an die jüngere christliche Perikopenreihe und die vorösterlichen Feste, und sie versinnbilden einen ganz anderen inhaltlichen Themenkreis.

Allenfalls die rätoromanischen „Chalanda Marz“ haben sich römischen Vorbildern angeschlossen.

Einige Aufmerksamkeit kommt der Wetterbeobachtung im März zu. Aus Erfahrung weiß der Landwirt: *„März trocken, Mai naß / Füllet Scheuer, Keller und Faß“* aber: *„Ein feuchter fauler März / Ist der Bauern Schmerz.“* Wegen der Wechselhaftigkeit des Märzwetters gilt dieser Monat als gefährlich für die Gesundheit. Es heißt etwa, daß der März diejenigen packe und fresse, die im Winter krank und bettlägerig geworden sind, und Kinder, die im März schon barfuß laufen. Vom Märzregen und -schnee erhofft man sich kosmetische Wirkung.

MAURER

Das Maurerhandwerk verbindet sich mit dem „Aberglauben“ beim Hausbau (↗ Haus), der im wesentlichen den Baubeginn und seinen Abschluß betrifft. So kommt es dem Maurer zu, bei

der Grundsteinlegung das Bauopfer zu bringen. Nach Angaben des Handwörterbuchs des deutschen Aberglaubens waren insbesondere bei großen Bauten (Burgen, Klöstern) Menschenopfer gebräuchlich. Häufig wurde ein Kind lebendig im Fundament eingemauert, um böswillige Erddämonen (?), in deren Reich man zwangsläufig eindrang, zu besänftigen.
Als Opfer wurden wohl Kinder armer Mütter, von Zigeunerinnen, Freiwillige und zum Tode Verurteilte gebraucht.
In neuerer Zeit sind an die Stelle der Menschenopfer Tier- (Hahn) und Sachopfer (Geld, Spielkarten) getreten oder das Opfer wurde zum Gegenstand spielerischer Bräuche, wo man etwa den Schatten eines Vorübergehenden einmauerte oder allerlei Ablösebräuche erdachte. Wenn die wesentliche Arbeit des Maurers getan ist (früher Einwölbung), muß der Bauherr einen Umtrunk finanzieren. Dem Bau zusehende Neugierige wurden „eingeschlossen", d. h., man versperrte ihnen mit einer Richtschnur den Weg, bis sie ein Trinkgeld hinterlegten oder einen rechten Spruch wußten.

MEER

Wegen seiner Unermeßlichkeit und der Vielzahl von Gefahren, die dem Menschen auf dem Meer begegnen, ist das Meer mit vielen „abergläubischen" Vorstellungen und Deutungen belegt worden. Da sind zunächst die Versuche, sich die Entstehung des Meers und seines Salzgehaltes zu erklären. Die jüngere Edda überliefert eine Version, wonach die Söhne Bors das Meer aus dem Blut des Riesen Ymir geschaffen hätten. Im Christentum wurde das Meer als von Anfang an existent betrachtet (vgl. Gn 1, 12 ff). Daneben stehen aber auch Erklärungen, wonach die Vögel des Paradieses das Wasser tropfenweise zusammengetragen hätten. Das Meer ist auch als Werk des Teufels zur Vernichtung der göttlichen Schöpfung angesehen worden. Von hier aus bis zu den frühen „naturwissenschaftlichen" Deutungen, wie wir sie etwa bei Konrad von Megenberg finden, gibt es zahlreiche teils legendäre, teils scherzhafte, teils natürliche Kommentare. Megenberg lag nicht so fern von unserer modernen Annahme, daß Meerwasser salzig ist, *„weil die Sonne sowie die übrigen Gestirne die meiste Zeit über dem Meer stehen und aus dem Erdreich des Meeresbodens irdischen Dunst herausziehen und mit dem Wasser vermengen."*

Für „abergläubische" Betrachtungen kamen vor allem Ebbe und Flut, Stürme und Wellenbildung in Frage. Man glaubte in Frankreich, es stürme dann, wenn ein Matrose eine nackte Sirene sehe. Andererseits galt das aufgewühlte Meer als Lebewesen. *„De grote Hund frett allens up"*, sagte man im Mecklenburgischen.

Ein im Meer Ertrunkener, dessen Leiche angeschwemmt wird, durfte nicht geborgen und bestattet werden, weil sich das Meer sonst sein Eigentum zurückholen würde (Überschwemmung). Andererseits gilt Meerwasser vielerorts als heilkräftig, etwa bei Augenleiden und Schlangenbissen. Ferner sind (weltweit) Bräuche bekannt, bei denen bestimmte Krankheiten rituell der Unendlichkeit des Meeres übertragen werden.

Stellvertretend für die Krankheit hat man dabei Nahrungsmittel, Kränze oder Votive im Meer versenkt.

Im übrigen gilt das Meer (gelegentlich auch im Innern der Erde gedacht) als Schwelle zum Totenreich. Das Handwörterbuch des deutschen Aberglaubens weist hierzu einige geschichtliche Beispiele nach, in denen sich diese Auffassung spiegelt. „Der tote Skyld im Beowulf wird auf einem geschmückten mit Schätzen beladenen Schiff dem Meer übergeben."

METEOR

Anders als ↗Sternschnuppen, deren Materie beim Eintritt in die Erdatmosphäre meist vollständig verglüht, zerplatzen Meteore und senden einen glühenden Steinregen zur Erdoberfläche. Wegen der tatsächlichen Gefahren, die sich daraus ergeben, hat man Meteore überwiegend negativ gedeutet. Meteoritenniederschlag ist hörbar (der Meteor explodiert) und über längere Zeit sichtbar als das sekundenschnelle Aufblitzen einer Sternschnuppe. Oft sind Meteore bei Mond- und Sonnenlicht sichtbar gewesen.

Ähnlich wie dem ↗ Kometen hat man dem Meteor im Anschluß an biblische Schilderungen des mit Feuer strafenden Gottes Bedeutung als warnendes Vorzeichen des Schöpfers zugemessen. Andere Prognosen betrafen Kriegsgefahr und ausbrechende Krankheiten. Umgekehrt hat man aufgelesene Meteoritensteine als heilkräftig betrachtet, da ob ihrer himmlischen Herkunft mit Göttlichkeit erfüllt. Amulette und Schwerter, die aus Meteoritenerz geschmiedet wurden, galten als besonderer Schutz.

Die Versuche, Meteore wissenschaftlich zu beschreiben, scheiterten wohl an der Dominanz des religiösen Aspekts. Paracelsus hat allerdings eine physikalische Erklärung geschaffen, wonach es sich beim Meteoritenfall um konzentrierten Schwefel handele, der sich sonst beim Fallen in Wasser (Regen) auflöse, gelegentlich aber in Gestalt eines Feuerregens niedergehe.

METZGER

Die Metzger treten im Zunftbrauch des Jahreslaufs besonders stark hervor. Gerade an Fastnacht sind traditionell die Metzgergesellen in den spätmittelalterlichen Städten häufig als Brauchträger bezeugt. Der Metzgertanz, der dem Nürnberger Schembartlauf vorausging, ist dafür nur ein markantes Beispiel. Begründet wurde dieser Sachverhalt meist aus Privilegien, die sich die Metzger aufgrund besonderer Verdienste um die öffentliche Ordnung erworben hätten. In Nürnberg galten sie etwa als das einzige ratstreue Gewerk im Handwerkeraufstand der Jahre 1348/49. Ob diese häufig bezeugten Privilegien und ihre Erklärungen ein Kunstgriff der Zunftchronistik sind oder auf Tatsachen beruhen, sei dahingestellt. Näher liegt es aber, die Fastnachtsprivilegien der Metzger als Schadensersatz für ihren Verdienstausfall in der sich anschließenden Fastenzeit zu betrachten.

Außer in Nürnberg hat es solche Metzgertänze und -umzüge auch in Zürich, Münster, München, Salzburg und in Oberfranken gegeben. Berühmt geworden ist der Münchner Metzgersprung, von dem Varianten aus Salzburg, Hallein und Tölz überliefert sind. Da sprangen die Lehrlinge bei der Aufnahme in den Gesellenstand in einen Brunnen auf öffentlichem Platz und bespritzten die Zuschauer mit Wasser, warfen mit Nüssen und Äpfeln. Dabei handelt es sich um eine besondere Variante der überall bezeugten Aufnahmezeremonien der Zünfte, die meist mit einer rituellen „Taufe" verbunden waren.

MILCHSTRASSE

Als sichtbarer Teil der Galaxie, zu der unser Sonnensystem gehört, zieht sich die Milchstraße als blasses Band über den Nachthimmel. Es handelt sich um das schwache und diffuse Licht von Millionen unvorstellbar weit entfernter Sterne.
Für die Milchstraße gibt es zahlreiche Benennungen, die teils antiker Mythologie, teils christlicher Religion entstammen und verschiedene Deutungen des Phänomens betreffen. Der geläufige Ausdrucke „Milchstraße" ist eine Übersetzung des lateinischen Worts „via lactea", das seinerseits auf griechisch γαλαξίας (Galaxie) zurückgeht. Als Weg der Götter und der Seelen schon von Pindar in die altgriechische Literatur eingeführt und in der antiken Mythologie als Spur aufgefaßt, die Phaetons Wagen hinterließ, wurde das Weg-Motiv über Ovid (Metamorphosen I) dem deutschen Mittelalter bekannt. Hier nahm es unter christlichem Einfluß Gestalt als „Marienweg", „Pilgerstraße" (nach Rom, nach Santiago de Compostela) oder Gottes-, Jesus- und Petrusweg an. Die in Frankreich, Italien und Deutschland geläufige Bezeichnung der Milchstraße als Jakobsstraße oder Jokkumweg lag deswegen so nah, weil sich die antike Vorstellung vom Weg der Seelen in den Himmel mit dem religiösen Gehalt des Pilgerunternehmens deckte und die „Milchstraße-Galaxie" mit dem spanischen Landesteil Galicien, in dem Santiago liegt, lautlich leicht assoziiert werden konnte.
Andere Interpretationen der „Milchstraße" umfassen den Weg der wilden Jagd Wotans, das Aufziehen des teuflischen „Modisheers" und die „Gottesfurche". Letzterer Begriff ist Motiv einer siebenbürgischen Sage, die nach antikem Vorbild (Ovid,

Metamorphosen I) vom Weltenbrand handelt, den (ein) Gott löscht. Nachdem das Feuer keine Nahrung mehr findet, schiebt er die Glut in einer Furche zusammen. Dort ist jetzt nur noch ein schwaches Glimmen unter der Asche zu sehen, der gelegentlich ein Funke (Sternschnuppe) entspringt.

MITTAG

Der Mittag gilt seit der Antike als gefährlich. Wohl infolge der mit der sommerlichen Mittagshitze einhergehenden Krankheiten (Hitzschlag, Sonnenstich) und Halluzinationen, der besonderen Luft und Atmosphäre und der Alpträume beim Mittagsschlaf, hat man schon früh die Mittagszeit zwischen elf und 13 Uhr mit dem Auftreten von Gespenstern, Geistern und dem Teufel verknüpft. In der Antike waren es Pan oder Faunus, Hekate, Satyrn und die Nereiden, die mittags ihr Unwesen trieben, im christlichen Abendland sind es der wilde Jäger, Wald- und Flurgeister, Zwerge, Seejungfrauen, ruhelose Tote und nicht zuletzt der teuflische „gehörnte Mittag“ (↗Sonne). Vom Mittagsteufel haben schon die Kirchenväter verschiedene Krankheiten abgeleitet und deswegen wohl blieben mittags viele Kirchen geschlossen. Das Mittagsläuten sollte auch seinem schädigenden Einfluß entgegenwirken.

Insbesondere Wöchnerinnen waren gewarnt, sich mittags ins Freie zu begeben oder allein zu bleiben, weil sie: *„von den Gespenstern oder Volanden oder Wasser-Nixen von 11 biß 12 Uhren angefochten werden“* (Prätorius).

Als günstig gilt der Mittag hingegen für das Heben von Schätzen, die Saat, das Sammeln gewisser Heilkräuter (Johanniskraut, Kornblumen, Adlerfarn), und das Vertreiben von Ungeziefer.

Am Andreastag aßen Mädchen um 12 Uhr mittags einen Löffel Hirsebrei unter der Haustür. Dann sei ihnen der Zukünftige erschienen. Als Orakeltermin ist der Mittag wahrscheinlich deshalb akzeptiert worden, weil er wie ↗Mitternacht einen Wendepunkt darstellt, also ein künftiger Zeitabschnitt mit ihm anbricht.

MITTERNACHT

Mitternacht und Geisterstunde sind nach allgemeiner Auffassung untrennbar. Anders als der ↗Mittag, ist die Mitternacht auch in der Literatur immer wieder dadurch hervorgehoben worden, daß Gespenster oder Tote sich zeigen und den Menschen erschrecken. Die Mitternacht wird sowohl von elf bis 12 Uhr als auch von null bis ein Uhr gerechnet oder fällt direkt auf die logische Sekunde zwischen 12 und null Uhr. Sie ist in jedem Fall wie der Mittag ein Wendepunkt, zu dem sich Außerordentliches zuträgt und die Zukunft erforscht werden kann. Als Höhepunkt der ↗Nacht hat sie aber mehr Aufmerksamkeit auf sich gezogen als die Mittagsstunde. Um Mitternacht zeigen sich die Geister der ruhelosen Toten, die Neckgeister, Zwerge und der Teufel, die Gespensterfuhrwerke lenken, Leichenwagen ziehen, Kämpfe austragen und Kinder stehlen.

Zur Mitternacht Geborene gelten als Unglückskinder. Als gefährlich sieht man es an, um diese Zeit auf Friedhöfen und Kreuzwegen sich aufzuhalten, da dort der Einfluß des Bösen besonders gefährlich sei.

Gegen solchen Einfluß sind verschiedene Abwehrmaßnahmen in Gebrauch gekommen, zu denen es zählt, schweigend Wasser zu schöpfen, nackt zu buttern, mit Ketten zu klirren und Lichterumzüge zu veranstalten. Wie der Mittag, so gilt auch die Mitternacht als günstig für die Vertreibung des Ungeziefers, für das Aufspüren von Schätzen und Orakel, die besonders wirkungsvoll in der Andreas-, Thomas-, Christ- und Neujahrsnacht sein sollen. Da erblickt man den Zukünftigen im Spiegel oder Brunnen, im Traum, durch Beten oder dadurch, daß man sich seiner Kleider entledigt und sein Hemd aus dem Fenster wirft. „*Hier sitz ich splitterfasernackt und bloß / wenn doch mein Liebster käme / und würfe mir mein Hemd in den Schoß!*“ Ferner sollen Farnsamen, Johanniswurzeln und Wünschelruten, die man zur Mitternacht beschafft hat, zauberische Eigenschaften aufweisen.

MITTWOCH

Mittwoch, von ahd. mittawecha, bezeichnet die Wochenmitte und gilt wie der Montag als Unglückstag. Der an den Tag geknüpfte „Aberglaube“ entspricht den unter dem Stichwort Montag erwähnten Bereichen. Für die negative Deutung des Mittwochs gibt es verschiedene Quellen, unter denen die wichtigste die christliche Auffassung vom Verrat des Judas an diesem Wochentag war. Überdies scheint im „Mittwoch“ der Begriff „Tag“ nicht auf, weshalb er vielfach nicht „für voll“ genommen wurde. Als ungerader dritter Tag (ausgehend von Montag) der Woche hafteten ihm überdies Befürchtungen an, die sich aus primitiver Zahlenmystik ergaben.

MONAT

Die zeitliche Ausdehnung eines Monats wird durch einen Mondumlauf bestimmt, der 29 Tage, 12 Stunden, 4 Minuten und 3 Sekunden umfaßt. Dieser reine oder synodische Mondmonat unterscheidet sich allerdings geringfügig vom eingeführten Monat, der ein Zwölftel des Jahres zusammenfaßt. Erst die Einordnung der Monate in den Jahreslauf ermöglichte die Festlegung einer bestimmten Monatszahl und ihre Benennung. Das scheint in Griechenland durch Übernahme von semitischen Berechnungen aufgekommen zu sein, ist dann in Italien und mit dem römischen Kalender in Mitteleuropa bekannt geworden. Neben den üblichen Monatsnamen aus dem Julianischen Kalender gibt es im deutschsprachigen Mitteleuropa aber eine Reihe weiterer Benennungen, die den Jahreszeiten (Lenzmonat) oder landwirtschaftlichen Tätigkeiten (Heumonat, Erntemonat) folgen. Überlieferungen aus germanischer Zeit, in der man etwa von einem „fruma jiuleis“ (Dezember, Julfestmonat) sprach, sind nicht weiter tradiert worden. Im Dritten Reich hat man im Rahmen rassistischer Überlegungen auf deutsch-germanische Bezeichnungen wie Hornung (Februar) und Lenzmonat zurückgegriffen. Das hat sich aber nach 1946 nicht weiter durchgesetzt.

Die Monate selbst sind oft nach römischem Vorbild in Neu-

mond- (Calendae) und Vollmondabschnitte (Iden) unterteilt worden, an die Vorstellungen über den abnehmenden und zunehmenden ↗Mond geknüpft wurden.
Praktikabler als der Umgang mit Monaten und Mondphasen ist indes die Rechnung mit Tagen, Wochen und Jahresfesten, die im allgemeinen Sprachgebrauch vorherrscht. Soweit „abergläubische" Anschauungen nicht auf den Mond bezogen sind, gibt es daher auch wenig tradierte Monatsdeutungen.
Hinter dem verbreiteten Begriff von der „ Frühjahrsmüdigkeit" steht vielleicht die ältere Auffassung von der Gefährlichkeit der Monate Februar, März und April, in denen man sich leicht eine Verkühlung zuzieht, und auf ähnlichen Erfahrungen beruht der Rat, sich in den Monaten mit „r" (September bis April) nicht ins Gras zu setzen. Umgekehrt heißt es in Übereinstimmung mit biologischen Abläufen, daß man Krebse in den Monaten ohne „r" essen solle (Mai–August).

MOND

Wohl jedem ist das Wort vom „Mann im Mond" ein Begriff, vielen gilt das Zu- und Abnehmen des Mondes als bedeutend, manche können bei Vollmond nicht schlafen und einige werden noch aus Kindertagen die Verse Hoffmanns von Fallersleben im Gedächtnis haben: *„Wer hat die schönsten Schäfchen, die hat der goldne Mond."* Der Mond ist auch jenseits seiner Bedeutung in der Astrologie (↗Sternglaube etc.) ein vielbeachteter Himmelskörper, der ganz besonders viele Auffassungen geprägt und Deutungen hervorgerufen hat. Stegemann hat das im Handwörterbuch des deutschen Aberglaubens aus den Veränderungen erklärt, denen das beobachtbare Phänomen „Mond" unterliegt (Farbe, Helligkeit, Form, Zeitpunkt des Auf- und Untergangs) und die dem menschlichen Schicksal entsprächen. Sicher ist, daß man schon früh die tatsächlichen und scheinbaren Einflüsse des Mondes auf Welt und Mensch (Gezeiten, Schlafstörung, Mondsucht, Periode) erkannt und sich daher besonders intensiv mit diesem Himmelskörper beschäftigt hat. Seine Beachtung als Zeitmesser klingt schon in den Begriffen „Mond“ und ↗Monat an, die auf die Wurzel ma = messen zurückgehen sollen. Geläufigstes Prinzip in der Deutung des Mondeinflusses ist der antike Sympathieglaube, der teils wohl tradiert, teils aber auch immer wieder unmittelbar aus der naheliegenden Assoziation neu gewonnen wurde. Allgemein günstig wird die Zunahme des Mondes bis zum Vollmond, allgemein schädlich seine Abnahme bis zum Neumond gewertet.

Im Neumond Geborene galten als unfruchtbar oder besonders anfällig für Krankheiten, man ließ Kinder bei abnehmendem Mond nur ungern taufen und heiratete möglichst nicht, da dies Kinderlosigkeit, Vermögensrückgang und Unglück zur Folge habe. Zunehmender Mond wurde indes günstig für Eheschließungen (Kinderreichtum, Mehrung des Vermögens) und die Kindergeburt ausgelegt. Es gab sogar Auffassungen, wonach man den Mond ins Portemonnaie scheinen ließ und den Spruch aufsagte: *„Biß gud welchome, nuwer maen, holder here, / Mach mir mynes gudes mere.“* Besonders in der Landwirtschaft und in der sogenannten Volksmedizin ist dieser Sympathieglaube lange lebendig geblieben. Die Aussaat von Blattgemüse sollte bei zunehmendem Mond, von Wurzelgemüse bei abnehmendem erfolgen. Holzfällen bei abnehmendem Mond war in Kärnten vorgeschrieben. Die Betreuung des Viehs, die Bestellung von Feld und Garten, sogar die Körperpflege wurden von diesem einfachen Analogiedenken beherrscht. Die Behandlung von Warzen, Zahnschmerzen, Gicht und Rheuma erfolgte bei Voll- und abnehmendem Mond, der das Leiden mit sich nehmen und auslöschen soll.

Umgekehrt gab es etwa bei Lungenschwindsucht das Rezept, bei zunehmendem Mond folgenden Spruch aufzusagen: *„Das nei Licht, das ich anseh, nehme zu an Mark und Bein, an Fleisch und Blut.“*

Für derartige Anschauungen darf wohl mit Recht die antike Naturwissenschaft beispielgebend genannt werden, die die Sympathie zum Gesetz erklärte. Einzelanweisungen landwirtschaftlicher und medizinischer Bedeutung findet man zahl-

reich in der Naturgeschichte des Plinius d. Ä. Schon die Spartaner sollen sich geweigert haben, bei Neumond Krieg zu führen, weshalb ihre Hilfe in Marathon zu spät gekommen sei.
Ein anderer wesentlicher Aspekt der Deutung des Mondes gilt der Natur seiner Strahlen. Unruhiger Schlaf bei Mondlicht zog die Verdunklung der Bettstatt nach sich. Wöchnerinnen sollten sich bei Mondschein nicht ins Freie begeben, und es hieß, daß der Zeugungsakt bei Mondlicht schwachsinnige Kinder und Mißgeburten (Mondkalb) zur Folge hätte. Der Zusammenhang von Mondlicht und Tod kommt in vielerlei Varianten zum Ausdruck, so wo es heißt, *„wer beim Mondschein näht, näht sein Sterbekleid"*. Die Assoziation von Mondlicht, Hexerei, Gespensterumgang, Totentanz und Tod ist schon in antiken Auffassungen vorgeprägt, wo man die Mondgöttin Selene als Göttin der Friedhöfe und Gräber betrachtete.
Soweit nicht astrologisch fundiert (↗ Planeten) gehen die meisten Wetterprognosen aus Mondbeobachtungen auf physikalische Konstellationen zurück. Die Erfahrung lehrt beispielsweise: *„Hat der Mond einen Hof, wird das Wetter morgen doof."* Damit ist wiedergegeben, was sich in der Atmosphäre tatsächlich ereignet. Hat der Mond ein sogenanntes Halo, das ist diffuses Licht im Umkreis der Mondscheibe oder -sichel, so befinden sich Eiskristalle in der Atmosphäre, die in Verbindung mit Haufenwolken als Regen niedergehen.
Ein weiterer Quellenbereich, aus dem „abergläubische" Vorstellungen über den Mond entsprungen sein können, dürfte die germanische Mythologie sein. Caesar erwähnt die Mondverehrung der Germanen und Tacitus berichtet von der Abhaltung des Thing bei zunehmendem oder Vollmond.
Im Mittelalter galten viele kirchliche Verordnungen und Klagen der Behinderung „abergläubischer" Mondriten. 692 erließ die zweite trullanische Synode das Verbot, bei Neumond vor den Wohnungen Feuer zu entzünden und darüber zu springen. Hrabanus Maurus störte sich an dem Geschrei anläßlich der Mondfinsternisse. Als bedauernswerten Unfug hat Nikolaus de Jawer die Anbetung des Mondes bezeichnet.

Sagen, die um den „Mann im Mond" ranken, beziehen sich auf die Flecken der erleuchteten Mondscheibe. Sie sind von der modernen Wissenschaft und Technik als „mare" entdeckt worden, deren dunklere Geröllwüsten das Licht weniger reflektieren als umliegende Krater und Gebirge. Im Zusammenhang mit der Einschätzung des (gefährlichen) Mondlichts und der Dämonen, die es beherrschten, oder personifizierenden Monddeutungen (↗Finsternisse), gewann das Motiv des auf den Mond gebannten Frevlers (Dieb, Lügner, Mißachtung der Sonntagsruhe, Hartherzigkeit) in zahlreichen Sagen Gestalt.

MONTAG

Nach der offiziellen Festlegung des Wochenbeginns auf den Sonntag ist Montag der zweite Tag der Woche. Als solcher wurde früher im Gefolge des freien Sonntags der „blaue Montag" gefeiert, an dem alle Arbeit ruhte und Festgelage begangen wurden. Dort aber, wo der Montag als erster Tag der Arbeitswoche angesehen wurde, galt er als Unglückstag. Was am Montag im schlechtesten Fall geschah, faßte man als für die ganze Woche vorausweisend auf. Deshalb auch sollte nichts unternommen werden, was Bestand haben sollte. Als Tag des Mondes (ahd. mânetag) verknüpfte man den „Mondtag" mit dem Nachtgestirn und assoziierte Hexen, Teufel, Geister und Hölle. Wer am Montag begraben wird, komme in die Hölle. Wer am Montag geboren wird, müsse einen jähen Tod fürchten.

Die Zahl der Beispiele für „abergläubische" Befürchtungen vor Unternehmungen am Montag ist Legion und umfaßt alle Lebensbereiche von der Taufe bis zum Tod. Schulbeginn, Einzug in ein neues Haus, Besuch, Schlachten, Anstellung, Reiseantritt, und alles, was sich damit verbindet, wurde, wenn möglich, montags vermieden.

MORGEN

Morgen bezeichnet hier den Übergang von der Nacht zum Tag, den Tagesanbruch, der weitaus rascher erfolgt als das Verlöschen des Tages. Daher kommt ihm im „Aberglauben" auch keine wichige Rolle zu. Einerseits bedeutet der Morgen, insbesondere das Morgenläuten, daß nun die Geister der Nacht verschwinden, andererseits glaubt man aber auch, daß ungewaschen ins Freie gehende Kinder, besonders wenn sie sich nicht mit Weihwasser besprengt haben, von wilden Frauen gefangen werden. Die Geschehnisse am Morgen werden häufig als zukunftsweisend für den ganzen Tag angesehen. Der Angang einer alten Frau gilt daher als ungünstig, während die Begegnung mit einem Schornsteinfeger, Bettler, jungen Männern und Knaben Glück verheißt. Aus dem 17. Jahrhundert ist überliefert: *„Item, wann einer morgens ausgehet, und ihm zum ersten ein weyb begegnet oder ein haß über den wäg lauffet: oder daß er den lingen strumpff zu erst anziehet: daß ihm etwas widerwertiges desselben tages zuhanden stoßen werde."*
Da man den Tag nicht vor dem Abend loben solle, ist es verpönt, morgens zu singen, zu pfeifen und zu jubeln.
Kriecht einem am Morgen eine kleine Spinne über Gesicht oder Hand, so bedeutet dies Glück; ist es eine große, so heißt es umgekehrt: *„Spinne am Abend, erquickend und labend, / Spinne am Morgen bringt Kummer und Sorgen."*

MÜLLER

Die Müller standen im Ruf unehrlicher Leute, weil ihr Gewerbe kaum kontrolliert werden konnte. Da spielte zum einen der Verdacht betrügerischen Umgangs mit dem anvertrauten Getreide eine Rolle (↗Bäcker), zum anderen war es die besondere Lage der Mühle außerhalb der Dorfgemeinschaft, die die Phantasie der Bevölkerung anregte. Die Mühle wurde wegen ihrer einsamen Lage als Schauplatz für Liebesabenteuer („Die schöne Müllerin"), Geister- und Spukgeschichten (Wassermühle-Wassermann) und Teufelsbündnereien betrachtet. Der Müller galt oft als listiger Teufelsbündner. Wegen ihrer besonderen rechtlichen Stellung als Freistätten, waren die Mühlen zugleich oft auch Herbergen, was der phantasievollen Ausgestaltung der Mühlen- und Müllergeschichten zusätzlich Nahrung gegeben haben dürfte. Es stand jedenfalls fest, daß die Müller wegen ihres betrügerischen Umgangs mit dem Mahlgut nicht in den Himmel kommen könnten. Diese Ansicht spiegelt sich in zahlreichen Formeln – etwa in den Blutstillsegen:

„Blut steh still, still, still,
Wie der ungerechte Müller am Abend will."
oder *„N., dir verstehe das Blut,*
als die Himmelstür gegen einen ungerechten Müller tut."

Am Tag der hl. Katharina, die das Martyrium durch ein messerbewehrtes Rad erlitt und am Tag der hl. Verena (hl. Martin, hl. Andreas) mußten die Mühlen still stehen, um Unheil von der Mühle fernzuhalten. Das Sonn- und Feiertagsgebot galt aber besonders für die Wassermüller, da die Windmüller zu stark von Witterungsbedingungen abhängig waren.
Wegen der überwiegend negativen Bewertung des Müllers und der Mühle spielte sie wohl auch in Bräuchen der Fastnacht eine Rolle, wo die „Altweibermühle" Tradition gebildet hat. Hier werden spielerisch alte Weiber zu jungen Mädchen gemahlen, bis sich am Ende die Gattin des Hanswursts – frisch gemahlen – als die Mutter des Antichristen herausstellt.

MUND

Wohl im Anschluß an Gn 2,7: *„Da bildete Gott, der Herr, den Menschen aus dem Staub des Ackerbodens und blies in seine Nase den Lebensatem"* sind ↗ Nase und Mund im traditionellen „Aberglauben" mit zahlreichen Assoziationen und Wertungen belegt worden. Wie die Nase und ↗ das Ohr gehört der Mund zu jenen Körperöffnungen, durch die der Mensch gute und böse Geister ein- und auslassen könne oder müsse. Durch den Mund eindringende Dämonen sind in mittelalterlichen Visionsberichten ebenso beschrieben, wie sie noch bei Andreas Gryphius (Peter Squenz) im 17. Jahrhundert dargestellt wurden. In unmittelbarem Anschluß an Gn 2,7 wird wohl ein Legendenzug zu verstehen sein, wonach der hl. Clemens einem Schiffskapitän in den Mund blies, um ihm so seine Macht über die Winde mitzuteilen.

Überaus zahlreich sind ikonographische Darstellungen des Entweichens böser Dämonen oder des Teufels aus dem Mund Sterbender. Das Motiv findet sich leicht modifiziert noch bei J. W. Goethe im Faust, 1. Teil, Walpurgisnacht, wo Faust den Tanz mit einem hübschen Hexenmädchen abbricht, *„denn mitten im Gesange sprang / Ein rotes Mäuschen ihr aus dem Munde."*

Derartige Überlieferungen wirkten etwa auf Empfehlungen, nicht mit offenem Munde zu schlafen, ein. Besonders bei Kleinkindern gelte es, darauf zu achten, daß die Seele nicht aus dem offenen Mund entfliehe.

Im Rahmen der Physiognomik deutete Konrad von Megenberg einen großen Mund so: *„Wer ainen grôzen munt hât, der ist ain vrâz und ist küen"* und Paracelsus hat gesagt: *„Ein großer weiter Mund bedeutet und zeigt an einen großen Fresser, Ungeschicklichkeit, Torheit, unverschämt und unverzagt ... Ein kleiner Mund das Widerspiel."*

MUTTER

Die wissenschaftliche Erforschung mutterrechtlicher Zivilisationsstrukturen bei sogenannten „Primitiven" und nach überlieferten Dokumenten aus vorantiker Zeit ist zu keinem eindeutigen Ergebnis gelangt. Fest zu stehen scheint lediglich, daß es Matriarchate gegeben hat, deren Ausstrahlung bis weit hinein in die patriarchalische Gesellschaftsordnung reichte. Mehr als Indizien für die Bedeutung des Mutterrechts im Europa der Antike sind aber nicht beigebracht worden. Da gibt es ein Gesetz des Kekrops, mit dem in Athen die patriarchalische Ehe eingeführt wurde – zuvor also Mutterrecht galt? – oder Eheformen, die als Zwischenstufen vom Hetärismus über das Matriarchat zum Patriarchat gedeutet wurden. Bestimmte Erbfolgen und Rechtsansprüche, die sich mit der Heirat verban-

den, lassen Einflüsse matriarchalischer Traditionen erkennen. In der heutigen Gesellschaft spielt das Mutterrecht indes keine Rolle mehr – sieht man von dem Bemühen einiger Frauengruppen ab, ein solches zu etablieren.
Die Bedeutung der Mutter in Glauben und Brauch hat allerdings die patriarchalische Gesellschaft nicht entscheidend zu schmälern vermocht, ging sie doch hervor aus der Unauflösbarkeit der Identität von Mutter und Kind. Die Einheit der Schwangeren mit ihrem Kind hatte etwa Folgen in der Rechtspraxis: sie durfte nicht zu Gericht geladen werden oder Pate stehen, weil das die Lebenskraft des Kindes mindere, und sie spielte im „Aberglauben“ eine Rolle. Eine Schwangere dürfe nicht spinnen (Henkerseil für das Kind) oder Wasser aus einem Brunnen schöpfen (Tod durch Ertrinken). Umgekehrt prädestinierten solche Analogieschlüsse die werdende Mutter zur Saat und Pflanzung (insbesondere der Obstbäume).
Im Gegensatz zur Beziehung des Vaters zum Kind, die als Herrschaftsverhältnis umschrieben werden kann, ist die Bindung der Mutter an das Kind wesentlich ein Liebesverhältnis. Im Begriff „mutterseelenallein“ spiegelt sich der Zustand absoluter Verlassenheit.
Während der väterliche Rechts- und Herrschaftsanspruch – etwa bei Eheschließungen – abgelöst werden kann, besteht das mütterliche Liebesverhältnis noch über den Tod hinaus. Es gibt Motive, in denen die verstorbene Mutter im verwaisten Haushalt der Kinder hilft oder die Vernachlässigung ihrer Kinder bestraft.
Die psychische Loslösung von der Mutter ist in einigen Fällen durch demonstrative Gewalt versucht worden. Es gibt Beispiele für die Mißhandlung der Mutter durch ihr heranwachsendes Kind (Schläge, Hochmut, Verachtung), wo die enge Mutterbindung im patriarchalischen System störend erschien.

N

NACHT

Aus naheliegenden Gründen gilt die Nacht als gefährlich. Der Mensch hat sie seit je gefürchtet und die meisten Dämonen, Hexen, Teufel und Gespenster, aber auch den Tod mit der Nacht verbunden. Nach Hesiod ist die Nacht Tochter des Chaos. Sie gebiert den Äther und den ↗Tag und den Tod, den Schlaf, die Träume, den Trug und das Alter.

Dunkelheit und „gespenstisches" Mondlicht, phosphoreszierende Leuchtkörper, glimmende Tieraugen, Elmsfeuer, Träume und „der kleine Tod" Schlaf, all das zusammen bewirkt gesteigerte Sensibilität für die Vorgänge der Nacht und phantastische Ausmalungen dessen, was in ihr geschieht. Da sieht man Geister und Hexen durch die Luft reiten, da zeigen sich die Zwerge (helfend und schädigend), da steigen die Wasserjungfern an Land, da wirkt der Teufel (der die Nacht geschaffen habe), da treffen sich die Hexen auf Bergen und Kreuzwegen, da erscheint der Alp, die Trud oder die Mahr und quälen den Menschen, da treiben Vampire und Werwölfe ihr Unwesen und da marschiert der Tod auf.

Im Zusammenspiel solchen „Aberglaubens", der nichts weiter ist als ein Konglomerat phantasievoller Bilder, ausgelöst durch die Furcht vor dem eingeschränkten Sehvermögen und der gesteigerten Hörsensibilität, die die Umwelt verändert erscheinen lassen, ist die Atmosphäre für die Erforschung der Zukunft besonders günstig. Heirats- und Todesorakel werden vorwiegend nachts geübt, wobei die Christ- und Neujahrsnächte noch besonders geeignet erscheinen.

NASE

Die Nase gehört zu jenen Körperteilen, aus deren äußerer Beschaffenheit auf Charakterzüge des Menschen geschlossen wird. Überaus zahlreiche Sprichwörter und Redensarten zeugen von den vielfältigen Auffassungen über die Bedeutung der Nase. *Daß man es jemandem an der Nase ansehe, was er für ein Kerl sei* oder die Empfehlung, *sich zuerst bei der eigenen Nase zu nehmen,* gehören zu den geläufigsten Formeln in dieser Tradition.

Weitaus differenzierter hatte Paracelsus die verschiedenen Nasentypen erörtert. So sei eine spitze Nase dem listigen Spötter eigen und eine stumpfe Nase verrate einen falschen, lügenhaften und bösen Charakter. *„Spitze Nas und spitzig Kinn / da sitzt der lebendig Teufel drin."*

Die bekannte „Adlernase" hingegen, so glaubte man, zeichne den edlen und hochherzigen Mann aus. Schon in der Physiognomia des Apuleius werden dagegen kleine Nasen den untergeordneten Geistern, Dieben und Deserteuren zugeschrieben. Dagegen formulierte Fischart später: *„Lang und hohe Nass / zeigt an Weissheit gross"* – eine antike Auffassung, die schon bei Martial vertreten wurde.

Interpretationen der Nase umfaßten auch die Nasenlöcher (Konrad v. Megenberg), ihre Äderung und das Nasenbluten, dem mit vielen „volksmedizinischen" Maßnahmen begegnet wurde. Von besonderer Bedeutung für den „Aberglauben" war die Körperöffnung am Kopf, von der man glaubte, daß durch sie die menschliche Seele entfliehe und andererseits Krankheitserreger eindrängen. Heilmittel gegen den Kopfschmerz wurden daher häufig durch die Nase zugeführt.

NEUJAHR

Seit im Jahre 153 v. Chr. erstmals die hohen römischen Beamten am 1. Januar ihren Dienst antraten, galt dieser Tag schon vielfach als Beginn des neuen Jahres im bürgerlichen Kalender. Daneben gibt es aber auch das mit dem 1. Advent einsetzende Kirchenjahr und Hochneujahr am 6. Januar. Besonders

die Zeit zwischen Weihnachten und Epiphanias ist neben ihrer christlichen Bedeutung (↗Zwölften) und ihr angeschlossener Bräuche eine Zeit der Zukunftserforschung und Orakel. Diese konzentrieren sich heute, besonders in den Städten, auf das bekannte Bleigießen. Im ländlichen Bereich wird oft auch ein aufgeschlagenes Ei in kochendes Wasser gekippt und aus dem geronnenen Eiweiß auf künftige Ereignisse geschlossen.
Silvester und Neujahr dienen in besonderer Weise der sorgfältigen Fütterung und Beobachtung des Viehs, der Betrachtung des Wetters, der ersten Begegnung, gegenseitigen Glückwünschen und Geisterabwehrriten. Hauptaspekt ist dabei der Analogieschluß, daß die Ereignisse des Jahres in irgendeiner Weise den Geschehnissen des Jahresbeginns entsprechen. Das gilt vor allem für meteorologische Prognosen. *„Schöner Neujahrstag, fruchtbares Jahr"* und andere ungezählte Regeln folgen diesem Gedanken. Todesfälle in Gemeinde und Familie hält man für ungünstige Vorzeichen: ein Begräbnis etwa am Neujahrstag soll das Auseinandersterben weiterer 12 Ehepaare binnen Jahresfrist ankünden. Speisen und Getränke werden zu Jahresbeginn gerne reichlich konsumiert und mancherorts wurde sogar über Nacht ein üppig gedeckter Tisch stehengelassen, weil man sich dadurch gegen Hunger im neuen Jahr versichern wollte. Besondere Neujahrsgebäcke hat man auch dem Vieh verabreicht, damit es gute Erträge liefere.
Den Angang am Neujahrsmorgen durch einen jungen Menschen (Knaben) wertete man günstig, denjenigen einer alten Frau fürchtete man, weil das als ein Vorzeichen des Todes galt. Andererseits schmückte die Bevölkerung ihre Häuser mit grünen Zweigen, was schon Sebastian Brant 1494 in seinem „Narrenschiff" bedichtete:

„Vnd wer nit etwas nuwes hat,
Vnd umb das nuw jar syngen gat,
vnd grien tann riss steckt jn syn hus,
Der meynt, er leb das ganz jor nit vss."

Caesarius von Heisterbach berichtet davon, daß die Frauen um 1200 sich am Neujahrstag unter den Aposteln einen Patron auslosten.
Kennzeichen der Neujahrsnacht ist bis heute der Lärm. Feuerwerkskörper sind jetzt zumeist an die Stelle primitiverer Lärmwerkzeuge oder gefährlicher Feuerwaffen getreten, aber noch immer zählt man das lärmende Treiben zu den Abwehrriten schädlicher Dämonen.
Liebes- und Eheorakel gelten in der Neujahrsnacht gerade an Kreuzwegen als besonders aufschlußreich.
Letztlich sei erwähnt, daß Neujahr neben Weihnachten mancherorts als Geschenktermin gilt. Das jährliche Präsent für den Briefträger, die Müllabfuhr und andere Dienstleistende wird zumeist an den Werktagen um Neujahr übergeben und verbindet sich mit *„allen guten Wünschen für das kommende Jahr"*.
Besondere Bräuche christlicher Bedeutung und Tradition haben sich nicht an den 1. Januar angeschlossen, sondern sind, wie etwa das Sternsingen in Heiligenblut (Kärnten), mit dem kirchlichen Hochneujahr verknüpft geblieben.

NOVEMBER

„Die beschissene Liese" (19. November, Elisabeth) im „Kotmonat" (Tegernsee, 16. Jahrhundert) November charakterisiert wohl das Gefühl, das sich mit dem spätherbstlichen Dauerregen, Nebel und Matsch in Mitteleuropa einstellt, recht treffend. Anders als im „goldenen Oktober" oder im spätsommerlichen September bricht im ehemals neunten Monat des altrömischen Kalenders der Winter fühlbar an. Alte deutsche Bezeichnungen heißen daher auch Wind- oder Wintermonat. Die Kelten sollen den November als Jahresbeginn mit Totenfesten begangen haben. Später hat die Kirche das ↗Allerheiligen- und Allerseelenfest und den Totensonntag auf den November verlegt. Novembergewitter sollen reiche Kornerträge im kommenden Jahr ankünden.

OHR

Neben der ↗Nase gehört das Ohr zu den Signa menschlicher Charaktere. Antike Humoralpathologie und Schädellehren und die einflußreichen Schriften Megenbergs und Paracelsus' überliefern Erfahrungen, wonach große oder kleine Ohren, abstehende oder solche mit angewachsenen Ohrläppchen auf unterschiedliche Eigenschaften schließen lassen. *„Wes ôrn grôz sint, der ist ain tôr und langes lebens"*. Kleine Ohren hingegen seien *„ein böses Zeichen, denn sie zeigen gemeiniglich an einen bösen, tückischen, falschen, ungerechten Menschen"*. Das allseits wohlbekannte „Schlitzohr" dichtete man zunächst dem Teufel an. Von besonderer Bedeutung war das Ohr als eine der Leibesöffnungen, durch die der Mensch in Kontakt mit Dämonen und Geistern träte, aus dem Leben und Tod hervorgingen. So hat man etwa Jh 1,14 – *„das Wort ward Fleisch"* – auf die Empfängnis der Maria durch das Ohr hin gedeutet und die Literatur bietet für diesen Glauben zahlreiche Beispiele. Antike (Plinius) und mittelalterliche Dichter haben sich dieser „abergläubischen" Formel ebenso bedient wie später Rabelais oder Molière. Bei Shakespeare begegnet umgekehrt die Tötung durch das Einträufeln von Gift ins Ohr. Sprichwörtlich wurden solche Auffassungen in Formeln und Riten, die sich um das *„ins Ohr sprechen"* oder *„blasen"* (vgl. F. Schiller, Die Räuber, I/2) – insbesondere bei Sterbenden und Toten – ranken oder in Gestalt der *„klingenden Ohren"*, die, man möchte heute sagen, telepathische Fähigkeiten umschreiben. Vor diesem kulturgeschichtlichen Hintergrund erhält die einstige Strafe des „Ohrenabschneidens" einen besonderen Stellenwert im historischen Strafvollzug.

OKTOBER

Der Oktober war im altrömischen Kalender, mit dem Neujahr am 1. März begangen wurde, der achte Monat. Die nach der Kalenderreform Caesars eigentlich irreführende Bezeichnung hat sich gegenüber anderen, besonders in Mitteleuropa eingeführten Namen (Weinmonat, Herbstmonat, Sämonat, Schlachtmonat) dennoch durchgesetzt. Im Oktober begeht man Wein- und Erntefeste und die Kirchweih. Die Wetterbeobachtung lehrt: *„Bringt der Oktober viel Frost und Wind, / Ist der Jänner und Februar gelind"*.

ORION

Schon bei Homer begegnet uns seine Erwähnung, und seine mythische Ausdeutung rührt wohl aus der antiken Sternensage vom riesigen Jäger. Im „deutschen Aberglauben" ist das Augenmerk indes überwiegend auf die Gürtelsterne gerichtet worden, deren Dreizahl verschiedene Interpretationen nahelegte. Im Kontext christlicher Allegorese hat man sie als die drei Marien, die heiligen drei Könige oder als drei Nägel vom Kreuz Christi gedeutet. Daneben gibt es die Benennungen „drei Mäher", „Rechen" und „drei Holzhacker" aus dem Bereich landwirtschaftlicher Tätigkeit.

OSTERN

Die Bezeichnung Ostern rührt her vom angelsächsischen „eastron", das die Morgenröte umschreibt, mit der die Vigilnacht des Karsamstags endet. Ostern wurde nach dem lange andauernden Osterfeststreit infolge der Beschlüsse des Konzils von Arles (314) und Nicäa (325) auf den Sonntag nach dem ersten Frühlingsvollmond gelegt. Ostern ist das älteste und bedeutendste Fest der Kirche; es wird seit dem 2. Jahrhundert mit der Weihe des Taufwassers begangen, der sich im 12. Jahrhundert auch die Eier- und Speisenweihen anschlossen. Byzantinischem Gebrauch folgend, hat man die geweihten Eier seit dem 13. Jahrhundert gefärbt, um sie von den ungeweihten zu unterscheiden.

Im Mittelpunkt von Brauch und „Aberglaube" sind diese Eier als Geschenke, Heil- und Abwehrmittel, aber auch als „Spielzeug" und Kunstgewerbeartikel zu Ostern allgegenwärtig. Das liegt einerseits daran, daß das Ei als Zeichen für die Auferstehung Christi gewertet wurde und andererseits daran, daß der fastenbedingte Eieranfall zu bewältigen war. Mit dem Osterei verbindet sich der Gedanke an den Osterhasen, dem wohl Trinitätssymbole – wie das Dreihasenbild am Dom zu Paderborn – zugrunde liegen. Die Protestanten standen im 16. Jahrhundert vor dem Problem, den beliebten (Kinder-)brauch aus seinem katholischen Zusammenhang (Fastenzeit – Eieranfall – Eierweihe) lösen zu müssen, weshalb sie die Eier versteckten und ihre Herkunft auf Gott selbst (Hase – Trinität) zurückführten. Der Brauch ist noch im Verlauf des 17. Jahrhunderts auch in katholische Kreise eingedrungen. Jedenfalls bemerkt der Abt Jakob von Schuttern 1691: *„Den hiesigen Kindern verstecke ich Ostereier im Garten"*. Die Gleichsetzung Christi mit einem Opferlamm, das die Sünden der Welt auf sich nimmt (vgl. 1 Kor 5,7), hat ferner die österliche Weihe und den Verzehr von Osterlämmern nach sich gezogen, wie es im alttestamentlichen Paschahfest vorgegeben war. Doch war das Augenmerk der Geistlichen stets darauf gerichtet, daß der christliche Brauch vom jüdischen unterschieden wurde. Schon im 12. Jahrhundert verdammte der griechische Patriarch Nerses den Brauch, das Blut des Osterlamms zu sammeln und damit die Türschwellen zu bestreichen.

In Griechenland ist heute an die Stelle des Lamms zumeist ein Zicklein getreten, das auf dem Land fast ausnahmslos von jedem Hausvorstand selbst geschlachtet wird. Die Reste des Ostermahls (Eierschalen und Lammknochen) werden in Haus und Hof, Stall und Garten oder auf den Feldern eingesetzt, um so die Weihe auf Frucht und Vieh zu übertragen. Im Anschluß an die Thematik der nachösterlichen Zeit (Aufstieg nach Jerusalem) gelten die Wochen zwischen Ostern und Pfingsten als besonders glücklich. In dieser Zeit Sterbende würden selig werden.

P

PFINGSTEN

Pfingsten beschließt am 50. Tag nach Ostern den engeren Osterfestkreis, der als Freudenzeit betrachtet wird, und dem Gedenken an die Erlösung des Menschen, den Aufstieg nach Jerusalem (↗ Fronleichnam) und die Geburt der ersten christlichen Gemeinde mit der Ausgießung des Heiligen Geistes über die Apostel gilt. Zur Veranschaulichung dieses Gedankens hat man insbesondere in Südeuropa, aber auch im deutschen Sprachraum verschiedenenorts Rosen, lebende oder hölzerne Tauben und brennendes Papier von der Kirchendecke auf die Gemeinde herabfallen und -fliegen lassen. Daran hat sich etwa der „Aberglaube“ angeschlossen, daß von daher, wohin eine Taube nach der Landung blickte, die erste Leiche getragen werden würde. Andernorts gilt es als ungünstig, zu Pfingsten Äcker und Felder zu bewirtschaften, da so der Hl. Geist, der sich darüber ausgießen wolle, gestört werden würde.

Dem freudigen Aspekt der kirchlichen Feier entspricht die Wertung des ersten Pfingsttages als glücklich. An ihm Geborene gelten als Glückskinder. Umgekehrt begegnet der Glaube daran, daß zwischen Ostern und Pfingsten Verstorbene gut gewesen sein müßten und sogleich in den Himmel kämen. Die Himmelstore wären offen. Das entspricht dem Charakter der nachösterlichen Zeit bis zum zweiten Sonntag nach Pfingsten, die schon von Augustinus mit der Befreiung aus irdischen Ketten und dem Eingehen ins Himmelreich identifiziert worden war.

Pfingsten ist ferner ein Kristallisationstermin verschiedener Mai- und Frühlingsbräuche, die den Beginn der jährlichen

Wachstumsperiode, der Weide- und Almwirtschaft feiern: Umzüge mit dem schlachtreifen Pfingstochsen, Neckspiele und Pfingstumritte.
Aus dem Pfingstwetter schließt man auf die kommenden Witterungsverhältnisse. Wenn es Pfingsten regnet, so werde es 40 Tage regnen und die halbe Ernte verderbe.

PLANETEN
Die Beobachtung und Deutung der Planeten ist Hauptbestandteil der Astrologie und der ↗Horoskopie. Anders als die moderne wissenschaftliche Astronomie zählt die überlieferte Sternenkunde Mond und Sonne zu den Planeten, von denen nach antiker Lehre Venus, Merkur, Mars, Jupiter und Saturn bekannt waren. Somit waren insgesamt sieben Himmelskörper von den übrigen Fixsternen, Sternbildern und Kometen zu unterscheiden und zu beachten.
Noch heute begegnet die Auffassung, daß der Planet Venus im Zusammenhang der Liebe steht, der Planet Mars etwas mit Krieg und Unfrieden zu tun hat, und Merkur wird mit Handel und Reisen assoziiert. Die große Beachtung, die ferner dem Zu- und Abnehmen des Mondes gewidmet wird und die Benutzung sogenannter Planetenbücher für die Schicksalsprognose bei Neugeborenen zählen zu den modernen Relikten der mittelalterlichen Laienastrologie, die ihrerseits auf babylonisch-arabisch-griechischen Lehren der Antike fußt. Während die Entwicklungsgeschichte der Astrologie im Kapitel ↗Sternenglaube, Sterndeutung, Astrologie und im Zusammenhang der ↗Horoskopie behandelt wird, steht hier ein Überblick über das mittelalterliche Planetenbild an.
Da sind zunächst einmal die sogenannten Lunare zu beachten, das sind Listen mit Prognosen nach dem Mond. Es gab verschiedene Systeme, den Einfluß des Mondes auf Irdisches zu kalkulieren. Man unterschied etwa belichtete (gute) und unbelichtete (schlechte) Tage und Stunden oder beachtete die Stellung des Mondes in den Tierkreiszeichen. *„Der Mond in der Jungfrau ist geeignet zum Säen … zum Besuch verwitweter*

Frauen, zum Ankauf von Schiffen". Besondere Bedeutung maß man den Mondfinsternissen (↗Finsternisse) zu und dem Stand des Mondes in der Neujahrsnacht oder beim Aufgang des Sirius (↗Hundsstern). „*Ist der Mond zur Zeit des Siriusaufgangs im Löwen, dann wird eine reiche Ernte an Getreide, Öl und Wein zu erwarten sein, und alle übrigen Sachen werden billig sein*".
Daneben kursieren die Planetenbücher. Sie umfaßten etwa Hebdomadenlisten für Stunden und Wochentage. Es wurde angenommen, daß jeder Tag von dem Planeten beherrscht sei, dem die erste Stunde zukommt. In den folgenden Stunden herrschen zusätzlich die Planeten in der Reihenfolge des ptolemaischen Sphärenmodells. Nach Antiochus heißt es da: „*Ist Saturn Tagesgott, so sind die in der 1. (Saturn), 3. (Mars), 8. (Saturn, 10. (Mars) Stunde geborenen Kinder unedel und schädlich, und sterben gewaltsam. Ist Jupiter Tagesgott, so sind die in der 1., 4., 10. und 11. Stunde geborenen Herrscher berühmte Leute, jugendlich schön und anmutig*".
Daneben beachtete man die Jahresregenten, die nach dem Wochentag der Kalender des Januar bestimmt wurden und als Grundlage im wesentlichen meteorologischer Prognosen galten.
Weniger einflußreich war die Kalkulation mit Chronokratorien, mit Planetenherrschaft über einen Zeitraum von 1000 Jahren; eine Vorstellung, die auf persische Zeitmystik zurückweist. In der mittelalterlichen Laienastrologie war die Beachtung der Planetenstunden zentral. Nach Listen, wie etwa der aus der „Astronomia Teutsch" (1592) berechnete man den Planeteneinfluß auf die Tages- und Nachtstunden und richtete danach die Planung der Unternehmen (Reiseantritt, Handel, Landwirtschaft, medizinische Behandlung etc.).
Das Prinzip, wonach die Qualität des Planeteneinflusses bestimmt wurde, beruht auf der antiken, „naturwissenschaftlichen" Wesenskennzeichnung der Planeten. Die beruhte im wesentlichen auf den medizinischen Theorien über den Zusammenhang der vier Elemente und ihrer Mischungen mit physischen und psychischen Qualitäten sowie der beobachteten

Gestalt und Farbe der Planeten. Unmittelbaren Ausdruck fand diese Lehre in den entsprechenden Götternamen für fünf der sieben bekannten „Wandelsterne".
Seit der Antike hat man differenzierte Listen geführt, in denen die Wesensmerkmale der einzelnen Planeten, ihre allgemeinen Wirkungen und durch sie hervorgerufene Krankheiten, die Einflüsse auf Tiere, Pflanzen, Wetter und Gewässer sowie auf die Bildung menschlicher Charaktere, Temperamente, Beruf(ungen) und die Herrschaft über einzelne Körperteile beschrieben wurden. Zum Planeten Saturn heißt es da unter anderem, er sei kalt und naß, verursache auf Kälte beruhende Krankheiten wie Rheuma und Gicht, Wasser- und Lungensucht, Husten, Darmkatarrh und Gebärmutterbeschwerden. In seinem Einfluß Geborene hätten Demütigungen und Anklagen, Gefängnis, Folter und gewaltsamen Tod zu gewärtigen sowie den Verlust ihrer Haustiere. Stürme, Nebel, Eis und Schnee beeinträchtigten die Seefahrt, Heuschreckenplagen bedrohten die Ernte.
Saturnmenschen würden schwarzäugig, dunkelhäutig mit behaartem Körper, eigensinnige Mystiker, geizig und reich, *„solche, die an der Spitze von Werken stehen", „Leute, die feuchte Dinge tun"*, etwa Seefahrer oder Ackerbauer. Saturn herrsche über die Blase, die Schleimhäute und die Lymphen. Die große Bedeutung, die man dergestalt den Planeten zugemessen hat, hat sich im Mittelalter und in der Renaissance auch im Bereich der bildenden Künste, insbesondere der Malerei und in der Literatur niedergeschlagen.
Bekannt sind die Planetenkinderbilder, die die geschilderten planetarisch-menschlichen Zusammenhänge deutlich zu machen versuchen. Die individuelle Schicksalshaftigkeit des Saturneinflusses ist etwa mit Dürers „melencolia I" interpretiert und dargestellt worden.
Seit der Mitte des 15. Jahrhunderts gibt es deutschsprachige Verse, die das überlieferte Wissen und Deuten bezüglich der Planeten umfassen. Als Beispiel genüge hier abschließend ein vierzeiliges Gedicht zu Saturn:

„Alt, kalt, lelic unde onreyne,
Hat unde nyt ich oec meine
Also synt oeck al min kint,
Die onder my gheboren sint."

PLEJADEN

Die Plejaden oder das Siebengestirn hatten bei Griechen und Römern als Kalendergestirn Bedeutung. Nach ihrem Auf- oder Untergang bestimmten sie den Beginn und den Abbruch landwirtschaftlicher und seemännischer Arbeiten.

Woher der Begriff Plejaden stammt, ist ungeklärt (evtl. von altgr. πέλεια-Tauben). Das Gestirn ist jedenfalls schon in der Antike verschieden gedeutet worden, so als Regensterne, Schiffersterne und Staubkörner. Die antike Sternsage behandelt die Plejaden als Töchter des Riesen Atlas und der Okeanide Pleione, die ihrerseits Götter geheiratet haben und daher an den Himmel berufen wurden.

Schon nach Hiob 38,31 haben es die Juden in Beziehung zur Zeit gesetzt. Aus der Antike stammt ferner die geläufige Bezeichnung „Gluckhenne". Damit ist der vorderste, hellste Stern gemeint. Die „Gluckhenne" habe ihre Küken im Gefolge und sammele auch die übrigen Gestirne des Himmels ein.

In christlicher Deutung erscheinen die Plejaden als die Töchter eines Bäckers, der Christus die Bitte um Brot abschlug. Seine Frau und seine Töchter, die es ihm dennoch heimlich zusteckten, seien zum Lohn an den Himmel gesetzt worden, wohingegen der Bäcker zum Kuckuck (↗ Bäcker) verwandelt wurde. Er muß nun von Tiburti bis Johanni (vergeblich) nach ihnen rufen. In dieser Zeit sind die Plejaden nicht zu sehen.

Weniger „abergläubisch" als empirisch erscheint die Regel, wonach sich der Spätaufgang der Plejaden mit dem Einsetzen der Winterstürme verbinde.

Dagegen entsprechen Ansichten wie: *De sâbenstirn soll man nich tellen, dat sall unglück bringen* " oder *„bis zum Siebengestirn werden Menschen von Hexen gehoben* ", dem, was gemeinhin als „Aberglaube" bezeichnet wird.

PRIESTER, PFARRER

Sieht man von wenigen Ausnahmen ab, so betreffen die meisten „abergläubischen" Vorstellungen den katholischen Priester. Der Grund dafür liegt in der unterschiedlichen Bewertung des Amtes im kirchlichen Verständnis. Der evangelische Seelsorger wird wegen seiner gründlicheren Kenntnisse (des Evangeliums, des Kirchenrechts etc.) unter Mitwirkung der Gemeinde gewählt. Der katholische Priester aber, dessen Amt von Christus eingesetzt wurde, erhält eine bischöfliche Weihe, kraft derer er den Laien überlegen ist. Der Akt, in dem diese übersinnliche Kraft immer wieder demonstriert wird, ist die Wandlung. Dem Priester maß man daher auch größeren Einfluß auf Phänomene zu, die im „Aberglauben" zu wurzeln scheinen. „Abergläubischen" Vorstellungen ist er aber auch deshalb viel näher, weil die katholische Kirche die Existenz böser Dämonen und des Teufels anerkennt. Noch heute findet diese Lehre ihren Niederschlag beim Exorzieren. Von hieraus war es nur ein kleiner Schritt, dem Priester die Bannkraft über Landplagen, Unwetter, Feuergefahr und Hexen zu übertragen. Man braucht keine „primitive religiöse Volksschicht" zu bemühen, um „abergläubische" Vorstellungen, die in diesem Zusammenhang entstanden sind, zu erklären. Wo die Bevölkerung vom katholischen Priester der Gemeinde erwartete, daß er etwa Regen mache, Hagel abwehre, Heuschreckenschwärme vertreibe, die Ausbreitung eines Feuers verhindere oder Hexen aufspüre, Schätze hebe und Diebesgut beibringe (auch Pfarrer), tat sie nichts anderes, als geltende Lehre mit Leben zu erfüllen. Daß dabei nicht immer die Grenzen der offiziellen Lehrmeinung eingehalten wurden, wird man ungelehrten Laien nicht als „primitiven Aberglauben" anlasten dürfen. Unterschiede zwischen den bösen Dämonen, die die katholische Kirche anerkennt und „Geistern jeder Art", die das Handwörterbuch des deutschen Aberglaubens ausgrenzt, sind nicht ohne vertiefte Kenntnisse kirchlicher Definitionen erkennbar.

Die besonderen Kräfte, die dem Priester zugemessen wurden, erklären sich aber auch aus der medizinischen Tradition in der christlichen Kirche. Die höhere Bildung der Kleriker, ihre naturwissenschaftlichen Kenntnisse und die klösterlichen Kräutergärten waren ja bis zum Ausgang des Mittelalters die Garanten für die medizinische Versorgung der Bevölkerung. Hier wurde das Wissen um die Heilkraft der Arzneipflanzen entwickelt, tradiert und angewendet. Im Zusammenhang der Wunderheilungen Christi mußte die ärztliche Funktion der Geistlichen zu Auffassungen führen, die ihnen höhere (übermenschliche) Kräfte zumaßen.

Wenn man also geglaubt hat, daß die Berührung durch einen Priester heilkräftig sei oder von einem Platz, auf dem er gesessen hat, noch Heilkraft ausgehe, so ist dies aus einer undifferenzierten Glaubenshaltung des einfachen Laien durchaus verständlich.

Dem entgegen steht die außerordentlich negative Einschätzung des priesterlichen Angangs, d.h. der Begegnung mit einem Priester oder Pfarrer. Bei einigen Berufsständen (↗Fischer) galt sie als unglückbringend. Allgemein gilt der Angang am Morgen als ungünstig oder gar todbringend (↗Küster).

R

RAUM

„Abergläubische“ Vorstellungen zum Begriff „Raum“ lassen sich gemäß der natürlichen Raumstruktur differenzieren und umfassen die Himmelsrichtungen, das Meer, Flüsse und Seen, den Berg, den Wald und das Feld. Darüber hinaus hängen sie mit dem menschlichen Schaffen im Raum, mit Siedlung, Hausbau und Grenzziehung zusammen und reichen bis zum raumstrukturierenden und -beherrschenden Inventar, von dem hier der Herd, Tisch, Bett und Stuhl behandelt werden können. Allem „Aberglauben“, der sich in dieser Weise auf den Raum bezieht, ist gemein, daß er ihn mit Phänomenen aus der Geisterwelt, insbesondere mit armen Seelen, Totengeistern, teuflischen Gespenstern, hilfreichen und schädlichen Dämonen, Kobolden, Zwergen, Feen, Riesen und Hexen bevölkert.

Während die Himmelsrichtungen noch mit abstrakten Kräften (kreativ – Osten, böse, zauberisch – Westen/Norden) verglichen werden, nehmen die „abergläubischen“ Ansichten zur Bedeutung der natürlichen Raumstruktur figürliche Gestalt an. Das aufgewühlte Meer als Lebewesen, der Wassermann oder das Waldweiblein und versteinerte Riesen (Gebirge) sind dafür nur wenige Beispiele.

Am stärksten von derartigen Vorstellungen betroffen sind aber die Zeugnisse menschlichen Schaffens im Raum (Haus, Stall), hier insbesondere die Grenzen und Schwellen (Zaun, Tür, Schwelle, Fenster) als Aufenthaltsorte der armen Seelen oder anderer Geisterscheinungen. Das menschliche Dasein stellt sich mancherorts als Zusammenleben mit hilfreichen oder

schädlichen Dämonen dar, denen zahlreiche Bräuche gewidmet sind.
Seelenspeisungen, Abwehrriten, Opfergaben und Orakel seien hier zunächst als Beispiele genannt. Die Bräuche und Vorstellungen selbst werden in den einzelnen Stichwörtern beschrieben.
Es ist indes kaum anzunehmen, daß dieser „Aberglaube“ jeweils auf übersinnliche Erfahrungen oder Wahrnehmungen zurückgeht. Vieles entstammt wohl den antiken Mythologien, anderes resultiert aus einfachsten Analogieschlüssen und Assoziationen, manches aus sachlichen Gründen. Es war etwa bekannt, daß im Altertum die Leichen insbesondere von Kindern und Selbstmördern, gelegentlich aber auch der Angehörigen einer Hausgemeinschaft unter der Türschwelle, unter der Dachtraufe oder unter dem Herd begraben worden sind. Daß man auch später gerade solche Orte als Stätten des Arme-Seelen-Kults ansah, kann von hieraus betrachtet kaum verwundern. Vieles von dem, was gemeinhin als „Aberglaube“ angesehen wird, hängt ursächlich mit christlichen Lehrinhalten und ihrer symbolischen oder allegorischen Darstellung in Predigt, Literatur und bildender Kunst zusammen. Man kann es wohl nicht als „Aberglauben“ bezeichnen, wenn man nach dem Verscheiden eines Menschen die Fenster öffnete, um der Seele das Verlassen der Körperhülle zu ermöglichen. In der mittelalterlich-christlichen Kultur ist dieses Motiv überall greifbar. Die Seele erscheint da als kleiner Mensch, der dem Sterbenden vom Teufel aus dem Mund gezogen wird oder um den Engel und Teufel streiten. Daß derart figürliche Vorstellungen dann eben auch in die familiäre oder dörfliche Brauchpraxis eingegangen sind, erscheint nur logisch. Der große Komplex der Abwehrbräuche, die die Seelen Verstorbener betreffen (↗ Fenster, Tür, Grab, Begräbnis u. ö.), sind größtenteils daraus erklärlich und gehen nicht etwa aus überlieferter Volksweisheit oder übersinnlichen Wahrnehmungen hervor.

S

SAMSTAG

„Samstag“ knüpft im deutschen Sprachgebrauch an den jüdischen „Sabbatstag“ an, während das englische „saturday“ auf den alten Saturntag gründet. Neben „Samstag“ ist auch die Bezeichnung Sonnabend in Gebrauch, die die feierliche Nachmittags- und Abendruhe vor dem Sonntag meint und sich als Bezeichnung des ganzen Tages verschiedentlich durchgesetzt hat. Dort herrscht dann auch die Auffassung vor, daß der Sonnabend, wie der ↗Mittwoch, kein eigentlicher Tag sei, weshalb man es etwa vermied, zu säen.

Der Samstag ist von der Kirche der Maria geweiht worden und gilt der Vorbereitung des heiligen Sonntags, weshalb traditionell spätestens eine Stunde vor Sonnenuntergang die Arbeit niedergelegt wurde. Eine russische Redensart zeugt von den Feierabendvergnügen, die sich allgemein in der Einrichtung des Samstags als Bade-(und Aderlaß-)tag niedergeschlagen haben: *„Den Samstag feiert man dreifach, mit Bliny (eine Art Pfannkuchen) backen, in das Bad gehen und das Weibchen begatten.“* Weil Christus am Karsamstag im Grab ruhte, gilt die Nacht von Samstag auf Sonntag als Hexen- und Dämonenzeit. Aber in dieser Nacht sind auch die armen Seelen aus dem Fegefeuer entlassen (Spiegelung des Erlösungsmotivs?), weshalb man ihnen Speisen aufstellt. Im Zillertal wurde der beinahe sarkastisch anmutende Brauch geübt, ihnen ein Stück Butter auf den Dreifuß in der Kochstelle zu legen, damit sie ihre Brandwunden behandeln könnten (↗Allerheiligen). Verschiedene Zählweisen haben dazu geführt, daß der Samstag sowohl als „gerader“ Glückstag (von Montag aus gerechnet) erscheint, als auch (beginnend mit Sonntag) siebter Tag der Woche ist. Daraus erwuchsen religiöse Differenzen, da nach letzterer Auffassung ja der Samstag geheiligt sein müßte. Eine Vereinigung der Sabbatarier hat sich zeitweise dafür engagiert. Die Kirche charakterisiert den Samstag mit der Marienweihe als Pforte zur Erlösung, die mit Christi Auferstehung am Sonntag vollendet war.

SCHÄFER

Intensivierung und Industrialisierung der Landwirtschaft und die Bodenreformen der vergangenen Jahrzehnte haben den Berufsstand der Schäfer in Mitteleuropa heute fast vollständig verdrängt.

In einigen Landschaften (Lüneburger Heide, Niederbayern) gibt es aber noch große Herden, die unter der Obhut eines Schäfers stehen. Der „Aberglaube“, der sich mit diesem Berufsstand verbindet, wird aus zwei Quellen gespeist.

Als Außenseiter der Dorfgemeinschaft, dessen Tagwerk keiner Aufsicht oder Kontrolle unterlag, wurde der Schäfer zum Objekt der Projektion. Man glaubte, er sei mit geheimnisvollen Kräften begabt, und verdächtigte ihn (wie den Schinder) der Unehrlichkeit (↗Müller, Bäcker). Wohl nicht nur wegen des Stabreims hat man das Sprichwort tradiert:

„Schäfer und Schinder sind Geschwisterkinder.“

Seine besondere Nähe zur Natur, sein Aufenthalt auf abgelegenen Weiden und einsamen Bergen brachte dem Schäfer den Ruf ein, „überirdischen Wesen“ zu begegnen und sie zu kennen.

Die Sorge um das Vieh zog die besondere Beachtung von Wetterphänomenen und Heilpflanzwirkungen durch die Schäfer nach sich. So galten sie vielerorts als Wetterpropheten und Wunderheiler.

Früher war es an einigen Orten gebräuchlich, das jährliche Zusammentreffen der Schäferzunft mit besonderen Spielen festlich zu begehen. In Urach, Bretten und Wildberg, heute noch alle zwei Jahre in Markgröningen, fand und findet der Schäferlauf statt. Da laufen die Mädchen und Burschen (Nachkommen der Schäfermeister) barfuß über ein Stoppelfeld und dem Gewinner steht dann ein Hammel, der Gewinnerin ein Schaf zu. Dem schließt sich in Markgröningen der Schäfertanz an, der früher auch in Ulm, Rothenburg o. d. T. und Gera gepflegt wurde.

SCHALTJAHR

Der Aspekt des Veränderten, Ungewöhnlichen hat das Schaltjahr in weiten Bevölkerungskreisen in den Verruf gebracht, Unglück zu bringen. Vom 29. Februar ausgehend, der an diesem Tag Geborenen Geistersichtigkeit und Elend beschere, galt zunächst der Schaltmonat Februar und dann das ganze Jahr als schadenbringend. Viele Gewitter, Einbußen landwirtschaftlicher Erträge, Eheschwierigkeiten und Probleme mit dem Vieh würden mit einem Schaltjahr einhergehen.
Die Verkehrung des Gewohnten hat auch ihren Niederschlag darin gefunden, daß im Schaltjahr den Frauen besondere Vorrechte eingeräumt wurden, etwa das Recht, zu freien.

SCHINDER

Zu den unehrlichen Berufen, von denen hier bereits Bader, Müller und Schäfer behandelt wurden, zählt in ganz besonderem Maß der Schinder oder Abdecker. Jemanden einen solchen zu heißen stand unter Strafe und es gab zahlreiche Decknamen für ihn.
Der Schinder (wie auch der Scharfrichter) galt als ehrlos, weshalb er außerhalb der Dorfgemeinschaft oder der Stadt leben mußte. Er durfte ebensowenig wie seine Kinder in andere Zünfte aufgenommen werden.
Auch Tiere, die sich bereits in Händen eines Abdeckers befunden hatten, galten als unehrlich. Literarische Gestalt hat diese Auffassung etwa in Kleists „Michael Kohlhaas“ gewonnen.
Jemand, der dem Schinder oder Henker Schmalz oder Unschlitt abkaufte, dem sollte *„die Zunft verboten sein ein Jahr“*.

Wegen ihrer anatomischen Kenntnisse gerieten aber einige Schinder auch in den Ruf, besondere Heilkräfte zu besitzen. Bei ihnen hat man sich deshalb auch Rat und Hilfe besorgt. Im Gefolge des Schimmelreiters tritt der Abdecker im Faschingsbrauch in Krakaudorf auf.

SCHMIED

Der Schmied gehört zu den angesehensten Berufen im dörflichen Gemeinschaftsleben, da er ganz wesentliche Geräte (Handwerkszeug, Ackergerät) und Waffen liefert und repariert. Aber er schmiedet auch die eisernen Votive und gilt daher vielfach als Berater bei Viehkrankheiten.
Schon in den antiken griechischen und germanischen Mythen wird der Schmied als Götterwesen bezeichnet (Hephaistos, Wieland), weil er die den primitiven Waffen überlegenen Metallschwerter herstellt, deren günstige Eigenschaften auf den Produzenten übertragen wurden.
Wegen der Lage und Beschaffenheit des erforderlichen Erzes haben sich Sagenmotive herausgebildet, in denen Schmiede als Riesen oder Zwerge erscheinen, die in unterirdischen Höhlen und Gebirgsklüften hausen.
Der besonders positiven Bewertung des Schmieds und seines Handwerks stand aber auch die Meinung entgegen, daß der Schmied mit dem Teufel im Bunde stehe. Das rührt wohl zum Einen von der Gleichsetzung des Höllenfeuers mit dem Schmiedfeuer her und gründet zum Anderen in dem verbreiteten Motiv von der Pfaffenköchin, die zur Strafe für die Verführung ihres Arbeitgebers in der Hölle zum Roß verwandelt und dort von einem Schmied (ihrem Vater) beschlagen wird.
Dieses Motiv ist unter anderem in das Mitterndorfer Nikolospiel eingegangen, wo eine Figur als rußgeschwärzter Schmied auftritt, der gegen Ende der Vorstellung den Zuschauern mit einem Hammer auf die Füße schlägt. Der Schmied galt auch als derjenige, der in der Lage sei, Luzifer zu bannen, indem er seine Ketten schmiedet, ihn verschließt, in einen Sack steckt oder ihn auf dem Amboß kleinhämmert.

An bestimmten Tagen des Jahres, etwa in der Passionswoche, darf der Schmied nicht arbeiten, da sein Werkzeug die Erinnerung an das Leiden Christi (Hammer, Nägel) wachruft. Am Tag des hl. Florian ruht die Arbeit des Schmieds ebenfalls, da der Schutzheilige über das Feuer nicht herausgefordert werden sollte.
Im Brauch des Jahreslaufs übernehmen die Schmiede, wie die anderen Gewerke auch, bestimmte Aufgaben. Erwähnenswert ist hier u. a. die Ertränkung der Fastnachts-Symbolfigur durch die Schmiedezunft in Zürich.

SCHORNSTEIN

Der Begriff „Schornstein“ leitet sich wahrscheinlich vom niederdeutschen „scorenstein“ ab, der einen hervorschießenden Stein beschreibt. Ein allgemeiner Gebrauch von gemauerten Schornsteinen ist im mitteleuropäischen Raum nicht vor dem 14. Jahrhundert anzunehmen. Da erst hatte er das ältere Rauchloch über dem Ofen oder den primitiven Holzschlot verdrängt. Auch deswegen verknüpfen sich viele ältere „abergläubische“ Vorstellungen über den Schornstein mit dem Ofen oder dem Rauch und Ruß.
Hauptaspekt in der „abergläubischen“ Bewertung des Schornsteins ist das Hineinsehen oder Umwandeln des Kamins, das zwei Funktionen erfüllte. Es sollte einmal die Bindung von Mensch und Tier an das Haus stärken, weshalb man neues Dienstpersonal zuerst in den Schornstein zu sehen hieß. Jung vermählte Ehepaare sollten beim Eintritt in ihr neues Haus ebenfalls zuerst in den Schornstein schauen. Neugekaufte Hühner ließ man in den Rauchfang blicken, wobei man die Formel aufsagte: *„Du gehörst in mein Haus wie der Büttel aufs Rathaus“*. In „der alten Weiber Philosophey“ ist demgemäß zu lesen: *„Welcher seine Katz oder Hund daheym behalten will, daß sie nicht außlauffen, der treib sie dreymal umb die Haal (Kesselhäng) und reib ihren arß an die Maur des Schornsteins, so bleiben sie immer daheym“*.
Andererseits galt der Blick in den Schornstein, den man auch

als Wohnstätte der Hexen und Dämonen angesehen hat, der Zukunftserforschung (↗Zaun, ↗Grenze). Junge Mädchen zogen sich nackt aus und blickten in der Andreas- oder Neujahrsnacht (↗Neujahr) in den Schornstein, um ihren künftigen Bräutigam zu sehen.

Den aufsteigenden und abziehenden Rauch hat man aber ähnlich wie bewegtes Wasser (↗Fluß) und vergehendes Leben (↗Leiche) zu Heilzwecken zu nutzen gesucht. Aus dem einfachen Schluß, daß man Krankheiten auf den Rauch übertragen könne, der sie mitnehme und sie auflöse, sind eine ganze Reihe „volksmedizinischer" Behandlungen entstanden, die etwa der Heilung von Rheuma und Fieber dienen sollten. Gegen Rheuma hängte man einen Lappen, der zuvor dem Kranken aufgelegt worden war, in den Schornstein. In Norddeutschland schrieb man bei Fieber in den Schornstein: *„Fewer blieb ut, N.N. ist nich to Hus"* (↗Tür).

Allgemein galt die Hoffnung, daß sich das Element des Vertrocknens, Abziehens, Entweichens der Krankheit mitteile, weshalb es auch einmal heißt: *„gebrech und gebruch flieg mit dem rauch in den Zug!"*

Dieses Assoziationsfeld umfaßte sogar auch verschiedene Zauber: Gegen lästige Liebschaften sollte es helfen, etwas vom Leib der betreffenden Person in den Schornstein zu hängen und dort vertrocknen zu lassen. Damit schwinde dann auch die Liebe oder gar der Leib selbst.

Siechtum wollte man jemandem damit verschaffen, daß man ein Rasenstück, auf dem der Betreffende gestanden hatte, in den Schornstein hing und es dort ausdörrte.

SCHWANGERSCHAFT

Der „Aberglaube" um die Schwangerschaft hat viele verschiedene Aspekte und umfaßt das weite Assoziationsfeld „Fruchtbarkeit" ebenso wie religiöse Gebote, besondere Verhaltensweisen während der Schwangerschaft, ihre Gefahren und vorbeugende Maßnahmen gegen diese, Schwangerschaftsorakel und Geschlechtsprognosen.

Der Zusammenhang, in dem die schwangere Frau mit allem Gebärenden gesehen wird, scheint etwa in Auffassung durch, wonach sie einer trächtigen Stute aus ihrer Schürze zu fressen geben solle oder junge Obstbäume vor der Ernte zu schütteln habe. Literarische Form hat diesem Gedanken etwa Theodor Storm gegeben:

„Klingt im Wind ein Wiegenlied,
Sonne warm hernieder sieht,
Seine Ähren senkt das Korn,
Rote Beere schwillt am Dorn,
Schwer vom Segen ist die Flur –
Junge Frau, was sinnst du nur?"

Die sittliche Wertung der Schwangeren ist ambivalent. Während ihr einerseits die gebührende Achtung und Rücksichtnahme zukam – dies wohl im Hinblick auf die geratene Schonung des reifenden Embryos, unterlag sie andererseits verschiedenen Formen von Schmähung und Spott. Ausgehend vom altjüdischen Glauben an die Unreinheit der schwangeren und gebärenden Frau, deren Zustand auf sündiger Empfängnis basiere und eines Reinigungsopfers bedürfe (vgl. Lev 12), war die Schwangerschaft in klerikalen Zirkeln oft Gegenstand der Verachtung. Im „Volk" kursierten verächtliche Redensarten und in der Kirche erhielten Schwangere teilweise gesonderte Plätze in der hintersten Bank oder sie mußten stehen.

Dem entgegen stehen aber ungezählte Belege über die Vorrechte der Schwangeren im häuslichen Leben: bei Tisch, beim Eintritt in fremde Wohnungen und Gärten. Den Bitten und Gelüsten einer Schwangeren wurde in der Regel besondere Aufmerksamkeit zuteil, da das Abschlagen einer Bitte auf denjenigen zurückfalle, der diese Rücksicht nicht nehme. Dem Hang einer Schwangeren zu besonderen Speisen (auch Kleidern oder Umgebungen) sollte nachgegeben werden, da das Kind sonst Schaden nehme.

So glaubte man, daß ein Kind immer die Zunge herausstrecken werde, wenn seiner Mutter von guten Speisen nicht abgegeben

werde oder man führte Muttermale auf unbefriedigte Gelüste nach unreifem Obst zurück.
Das Verhalten einer Schwangeren war umgrenzt von zahlreichen Reglementierungen. Begehe die Schwangere Unrecht, so werde das Kind dasselbe tun, steige sie durch ein Fenster, so werde das Kind zum Dieb, trinke sie aus der Flasche, so werde das Kind zum Säufer, setze sie sich auf ein Wassergefäß, so werde das Kind ertrinken ...
Zugrunde liegt dabei die Vorstellung, daß die Schwangere nicht mehr nur für sich selbst Verantwortung trage, daß in ihr bereits eine zweite Persönlichkeit entstehe. Das hatte auch Folgen in verschiedenen Rechtsbräuchen: eine Schwangere durfte nicht aufs Rathaus geladen oder zum Eid verpflichtet werden, weil sie nicht mehr als vollgültige Rechtsperson anerkannt werden konnte.
Kurios erscheinen die Mittel, mit denen eine Schwangerschaft nachgewiesen, ihre Dauer oder das Geschlecht des Kindes bestimmt werden sollte. Alkohol auf einem metallenen Löffel, über Nacht in einem kupfernen Gefäß mit Urin belassen, galt als Indikator. Zeige der Löffel (oder eine Nadel) am Morgen rote Flecke (Oxydation?), so sei die Frau schwanger. Gebe eine Schwangere einer Stute aus ihrer Schürze zu fressen, so würden die übriggebliebenen Körner die Tage bis zur Geburt anzeigen. Längere oder unruhige Schwangerschaft wurde als Indiz für die Geburt eines Knaben betrachtet, während Sodbrennen die Geburt eines Mädchens ankünde.

SEE

Der See unterscheidet sich vom Fluß durch den Stillstand seines Wassers und vom Meer durch seine Begrenztheit. Deswegen werden Seen, die man etwa zu Heilzwecken aufsucht, umwandelt, wobei bestimmte Zauberformeln aufgesagt werden. Das Element „Bewegung“, das der Fluß ohne menschliches Zutun liefert, muß beim See erst erbracht werden. Seen sind wegen ihrer oft trügerischen Harmlosigkeit und der Kenntnis oft unterirdischer Verbindung mit anderen Seen und

Wasserläufen von vielfältigen „abergläubischen“ Vorstellungen umrankt.
Ihre Entstehung hat man etwa auf das Geheiß der Jungfrau Maria zurückgeführt, die eine Rotte plündernder Soldaten ertränken wollte. Auf Wunsch dreier Jungfrauen sei der Ammersee entstanden, während der Walchsee dort liegt, wo zuvor ein Wald gestanden habe, um den sich zwei Nachbarn stritten. Auf verschiedene Frevel führt man bestimmte Gebirgsseen zurück, die eine Alm etwa ertränkten, auf der der Senn Kegel aus Butter geformt hätte. Gebäude Gottloser können in Seen versinken.
Sagenhaft ist die Entstehung eines Sees aus dem verschütteten Tropfen eines Bechers, den ein Riese hielt oder aus dem Urin eines Mädchens, das 14 Tage nicht uriniert hatte.
Unterirdische Verbindungen verschiedener Seen hat man damit zu erklären versucht: *„es ist nicht unmöglich, daß hier einmal das wilde Heer durchgerumpelt ist und die Verbindung hergestellt hat“*.
Neben dem Entstehen eines Sees ist aber auch seine Bevölkerung mit Dämonen und Fabelwesen Gegenstand des „Aberglaubens“. Seegeister, die die gefangenen Fische zurückfordern, sind da ebenso bekannt wie gefährliche Wesen in Bärengestalt (Tirol), in Gestalt böser Weiber oder in den See gebannter Frevler. Ihnen gemein ist das nächtliche Auftauchen, Erschrecken oder Schädigen der Seeanwohner. Berühmtestes Beispiel für ein Fabelwesen, das im See hause, ist das schottische „Ungeheuer von Loch Ness“ – in der Moderne auch liebevoll „Nessie“ genannt. So wie der ↗Fluß fordert auch der See Opfer. Es gibt Motive, wonach Menschen zu bestimmten Zeiten von geheimnisvollen Seegeistern in die Tiefe gelockt werden oder beim Genuß des Wassers plötzlich verstarben. Ein Kind, das im Sternzeichen des Wassermanns geboren wurde und auf dem Weg zur Taufe an einem stehenden Wasser vorbeigetragen werden mußte, soll nur dadurch vor Wasserschaden bewahrt worden sein, daß man dem Wassermann ein Geldstück

zuwarf mit den Worten: *„Da hast du das Deine, laß mir das Meine".*
Literarische Gestalt hat dieser Opfergedanke etwa in Schillers „Tell" gewonnen, wo es heißt: *„ 's ist heut Simon und Judae, da rast der See und will sein Opfer haben".*

SEELE

Vorstellungen über die menschliche Seele treten am deutlichsten im Arme-Seelen-Kult des Christentums hervor, der seinerseits wohl griechisch-antike und naturmythologische Quellen hat. Der Glaube an die Höllenstrafe für die verdammten Seelen und die Sühne der Versöhnten im Fegefeuer ist geläufig und hat zahlreiche Anschauungen und Bräuche geprägt. Im Zentrum dieser Glaubensformen steht die Auffassung, daß die Seele nicht mit dem Leib endet, sondern nach dem Tod des Körpers ein Eigenleben führt: etwa durch die Lüfte wandert, bis die Schuld gebüßt ist, Tätigkeiten ausübt, die der Vergeltung einstiger Vergehen dienen und entsprechen oder in mancherlei Gestalt den Lebenden begegnet. Es gibt besondere Zeiten, in denen (ein) Gott den Seelen erlaube, zu den Menschen zurückzukehren.
Ovid berichtet schon von vorchristlichen Seelenspeisungen im alten Rom und quer durch alle Kulturen (Europas) herrscht der Glaube an die Wiederkehr der Seelen in Tiergestalt (besonders Vögel, Schmetterlinge, Schlange, Kröte), in menschlicher Gestalt (Arme-Seelen-Speisung) (↗Samstag, ↗Allerheiligen) oder als Irrlicht vor. Im Christentum hat der Grundgedanke an die Fortdauer der Seele nach dem Tod zur Ausbildung einer weitläufigen Arme-Seelen-Kultur geführt, die etwa im Allerseelenfest am 2. November Gestalt gewann. Besonders an diesem Tag wird der Auffassung Ausdruck gegeben, wonach man den Seelen der Verstorbenen durch Gebete und gute Werke beistehen und ihre Leidenszeit im Fegefeuer abkürzen könne. Bedeutend war im Mittelalter die (noch vereinzelt bis ins 19. Jahrhundert) geübte Institution von Seelenbädern für die Armen, die – im (katholischen) Glauben an die Verdienstlichkeit der guten

Werke – um des Seelenheils eines Verstorbenen willen gestiftet wurden. Damit die *„arme Seele ihre Ruhe bekomme"* oder damit ihr zumindest ein Teil der Sündenstrafen erlassen werde, haben viele wohlhabende Bürger derartige Seelenbad-Vermächtnisse hinterlassen, aus deren Mitteln den Armen Bäder verabreicht wurden (sowohl kurzfristig für die Dauer eines Jahres einmal wöchentlich als auch für „ewige Zeiten").

Die an den Gräbern entzündeten Lichter verkörpern die Ansicht, wonach Licht nötig sei, um zur Anschauung Gottes zu gelangen. Zahlreiche Bräuche verbinden sich mit der Erwartung der Wiederkehr der armen Seelen, denen zu bestimmten Zeiten (Todestage, Allerseelen, Weihnachten, Neujahr, Fastenzeit) Speise- und Trankopfer aufgestellt werden.

Vielerorts werden am Allerseelentag eigens geformte Seelenwecken gebacken, die ursprünglich zur Speisung der armen Seelen gedacht waren. Im Begriff des „Allerseelenwindes" lebt die Auffassung fort, wonach die Seelen in den Lüften umherziehen. Bekannte Topoi sind die „Waffenhilfe der Toten" oder der Kampf der „guten und bösen Dämonen" um den Besitz der Seele. In einer Redensart, wonach jemand hinter etwas her sei *„wie der Teufel hinter der armen Seele"*, lebt dieses Motiv fort.

Der Glaube an das Fortleben der Seele in Tiergestalt hat wohl am eindrucksvollsten in der antiken Vogelmetapher Gestalt gewonnen, wo etwa die zum Himmel aufsteigende Seele Alexanders d. Gr. als Adler dargestellt wurde oder die des Peregrinus als Geier. Im deutschen „Aberglauben" leben derartige Vorstellungen etwa in Deutungen fort, wonach die Vögel, die am Allerseelentag die Grabkreuze auf den Friedhöfen umflattern, verwandelte Seelen Verstorbener seien. Die Wiederkehr der Seelen drückt sich in den Schöpfungen von Sirenen, Eumeniden, Erinyen und Harpyien aus. Im antiken Griechenland, aber auch im germanischen Mythos gibt es die Allegorie der Seelenüberfahrt, die vom Leben über einen Fluß ins Totenreich leiten würde. Was bei den Griechen der Acheron, war bei den Germanen der Rhein und die Donau. Vor der „Hel" und der „Walhalla“ fließe ein Strom, den die Seele zu überqueren habe. Der Standort der Walhalla bei Regensburg an der Donau trägt diesem Gedanken ebenso Rechnung, wie die Redensart, wonach man jemanden *„ans andere Ufer befördern“* (d.h. töten) könne.

SEPTEMBER

Von seiner Stellung im altrömischen Kalender heißt der nunmehr neunte Monat des Jahres September (von septem = sieben). Im deutschen Sprachgebrauch waren einst die Bezeichnungen „Herbstmonat“ oder auch „der ander August“ verbreitet. „Saumonat“ bezog sich auf den Beginn der Wildschweinjagd.

In der „Volksmedizin“ wird nun – mit dem Anbruch der Schlacht- und Jagdsaison – geraten, *„sich der Gänse, Kapaunen, ... Rebhühner auch Schnepfen, Fasanen, Krametsvögel, Wachteln und Staren (zu) bedienen“*. Im übrigen sei die Zeit zur Reinigung durch Bäder, Aderlaß und Purgieren gekommen.

Interessant ist eine Wetterregel, die besagt: *„Wenn der September noch donnern kann, / Setzen die Bäume viel Blüten an“*, wofür es eine antike Quelle gibt. Aus der römischen Kaiserzeit ist überliefert: *„Wenn im September Donner oder Blitz am Tage eintritt, so werden günstige Sterne sein und viel heitere Tage; alle junge Frucht wird schön erblühen.“*

SOMMER

„Sommer“ kommt von samá (Sanskrit) (griech. ὁμός = gleich) und meint soviel wie die dem Winter entsprechende gute Jahreszeit. Im heutigen griechischen Sprachgebrauch heißt Sommer „καλοκαῖρι“ (gute Zeit). Das erinnert an die ursprüngliche Zweiteilung des Jahres, die auch in Altägypten, Indien und Südeuropa gängig war. Die bekannten Bräuche, die sich mit dem „Sommereinholen“, dem „Wecken des Sommers“ oder den „Sommer-Winter-Kämpfen“ verbinden, finden dieser Teilung gemäß im Frühjahr statt. Sie sind indes wohl zum überwiegenden Teil erst junge und jüngste

Schöpfungen oder Umdeutungen älterer christlicher Bräuche wie dem „Todaustragen“ am ↗Laetaresonntag, das ursprünglich aus dem Zusammenhang mit entsprechenden Perikopen (vgl. HTB Bd. 1293) entstanden ist. Das angegliederte Einholen der Sommerdocken (Westböhmen) ist dabei weder zentral noch ursprünglich. Derartige Bräuche sind jedenfalls sicher nicht kontinuierlich aus germanischen oder keltischen Riten, die den Anbruch des Sommers umrahmten, überliefert worden.
Die Zeit des Sommers ist schwerer Landarbeit und der Ernte vorbehalten, was sich auch darin niedergeschlagen hat, daß die abendländisch-christliche Kultur keine eigentlichen Sommerfeste hervorgebracht hat. Mit dem Fronleichnamsfest endet die österliche Periode. Und sieht man von der Begehung der Sonnenwende am 24. Juni ab, so setzt die Hauptfestzeit, die bräuchlich gestaltet wird, erst im ↗November wieder ein.

SONNE

Die Sonne hat als das lebenspendende Tagesgestirn weniger dämonische als pragmatische und dingliche Anschauungen geprägt. Letztere spiegeln sich etwa in Erzählungen, in denen es vorkommt, daß Nonnen oder alte Frauen ihre Wäsche (Regenschirm, Mantel, Hut) an Sonnenstrahlen aufhängen. Das geht wohl letztlich auf eine Beschreibung Konrads von Megenberg zurück, wo die Sonnenstrahlen als Stränge, die zur Erde reichen, gewertet werden. Als Märchenmotiv ist der Vergleich der Sonne mit einem goldenen Ball der Maria bekannt, und es gibt Sagen, wonach die Sonne wie eine Flagge am Morgen von einem Riesen auf- und am Abend heruntergezogen würde.
Man spricht vom Zerspleißen der verbrauchten Abendsonne durch alte Jungfern im Himmel, die damit neuen Sternenvorrat schaffen, und von einer goldenen Himmelsschüssel, deren geputzter glänzender Innenboden von Gott als Sonne und deren abgenutzter Außenboden als Mond eingesetzt worden wären. Andere Vorstellungen betreffen die Sonne als Lampe oder Fenster Gottes.

Schon in der Antike sind Sonnenbeobachtungen für Wetterprognosen ausgewertet worden (↗Planeten). Besonders Luftspiegelungen, die Nebensonnen aufscheinen lassen, oder scheinbarer Sonnenstillstand sind dabei negativ (Sturm, Regen, Krieg) ausgelegt worden. Als Wunderzeichen Gottes sind diese Erscheinungen von Paracelsus gewürdigt worden.
Für die Wetterprognose geläufiger war aber die Charakteristik des Sonnenauf- und -untergangs, die man je nach Farbe, Helligkeit und Begleiterscheinungen (Wolken, Schwüle) wertete. Da heißt es etwa bei Vergil: „*Wenn unrein sie den Aufgang zeigt, mit Flecken betupfet, Halb in Wolken versteckt, die Mitte der Schale verdunkelt, / Rechnen auf Regen du magst; vom Meer andränget der Südwind ... /*“. Bei Plinius steht dagegen: „*Geht die Sonne rein auf, ohne Schwüle zu verursachen, so kündigt sie einen heiteren Tag an. Ging sie auch am Abend vorher heiter unter, so darf man zuversichtlich auf heiteres Wetter rechnen*“. Diese antike Wetterkunde ist handschriftlich bis ins 14./15. Jahrhundert überliefert worden. Eine Madrider Handschrift des 14. Jahrhunderts enthält etwa folgende Passage: „*Wenn die Sonne rein und ungetrübt untergeht, kündet sie heiteres Wetter für den folgenden Tag an*“. Mit der Bauernpraktik (↗Sternglaube etc.), Reynman's Wetterbüchlein und Grimmelshausen, Kalendern (↗Kalender) und astrologischen Schriften sind solche Regeln tradiert worden. So liest man bei Grimmelshausen: „*So die Sonne klar aufgeht oder ein dünn klein Wölklein vor ihr erscheint; item wenn sie klar und ohne Wolken niedergehet, bedeuts, daß es den folgenden Tag schön helle wird, geht sie schon ohne Wolken nieder und erheben sich darnach nah darbey rote Wolken so wirds weder die Nacht noch den folgenden Tag regnen, gleichwie auch die roten zerstreuten Wolken beym Niedergang der Sonne keinen Regen anzeigen*“.
Viele sogenannte Bauernregeln schließen an diese Überlieferung an. „*Der schöne, rote, klare und heitere Untergang der Sonne ist immer ein Zeichen für schönes Wetter am folgenden Tag*“. In Mecklenburg heißt es umgekehrt (bei Wolken): *Dei Sünn geit unnern Sump, Morgen regent plump*“. Astrologischer

Natur sind abgeleitete Prognosen aus dem Sonnenschein bestimmter Jahrestage (Weihnachten, Zwölften, Neujahr, Lichtmeß, Fastnacht, Ostern) und Vorhersagen medizinischer und politischer Richtung. „Volkstümlich" sind indes die am Ende der Wetterkunde-Überlieferung stehenden Kinderreime:

„Leew Sünn, kumm wedder
Mit de blanke Fedder
Mit dem gollen Strahl
Und noch vel dusendmal".

Parallel zu diesen pragmatisch-dinglichen Deutungen der Sonne haben sich aber auch Glaubensvorstellungen entwikkelt, die an eine wesenhaft-göttliche oder dämonische Natur der Sonne anschließen. Man spricht etwa vom „gehörnten Mittag" (↗Mittag) oder betete die Sonne an: *„Liebe Sonne, komm herab und nimm mir die 77 Fieber ab".* Gegen solche Sonnenverehrung haben sich die christlichen Prediger seit dem frühen Christentum gewandt. Im Mittelalter fand diese Ablehnung etwa Gestalt in Versen des Hans Vintler: *„Und etlich leut hond die tick / Das sy den teüffel petten an, / Sterne, sonnen und auch den mond".*

Wieweit solche religiösen Riten dem germanischen Sonnenkult (Sonnenwagen, Sonnenscheiben) entspringen oder der gelehrten Planetenastrologie (↗Planeten), bleibe hier dahingestellt. Wesentlich erscheint uns aber die allegorische Auffassung der Maria als Sonne, die im Glanze aller Tugenden, aller Reinheit und aller Seligkeit erstrahle (Konrad von Megenberg nach dem Hohenlied Salomons: *„Wer ist diese, die da herabschaut wie Morgenrot, schön wie der Mond, rein wie die Sonne, majestätisch gleich den Bannerscharen?"*) und die Behandlung politischer und religiöser Führer (römische Kaiser, Jesus Christus, Adolf Hitler) als „sol invictus". Die Parallele Maria – Sonne scheint noch in der Benennung des Marien- oder Sonnenkäfers durch. Im „Volksleben" hat die Zeit von Sonnenuntergang bis Sonnenaufgang eigene Vorstellungen geprägt. Da gilt es als gefährlich, Feld- und Gartenarbeit zu verrichten, Dinge aus dem Haus zu geben oder zu melken. Die Zeit, in der die Sonne nicht scheint, ist dem Walten der Hexen, Geister und Dämonen vorbehalten.

SONNTAG

In der Bezeichnung „Sonntag“ hat sich das lateinische „dies Solis“ erhalten, das der Planetenwoche folgte, während die romanischen Sprachen das christliche „dies dominicus“ absorbierten (frz. dimanche, ital. domenica). Im kirchlichen Bereich hat daher jeder Sonntag noch einen weiteren Namen. Sonntage sind der hl. Dreifaltigkeit geweiht.
Seit je ist die Sonntagsheiligung mit ihren Arbeitsverboten und Vorschriften zum Messebesuch problematisch gewesen, da sowohl Jesus als auch Paulus sie nicht gefordert hatten und man über Jahrhunderte hinweg auch keinen Anklängen an die jüdische Sabbatruhe Vorschub leisten wollte. Die Einsetzung des ersten Tags der jüdischen Woche zum Tag des Herrn galt dieser Abgrenzung und bezog sich ferner auf die Auferstehung Christi am Sonntag. Der „Tag des Herrn“ findet sich schon in Apk 1,10. So traf der wöchentliche Feiertag zusammen mit dem Sonnentag der römischen Planetenwoche. Konstantin d. Gr. hat in seinem Sonntagsgesetz vom 7. März 321 für die städtische Bevölkerung Arbeitseinstellung angeordnet. Zuvor war die Sonntagsheiligung freiwillig. Das Problem wurde von den Synoden und Konzilien immer wieder diskutiert. Auf dem Konzil von Macon (588) wurde schließlich formuliert, daß Christus zwar körperliche Ruhe nicht verordnet habe, aber der Gehorsam gegen die Kirche, die den Sonntag für alle Zeit zum Ruhetag bestimmt hat, die Innehaltung der Anordnungen gebiete. Entsprechende Exempeldichtungen haben in der Folgezeit Verstöße gegen die Sonntagsheiligung und ihre Bestrafung dargestellt und pädagogisch aufbereitet. Im allgemeinen gilt der Sonntag als Glückstag, Sonntagskinder gelten als glücklich. Das hängt mit astrologischen Überlieferungen zur Sonne und zum Sonnentag der Planetenwoche zusammen und entspricht dem christlichen Thema der Erlösung des Menschengeschlechts am Tag des Herrn.

Der Sonntag wurde daher auch gerne für Taufe und Hochzeit gewählt, für den Einzug ins neue Heim und das Richtfest.

STALL UND SCHEUNE

Während „Stall“ allgemein als Bezeichnung für den Stellplatz des Viehs in Gebrauch ist, umfaßt der Begriff „Scheune“ eine die Feldfrüchte beschützende bauliche Konstruktion. Stall und Scheune beherbergen das Vermögen der Landbevölkerung und werden daher mit besonderer Sorgfalt errichtet, gepflegt und nach „abergläubischen“ Traditionen umsorgt.

Da gibt es zunächst einmal ungezählte Apotropeia: an die Stalltür genagelte Raubvögel, Fledermäuse, Eulen gegen Blitz und Feuersgefahr, am Giebel aufgehängte Köpfe notgeschlachteten Viehs (Pferd, Kuh, Ziege) und die aus christlichem Gebrauch stammenden Osterpalmen, Martinsgerten, Erntemaien oder geweihte Kräuter, mit denen man kirchlichen Segen auf das Vieh und die eingebrachte Ernte zu übertragen suchte. Gerade aus dem Mittelalter sind viele Berichte überliefert, nach denen Geistliche um Hilfe gegen böse Stallgeister und Hexen gebeten wurden. Da gibt es Empfehlungen wie die des berühmten Berthold von Regensburg: *„gangk hin an aynem Sampthage in der Goltfasten zew eynem Galgen und sneydt mit deynem Brodtmesßer eyn stugkleyn aus dem galgen, dar an lewt gehenckt ßeyn worden, unde nym den span von dem galgen und lege den unter die schwellen an der thür des Kuestalles ...“*, dann könne die Milchhexe keine Milch mehr stehlen.

In den alpenländischen Hexenprozessen des 16. Jahrhunderts spielen solche Motive eine große Rolle. Die Verhexung eines Stalls wollte man etwa daran erkannt haben, daß die Wände Salpeter ansetzten. Aus Rapperswil und dem Sarntal wird überliefert, daß man in solchen Fällen Klostergeistliche holte, die die Hexe bannen sollten.

Sichtbaren Ausdruck sollen einige Exorzismen darin gefunden haben, daß schwarze Katzen oder große Kröten bei der Austreibung den Stall verließen.

In Unterwalden habe ein Kapuziner in den Stallecken „Malefizpulver" vergraben lassen, um den bösen Dämon unschädlich zu machen.

Man fürchtete aber nicht nur den Einfluß von Hexen auf die Milchleistung oder den Verlauf einer Viehseuche, sondern auch die Wiederkehr der Toten, tiergestaltige Ungeheuer und spezielle Hofgeister wie den „Jüdel" oder das „Hebräerchen" im Erzgebirge. Dessen Benennung legt den Schluß nahe, daß solche „abergläubischen" Gespenstergeschichten auf christlichen Glaubensgrundsätzen beruhten.

Anlaß zu Vorstellungen vom Unwesen schädlicher Dämonen im Stall haben zuerst wohl verwirrte Viehketten, zersauste oder verfilzte Mähnen und Schweife, unerklärliche Minderung der Milchleistung, plötzliche Unruhe im Stall, tödlich verlaufende Viehkrankheiten und ähnliche Phänomene gegeben, deren natürliche Erklärung in weniger aufgeklärten Zeiten vielleicht nicht so nahe lag wie heute. Mit dem Wirken teuflischer Dämonen, der Seelen (verbrecherischer) Verstorbener, den „schädlichen" Einflüssen Andersgläubiger war ja auch zugleich ein Motiv gegeben, das die Rettung des Vermögens durch christliche Geistliche nahelegte und nötig erscheinen ließ.

Dies mag gerade in weniger zivilisierten Regionen ein wichtiger Ansatzpunkt gewesen sein, die christliche Lehre und die kirchliche Macht der Landbevölkerung zu veranschaulichen. Es ist kaum anzunehmen, daß die Bezeichnung „Hebräerchen" für einen Stalldämonen von der Bevölkerung selbst gewählt worden ist. Wo indes ein Geistlicher nicht zur Verfügung stand, behalf sich die Bevölkerung mit anderen Mitteln. Bestimmte Tieropfer sind gebracht worden, oder man bediente sich geweihter Ostereier, bestimmter Kreuzzeichen, Gebete und Segensformeln, um den Stall wieder rein und gesund zu bekommen.

Es gab auch verschiedene Gebräuche, die den Stallsegen prophylaktisch zu stärken und zu erhalten suchten. Etwa das Verbot, den Stall am Aschermittwoch zu öffnen oder ihn am Karfreitag mit Licht zu betreten.

Andererseits sind Auffassungen vertreten worden, wonach in Stall und Scheune auch nützliche Geister wirken. Die Heinzelmännchen, Zwerge, Stallkoberchen und Holzweiblein sollen für die Pflege des Viehs und die Säuberung des Stalls zuständig gewesen sein.
Dort, wo man sich den Aufenthalt guter oder böser Dämonen dachte, suchte man auch meist die Zukunft zu erforschen (↗Zaun). Junge Mädchen haben vielerorts des Nachts am Stall geklopft und aus dem Blöken, Grunzen, Wiehern oder Meckern des ersten aufgewachten Tiers auf Charaktereigenschaften des zukünftigen Gatten geschlossen. Andernorts glaubte man aus den Stallgeräuschen das heraushorchen zu können, was im kommenden Jahr geschehen werde.

STERN

Einige besonders auffällige Fixsterne spielen in der ↗Horoskopie eine Rolle. Stellvertretend seien hier der ↗„Hundsstern" Sirius, die Wega, der Polarstern und Aldebaran genannt. Die meisten der noch in der Neuzeit vertretenen Ansichten über die Einflüsse der Fixsterne auf den Menschen sind kontinuierlich aus der Antike tradiert und schon bei Arabern und Babyloniern vertreten worden.
Verschiedene Einzelheiten sind aus der griechischen und römischen Antike überliefert und bei Homer, Hesiod und Plinius greifbar.
Im germanischen Kulturkreis spielte der „Leidharstjarna", der Polarstern, schon eine Rolle als Leitstern der Seefahrer. Der „Hahnstern" Wega in der Leier wurde von den Schildhahnjägern als Orientierungshilfe beachtet, dergestalt, daß die Zeit für den Aufbruch zur Jagd dann gekommen sei, wenn man zur Beobachtung des Sterns den Kopf so weit zurückbiegen muß, bis der Hut herabfällt. Das ist die Zeit von Ende April bis Mitte Mai gegen halb zwei Uhr morgens.
Neben solchen pragmatischen Hilfen, zu denen man die Fixsterne herangezogen hat, haben aber im wesentlichen mythi-

sche Vorstellungen Tradition gebildet, die davon ausgingen, daß im Fixstern eine Gottheit wirke.
Anders als bei den ↗Sternbildern und ↗Planeten, ist dessen Einfluß auf den Menschen aber immer wieder stark eingeschränkt worden. Schon Ptolemaios wollte die Bedeutung der Fixsterne nur für Wetterprognosen gelten lassen. Prinzipiell hat man die Fixsterne mit den Planeten, von denen stärkere Wirkung auf den Menschen ausgehe, verglichen und etwa davon gesprochen, daß Aldebaran „feucht und von Venusnatur" sei. Als eine der Begründungen für die eingeschränkte Beachtung der Fixsterne im Rahmen der Horoskopie ist angegeben worden, daß der Umlauf eines Fixsterns 36000 Jahre dauere, das menschliche Leben dem aber nur mit maximal 90 Jahren entgegensteht. Der Einfluß der Fixsterne könne sich also kaum entfalten.
Anders dagegen haben die Astrologen der Renaissance den Fixsternen große Bedeutung zugemessen. Junctinus und Cardanus oder Guido Bonatti haben auf die antiken Astrologen zurückgegriffen und Gutachten über den Einfluß der Fixsterne verfaßt. Da herrschte etwa die Auffassung, daß die Fixsterne den Menschen so hoch heben, daß sie als *„Heerführer und Volkslenker Könige und Fürsten werden, obwohl sie von niederen Eltern stammen"*.
Von Aldebaran heißt es da, daß er die zur Zeit seines Aufgangs in der ersten Morgenstunde geborenen Kinder froh, reich und gesund mache, während er die zu anderen Stunden geborenen dafür bestimme, im fremden Land zu sterben.

STERNBILDER

Die Sternbilder werden in der astrologischen Lehre (↗Sternglaube etc.) wie im „deutschen Aberglauben" in zwei Gruppen unterteilt: die (für die ↗Horoskopie) wichtigen Tierkreis- oder Zodiakalzeichen und die über den ganzen Himmel verteilten übrigen Sterngruppen, die man in der Antike figürlich deutete und benannte. Unter ihnen sind besonders ↗Orion, ↗Großer Wagen und die ↗Plejaden bekannt.

Die Tierkreiszeichen, ↗ Mond, ↗ Planeten und die sogenannten Paranatellonta (das sind die Fixsterne und Sterngruppen, die mit einem Tierkreiszeichen aufgehen) wurden seit der babylonischen und arabischen Antike in ihren Konstellationen beachtet. In ihnen sah man ursprünglich Gottheiten wirken, deren Einflüsse auf die Menschen man näher zu bestimmen trachtete. Der Zodiakalkreis umfaßt 12 Sternbilder (Widder, Stier, Zwillinge, Krebs, Löwe, Jungfrau, Waage, Skorpion, Schütze, Steinbock, Wassermann und Fische), denen trotz ihrer unterschiedlichen Ausdehnung am Himmel jeweils 30° weite Winkelabschnitte zugeordnet wurden. Das Band des Zodiakalkreises weicht nach Norden und Süden gegen den Äquator um 23,5° ab. Es umfaßt den Himmelsteil, der von der scheinbaren Umlaufbahn der Sonne, des Mondes und der fünf Planeten bezeichnet wird. Dieses sichtbare astronomische Phänomen hat die Menschen seit der Frühzeit des Hellenismus immer wieder zu astrologischem, d.h. das Wesen der beobachteten Himmelskörper und ihrer Konstellationen deutendem und nach ihrem Einfluß auf die Menschen forschendem Nachdenken animiert. Die antik-arabische Tierkreisastrologie umfaßte zunächst die Wetterprognose für kommende Jahreszeiten, die man aus dem Stand des Mondes zu einem Zeitpunkt (Neujahr, Aufgang des Sirius) in einem bestimmten Zeichen ableitete – steht der Mond etwa am 20. Juli im Widder, so herrsche im weiteren Jahresverlauf Ostwind, und der Winter werde stürmisch und kalt. In diesen Zusammenhang hat man auch Sonnen- und Mond-↗ Finsternisse, ↗ Kometen, Blitz, Donner und Erdbeben einbezogen. Die Methode der Wetterprognose wurde dann auch auf politische Vorgänge übertragen. Das Anliegen einer zuverlässigen politischen Prognose mußte sich mit geographischen Aussagen verbinden, weshalb man den Tierkreiszeichen bestimmte Länder oder Landesteile zuschrieb. Eines der ältesten dieser Systeme, von denen es viele konkurrierende gab und gibt, stammt aus der Zeit der Perserherrschaft und weist dem Widder Persien, dem Stier Babylon, den Zwillingen Kappadokien, dem Krebs Armenien, dem Löwen Kleinasien, der Jungfrau Griechenland und Ionien, der Waage Libyen und Kyrene, dem Skorpion Italien, dem Schützen Kilikien und Kreta, dem Wassermann Ägypten und den Fischen das Rote Meer und Indien zu.

Stärker auf den einzelnen Menschen bezieht sich die zodiakale Iatromathematik, das heißt die Diagnose und Therapie von Krankheiten mit Hilfe der Tierkreiszeichen, des Mondes und der Planeten. Die Methode ging davon aus, daß man den Tierkreiszeichen die Körperteile des Menschen zuordnete und den Einfluß des Mondes (Abnehmen/Zunehmen) beachtete. Daraus schloß man dann etwa, daß ein Verweilen des Mondes im Widder Kopfleiden nicht rasch abklingen lassen werde. Weiterhin hat man die Zodiakalkreiszeichen unmittelbar mit verschiedenen Krankheiten (Zwillinge – Gelbsucht) und Heilmitteln (Pflanzen, Amuletten) und deren Gewinnung (Herstellung) assoziiert. Für die moderne Horoskopie, wie sie jedermann aus den entsprechenden Rubriken der Illustrierten und Zeitschriften bekannt ist, war es indes wesentlicher, daß den Tierkreiszeichen spezifische zoologische, physikalische und mythologische Naturen zugeschrieben und diese mit menschlichen Charakteren verknüpft wurden. Seit der arabischen Antike sind Listen geführt worden, in denen man diese Zusammenhänge aufzeigte. In solchen Listen hieß es dann etwa, Widdermenschen seien groß, behaart und knochig und ihr Charakter sei feige, zaghaft und eitel. Sie täten sich als Verleumder und Spötter hervor, wogegen der Stiermensch breitstirnig und stumpfnasig und seine Milde verstellt sei.

Die Systeme zur Analyse der Menschennaturen waren unglaublich differenziert und gingen schon in Ägypten aus der Bestimmung der Dekane (jeweils 10° Winkel) in einem Tierkreiszeichen hervor, in denen verschiedene Sternengötter vorherrschten. Man ging sogar noch weiter und unterteilte den Tierkreis in einzelne Grade, deren Stellung im Ascendenten des Horoskops auf das Leben eines Neugeborenen Einfluß ausüben würde. Jeder Grad sei von einem besonderen Astralwesen beherrscht.

Die antike Lehre ist spätestens im 11. Jahrhundert in die mittelalterlich-mitteleuropäische Kultur eingegangen und von Johannes Hispalensis, Eben Ezra, Michael Scotus, Pietro d'Abano, Leopold von Österreich und Guido Bonatti bis zum 14. Jahrhundert gepflegt worden. Bis zum Ausgang der Renaissance hat die abendländische Astrologie ihre Bedeutung für meteorologische, politische, medizinische und charakterologische Prognosen oder Gutachten nicht eingebüßt, solange bis unter dem Eindruck der logischen, empirischen, wissenschaftlichen Beschäftigung mit den Sternen (Kepler) die moderne Astronomie und mit ihr Zweifel an der Wahrheit astrologischer Zusammenhänge aufkamen.
Noch Paracelsus hatte etwa die Auffassung vertreten, daß die Zeichen des Himmels fühlbar gewordener Ausdruck der Gottesordnung in der Welt und ihrer Beziehung zum menschlichen Körper sei, nachdem der Mensch aus dem Paradies vertrieben worden ist. Schon Kepler aber sah, in vieler Hinsicht noch dem astrologischen Denken verbunden, die „Experientz" im Widerspruch zu einigen überlieferten astrologischen Aspekten (insbesondere der Iatromathematik), und mit ihm begann die Bedeutung der Astrologie zu verblassen.
Im „deutschen Aberglauben" haben sich indes Relikte der tradierten Lehre erhalten, und es wird wohl nur wenigen Menschen gelingen, die wöchentlichen oder gar täglichen Horoskope der Boulevardpresse ganz zu überlesen. Weit verbreitet ist noch immer der Glaube an den Einfluß des ↗Mondes und der ↗Planeten auf das menschliche und besonders landwirtschaftliche (Wohl)ergehen, und vielfach sind Auffassungen „volkstümlich" geworden, die ihren Ursprung in der antiken Lehre nicht in Zweifel geraten lassen. Da heißt es etwa, daß Widderkinder „chruselhaarig" werden, Stierkinder zur Halsstarrigkeit und Dickköpfigkeit neigten, Löwenkinder groß, kräftig und großmütig oder Schützenkinder gute Jäger werden. Im Zeichen des Schützen goß man im Erzgebirge Kugeln, und die ostpreußischen Fischer begannen im Zeichen der Fische ihre Netze zu stricken, das gewährleistete guten Fang.

Übersieht man, was etwa Stegemann im Handwörterbuch des deutschen Aberglaubens zu diesem Thema anführt, so erscheint es so, als hätten sich im „Volksbewußtsein" solche Lehrinhalte durchgesetzt, die besonders einfach durch Analogieschlüsse nachvollziehbar waren.

STERNGLAUBE, STERNDEUTUNG, ASTROLOGIE

Die Gestirne sind von den astrologischen Laien in den Zusammenhang ihrer Naturbetrachtung und ihres Glaubens einbezogen worden, wenngleich auf andere Weise als bei den antiken und mittelalterlichen Naturforschern.
Gemeinsames Motiv der Beschäftigung mit den Himmelskörpern ist allerdings anfänglich der Glaube, es handele sich um beseelte Wesen (Gottheiten, Astralwesen, Seelen Verstorbener), die mit dem Menschen in einer näher zu bestimmenden Verbindung stünden. Schon aus der Bronzezeit ist ein entsprechender Sonnenkult der Germanen überliefert, und aus der eddischen Völuspá wissen wir, daß Sonne und Mond sehr früh als Zeitmesser Beachtung fanden.
Während die Beobachtung der Himmelskörper im babylonisch-arabisch-griechischen Kulturkreis der Prognose galt und letztlich die Ausbildung einer zumindest parawissenschaftlichen Disziplin nach sich zog, blieben die Resultate des germanischen Sternglaubens und seiner Deutung nebulös-mythisch, oder die Gestirne wurden im wesentlichen nur als pragmatische Orientierungshilfen herangezogen. Eine Systematik ist hier nicht erkennbar.
So ist uns ein buntes Durcheinander verschiedenster Betrachtungsweisen überliefert, deren Quellenbereiche oft nicht ersichtlich sind. Zwar gibt es darunter offensichtlich christliche Motive, die etwa die Sterne als Lampen behandeln, die von den Engeln geputzt werden, oder als Spielzeuge, die der liebe Gott für die verstorbenen Kinder an den Himmel gesetzt hat, aber das Herkommen vieler Vorstellungen bleibt diffus. Da werden die Sterne als Köpfe der Nägel aufgefaßt, die das Himmelsgewölbe zusammenhalten, da gibt es Märchen, die die Sterne als

Splitter alter Sonnen und Monde beschreiben, oder andere Auffassungen, die sie einfach als Funken behandeln. Anders dagegen scheint die verbreitete Ansicht, die Sterne seien Seelen oder Götter, der Antike zu entstammen und später christlich umgedeutet worden zu sein. Bei der Geburt eines Menschen entzünde Gott ein neues Licht am Himmel, die Sterne seien engelhafte Schutzgeister, jeder habe seinen Lebensstern. Anderswo heißt es, daß nur die getauften Kinder einen Stern erhielten, während den Ungetauften nur ein Irrlicht beschieden sei. Von Aristophanes stammt der Gedanke, daß ein Mensch im Tod seinen Stern erhalte.

Aus diesem Zusammenhang versteht sich auch der Glaube, daß man sterben müsse, wenn man auf Sonne und Sterne mit dem Finger zeige, da man so Gott die Augen aus- und die Engel totstäche.

Daß die Sphäre der Himmelskörper in irgendeiner Weise von menschlichen Seelen und Göttern „bewohnt" sei, war ein Glaube, der schon bei den Pythagoreern und Platon aufscheint und dem abendländischen Mittelalter auch von führenden Theologen (Gregor d. Gr.) überliefert wurde. Aus der mittelalterlichen Hochliteratur wird dies öfter ersichtlich (Dante, Parzival).

Selbst in der Philosophie der Aufklärungszeit hat man sich noch damit beschäftigt. Da fragte etwa Kant, ob die menschlichen Seelen nach dem Tod die entfernteren Himmelskörper aufsuchen oder in anderen Himmeln ihren Wohnsitz nehmen könnten. Unmittelbar aus der astrologischen Lehre entstammt wohl die Ansicht der Sterne (Sternbilder) als lesbarer Lettern eines großen Himmelsbuches. Dafür gibt es alttestamentliche Belege und etwa die Vision des Johannes, dem sich der Himmel wie ein Buch entrollt. Von der Spätantike (Plotin, Porphyrius) über die frühen Christen (Origenes) bis zur Moderne (Calderón, Schiller) hat dieses Motiv immer wieder Ausdruck gefunden. Lord Byrons Verse *„Ihm war das Buch der Nacht weit aufgeschlagen / und Stimmen aus dem Abgrund offenbarten / Ihm Wunder und Geheimnis"* sind dafür nur ein Beispiel.

„Volkstümlicher“ noch erscheinen umgekehrt Assoziationen zwischen Sternen und Pflanzen, die sich etwa in Begriffen wie „Sternmiere“ und „Himmelsschlüssel“ niedergeschlagen haben. Neben der partiellen literarischen Behandlung des Himmels und der Gestirne in anderen Zusammenhängen gibt es seit der Antike (Euripides) eine eigene Gattung von Sternsagen, die die Entstehung bestimmter Sternbilder zu deuten beabsichtigen und von denen auch Impulse auf die gelehrte Astrologie ausstrahlten (↗Plejaden, ↗Großer Wagen, ↗Orion). Zu ihren Folgeerscheinungen zählen die „deutschen Astralmärchen“ und Motive wie etwa „der Mann im Mond“. Im Märchen von den „Sterntalern“ klingt die Überlieferung nach.
Im „deutschen Aberglauben“ wird eine sternhelle Christnacht mit einem fruchtbaren kommenden Jahr assoziiert oder bestimmte Himmelserscheinungen (↗Komet, ↗Sternschnuppe) erfuhren Auslegungen auf künftige glückliche oder unglückliche Ereignisse (neuer König, Feuer, Krieg).
Hauptquelle dieser Anschauungen war die erstmals 1508 erschienene „Bauernpraktik“, die Sprüche zur Wetterprognose, später auch Anweisungen zum Aderlassen und Fastenkalender enthielt. Sie fußt auf antik-hellenistischer Zeitmystik und der Bedeutung des Neujahrsbeginns. In diesem Büchlein, das bis zum Ende des 19. Jahrhunderts in ganz Mittel-, West- und Nordeuropa in zahlreichen Auflagen nachgedruckt wurde, heißt es etwa: *„Die weisen und klůgen Maister vnd sternschauwer haben funnden, wie man in der heiligen Christnacht mag sehen un mercken an dem wetter wie das gantz Jar in wirckung sein zůkunft werd thůn“.*
Einfache Wetterregeln lehrte die Beobachtung der Natur selber: wenn nachts die Sterne besonders funkeln, gebe es Regen; ebenso, wenn das Reiterchen auf der Wagendeichsel aufblitze.
Für die gedankliche Bewältigung der Welt und des Lebensraumes (↗Raum) entsprangen wesentliche Impulse der antiken Astrologie: zahlreiche Wetter- und Bauernregeln, Orakel, „volksmedizinische“ Kenntnisse, vieles, was sich letztendlich zur ursprünglichen Mikrokosmos-Makrokosmos-Entspre-

chung stellen läßt, die ihrerseits ein ausschlaggebendes Motiv in der Entstehungsgeschichte der gelehrten Astrologie ist.
Es ging um die gedankliche Bewältigung des Makrokosmos (der Phänomene und der Regelhaftigkeit der Abläufe am Himmel), weil dieser dem irdisch-menschlichen Mikrokosmos entspreche.
In Ägypten und Babylonien dem Charakter nach als religiöse Offenbarungsweisheit entstanden, wurde die Astrologie im Hellenismus systematisiert, das heißt, sie erhielt ein philosophisches Fundament, und die einzelnen astrologischen Praktiken wurden einer genauen Prüfung unterzogen.
Gerade die aufscheinende Gesetzmäßigkeit der astralen, planetaren und lunaren Vorgänge am Himmel förderten die naturwissenschaftlichen Bemühungen im Rahmen der griechischen Astrologie, wobei der religiöse – also auf Gotteserkenntnis abzielende Aspekt – jedoch nie außer acht geriet.
Die Sterndeutung zerfällt in zwei getrennte Bereiche: die philosophisch-astrologische Theorie und die astrologisch-prognostische Praxis (↗Horoskopie). Wohl im vierten vorchristlichen Jahrhundert von den Chaldäern und Ägyptern auf Platon und die Akademie überkommen, erfuhr die Astrologie ihre erste Systematisierung, die sich in der späteren Kritik der astrologischen Quellenschriften (Salmeschiniaka, die hermetischen Schriften und Nechepso-Petosiris) niederschlug.
In der Zeit vom ersten vorchristlichen bis zum zweiten nachchristlichen Jahrhundert sind die Lehren und Systeme entstanden, die für die Folgezeit wesentlich waren. Dabei unterscheidet man drei Richtungen.
Es gab Astrologen (Antiochos, Dorotheos), die die Autorität der überlieferten Quellen nicht in Frage stellten und ihrerseits lediglich das Material ordneten, wobei kleine Ergänzungen, etwa die Physiognomik, den Gesamtentwurf nicht berührten.
Eine zweite Richtung (Manilius) widmete den Sternbildern und ihrer Interpretation unter Einbeziehung der Sternsagen besondere Aufmerksamkeit, während die Vertreter der dritten Richtung versuchten, die Astrologie mit den Methoden der da-

maligen naturwissenschaftlichen Physik zu entwickeln (Ptolemaios). Schon im ersten vorchristlichen Jahrhundert waren aber alle Bemühungen der Astrologen angegriffen worden; Sterndeutung, so hieß es, sei nutzlos, da das menschliche Schicksal unabänderlich sei. Horoskope seien angesichts der Kriegsläufte und ihrer Opfer oder der Katastrophen (Schiffbruch etc.) unwahrscheinlich. Demgegenüber hat Poseidonios mit einem *„Nachweis der Richtigkeit der Beeinflussung des Irdischen durch die Strahlen der Sterne nicht auf Einzelnes (...), sondern (...) aus einer großen Gesamtkonzeption über das Weltall"* geantwortet. Darunter waren die Prinzipien συμπάθεια τῶν ὅλων und die Makrokosmos-Mikrokosmos-Idee wesentliche Argumente. Poseidonios ist wohl die Durchsetzungskraft der Astrologie zu verdanken. Er hat ihr durch seine philosophische Fundierung Bedeutung für die Nachfolgezeit vermittelt.

Die römische Antike hat das hellenistische Erbe in Grundzügen unverändert übernommen. In dieser Zeit ist lediglich Material (oft fehlerhaft) zusammengestellt worden, was infolge der mangelnden geistigen Durchdringung des gewaltigen Stoffes den christlichen Astrologiegegnern nützlich war. Sie verwarfen zunächst die ganze Astrologie als Aberglaube und Gotteslästerung.

Aus den erhaltenen astrologischen Fragmenten (Astrologus vom Jahr 379, Redaktionen des Hermesbuches 5. Jahrhundert) und den Polemiken der spätantiken Theologen (Petrus Chrysologus, Leo d. Gr.) wissen wir, daß zur Zeit des Übergangs zum frühen Mittelalter astrologische Lehren auch in christlichen Kreisen diskutiert wurden. Die Laienastrologie (Lunare, Planeten, Kalendergestirne, Wetterprognose) ging sogar in die Klosterkultur der Merowingerzeit ein und fand so ihren Weg ins christliche Abendland.

Im Osten des römischen Imperiums blieb der gelehrten Astrologie – wohl im Austausch mit den Astrologen Syriens, Persiens und Indiens – eine wesentliche Funktion im Rahmen der Naturwissenschaften dagegen erhalten. Entsprechende Hinweise in der Bibel (Altes Testament, Stern Christi) wurden un-

ter dem Einfluß des Christentums zur Verteidigung der Lehre herangezogen, und man einigte sich dahingehend, daß zumindest die Möglichkeit bestehe, daß Sterne Irdisches anzuzeigen, wenn auch nicht zu verursachen vermögen.
Während die gelehrte Astrologie im Westen dem kirchlichen Interdikt anheimfiel, entfaltete sich seit dem 6. Jahrhundert der starke Einfluß der hellenistischen Astrologie im Osten (Indien – Varahamihīra, Bagdad – Theophilos von Edessa). Theophilos von Edessa hat den Stern von Bethlehem und das astrologisch erklärte Siebentagewerk als Indizien für die Gottgewolltheit der „Kunst" ins Feld geführt und zu nutzen verstanden. Rückhalt fanden die Astrologen bei den islamischen Chalifen und Fürsten, denen an Prognosen zu ihrer Machtentfaltung oder -gefährdung gelegen war. Aus dem arabischen Kulturkreis ist das astrologische Wissen nach Spanien und Sizilien eingedrungen und konnte sich im Umkreis der Staufer im 12. Jahrhundert reich entfalten. Die Schule von Chartres hat ihm den Weg nach Norden eröffnet. Bedeutende Zentren astrologischer Tätigkeit waren damals Toledo und Palermo und später Padua, Prag und Paris. Eine Erneuerung erfuhr die hellenistische Astrologie mit ihrem Transfer über Byzanz nach Italien (im 13. Jahrhundert), wo ihr kritischer Vergleich mit der arabischen Überlieferung der Astrologie neue Beachtung zukommen ließ.
Im italienischen Humanismus des 15. Jahrhunderts konnte sich die Astrologie behaupten, insofern sie mit dessen weltanschaulichen Prinzipien harmonierte, „der Gesetzmäßigkeit des Alls in der Beziehung seiner Körper zueinander und der Natürlichkeit in den Beziehungen der Teile des menschlichen Körpers zueinander". Der Neuplatoniker Marsilius Ficinus hat seinerzeit in „de vita triplici" ein Gesamtbild der Medizin auf astrologischer Grundlage zu geben versucht, und ihm ist es gelungen, die Polarität astrologischer Einflüsse philosophisch zu klären.
Die Astrologen der Renaissance legten Wert auf empirische Überprüfung hergebrachter astrologischer Lehren im Sinne

der Entwicklung der Astrologie als exakt arbeitender Wissenschaft. Nach Deutschland dringt die gelehrte Astrologie im 16. Jahrhundert ein, wo sie im Wirken des Paracelsus, Melanchthons und Keplers ihren Niederschlag findet. Mit dem Erstehen der rein physikalischen Astronomie endet hier die Entwicklung der Astrologie zur Wissenschaft. Sie ist zwar einerseits als Medium menschlicher Sehnsüchte oder als Ausdruck der Idee kosmischer Bedingtheit des Menschen auch noch von den Gebildeten der Nachfolgezeit angesprochen worden (*„Wie an dem Tag, der Dich der Welt verliehen, die Sonne stand zum Gruße den Planeten …*, Goethe, Urworte, orphisch), indes sinkt sie zur Sternenmystik herab, die jeden naturwissenschaftlichen Charakter verliert. Die moderne Astrologie, die sich vorwiegend auf die kommerzielle Erstellung von Horoskopen (↗ Horoskopie) konzentriert, hat noch keinen zeitgemäßen Neuansatz zuwege gebracht.

Die Entdämonisierung der Himmelssphäre seit der Renaissance hat auch den „deutschen Aberglauben" im wesentlichen auf die pragmatische Nutzung der Laienastrologie eingeschränkt, wenngleich Spuren der astrologischen Überlieferung oder ihrer Prinzipien in anderen Bereichen greifbar geblieben sind.

STERNSCHNUPPE

Bis heute glauben viele Menschen, daß ein Wunsch, im stillen angesichts einer Sternschnuppe gemacht, in Erfüllung gehe. Dies galt früher insbesondere für die in den Nächten zwischen Weihnachten und Neujahr gesichteten Sternschnuppen und Heiratswünsche.

Weit verbreitet ist die Ansicht, wonach man in den Sternschnuppen erlöste Seelen sieht, die ihren Platz im Himmel einnähmen. Derartige Auslegungen finden sich schon in der vorchristlichen Antike vorgezeichnet. Aristophanes hat Sternschnuppen als Seelen armer Menschen beschrieben, die von einem üppigen Mahl bei einem reichen Stern betrunken heimwärts wanken. Und Platon hat die vom Himmel zu ihrer Inkar-

nation herabstürzenden Seelen mit den durcheinanderstürzenden Sternschnuppen verglichen. Im Christentum hat dieses Motiv Gestalt gewonnen. Man denkt auch daran, daß Sternschnuppen Nachwuchs anzeigen.
Andere Deutungen, die Sternschnuppen als Wesen behandeln, betreffen Engel als Gottes Boten (↗Komet) oder feurige Drachen. Daneben existiert aber auch eine Vielzahl von dinglichen Auffassungen über Sternschnuppen. Diejenigen, die im August fallen (wo die Erde durch einen Schwarm von Bruchstükken eines ehemaligen Kometen zieht), bezeichnet man als Laurentiustränen (nach dem Märtyrer Laurentius, 10. August). Besonders im Badischen wird an die „Sternbutzet" gedacht, wobei die Sternschnuppen als verkohlte Dochtabschnitte der Sternenlichter (↗Stern) gelten, die von den Engeln gereinigt werden. In Begriffen wie „Sternentanz", „Sternschneuzen" oder „Sterntaler" (schon im antiken Griechenland: δίσκοι) kommen weitere Auffassungen zum Ausdruck.
Aber nicht nur die Sternschnuppe selbst, sondern auch ihre Fallrichtung und der vermutete Aufschlagsort haben in „abergläubischen" Zusammenhängen Bedeutung. Da heißt es etwa in einer Mecklenburgischen Wetterregel: wo der Stern hinfalle, aus der Richtung komme am nächsten Tag der Wind oder in die Richtung wehe er. Auffassungen, die bereits im Centiloquium des Ptolemaios vertreten wurden. Die Orte, wo Sternschnuppen niedergehen, werden entweder gemieden (von dort gingen verschiedene Krankheiten aus) oder extra aufgesucht (man finde dort Schätze, werde reich).

STUHL

„Abergläubische" Ansichten, die den Stuhl betreffen, sind wohl jedem bekannt, der einmal Karten gespielt hat. Da rückt oder dreht man seinen Stuhl, wenn sich kein Glück einstellen will. Parallelen dazu sind aber auch das Stuhlrücken nach dem Essen (sonst bekäme man keine Frau) und vor dem Zubettgehen gegen den Alp. Ein Motiv für diese eigenartigen Sitten wird aus dem Brauch ersichtlich, die Stühle eines Hauses nach

dem Verlassen des Leichenzuges zu rücken oder umzuwenden, damit der Tote nicht zurückkomme und sich niederlassen könne.
Aus der sogenannten Volksmedizin stammt der Brauch, ein Stuhlbein zu schienen, wenn sich ein Familienangehöriger das Bein gebrochen hat. Hier gilt der Grundsatz, Gleiches mit Gleichem zu heilen.

STUNDE
Die Stunde spielt im „Aberglauben“ nur eine untergeordnete Rolle, da sie als weitgehend abstrakte Größe vor dem allgemeinen Gebrauch von Uhren kaum beachtet werden konnte. Als Orientierungshilfen waren der Sonnenlauf und das Läuten der Kirchen- und Klosterglocken in vorindustrieller Zeit genug. Aus astrologischen Quellen war allenfalls die Kenntnis gefährlicher Stunden (Mittag, Mitternacht) bekannt, soweit sie über Kalender vermittelt worden waren, und man hat wohl auch versucht, die Geburtsstunden zu erfahren, die für die Aufstellung des Horoskops gebraucht wurden. Die Unterteilung des Tags in Stunden ist im christlichen Sinne mit der Einführung der Stundengebete und Stundenengel bewußtgemacht worden.

T

TAG

Der Begriff Tag meint ursprünglich nur die Zeit zwischen Sonnenauf- und -untergang und wird der ↗ Nacht entgegengesetzt. Der 24stündige Tag, der eine Erdumdrehung umfaßt, ist erst im mittelalterlich-bürgerlichen Leben vom Lichttag unterschieden worden. Gemeinhin werden die Nacht als Mutter, die Sonne als Vater des Tages angesehen. Während die Nacht dem Auftritt der Geister und Dämonen vorbehalten ist, gilt der Tag als „lieb“ und von guten Geistern beherrscht. Am Tag Geborene sollen froh und glücklich werden, während die nachts Geborenen zum Trübsinn neigen würden.
Zahlenmystik und Astrologie haben die Zusammenfassung von drei, sieben, acht, zwölf und 30, 40 oder 100 Tagen beeinflußt. Da heißt es etwa, daß nach drei Tagen ein Fluch in Erfüllung gehe, ein Heilmittel sieben Tage lang wirken müsse, acht Tage vorher eine Elster den Tod vorauskünde, 30 Tage nach seinem Tod ein Toter in der Nähe des Hauses bliebe, 40 Tage umgehen müsse und 100 Tage nach einem Märzregen ein Gewitter aufziehe.

TISCH

Der Tisch hat im „deutschen Aberglauben“ ähnliche Funktionen und Bedeutungen wie der ↗ Herd und gilt wie dieser als Vertreter der Häuslichkeit. Er wurde daher verschiedenenorts zuerst in ein neues Haus getragen, zusammen mit Brot, Salz und der Bibel. In Baden zählten Tisch und Christusbild zum ständigen Hausinventar, das nicht außer Haus gebracht werden durfte (↗ Bett). In einigen Fällen hat der Tisch die Funktion

des Herdes übernommen, wo ihn etwa die Braut beim Einzug umwandelt oder wo man neuangeschaffte Tiere (Hähne) dreimal um den Tisch führte.
Die Sitzordnung bei Tisch gilt bis heute als bedeutsam. So hält man es für ungünstig, etwa zwischen Eheleuten oder an der Tischecke zu sitzen. Wer beim Aufstehen schnell den Sitz der Brautleute einnehme, heirate bald. An einigen besonders feierlichen Tagen (Hl. Abend) soll niemand vom Tisch aufstehen, bevor die Stubentür geschlossen ist. Als Orakelstätte und zeitweiliger Aufenthalt der Geister hat der Tisch eine mythische Dimension. Man glaubte etwa, unter den Tisch gefallene Speisereste dort für die Verstorbenen liegenlassen zu sollen. Man legte eigene Gedecke für die Totengeister auf und opferte ihnen auch Speisen. Aus dem 17. Jahrhundert ist der preußische Brauch überliefert, wonach man *„den Barstucken und Maccopeten ... des Abends in der Scheune einen Tisch* (setzte), ... *denselben sauber mit dem Tischtuch* (bedeckte), ... *darauff Brodt, Käse, Butter und Bier"*. Die am Weihnachtstag vom Tisch fallenden Brocken werden von den böhmischen Tschechen am 26. Dezember für die Vögel unter einen Baum gestreut.
Hingegen galt es als Zank provozierend, unter den Tisch zu leuchten, weil man damit die Geister störe. Auch hebe dies die Schutzmittel gegen Blitzgefahr auf. Für schädlich erachtete man es, bestimmte Gegenstände auf den Tisch zu legen. Mit einem neuen Paar Schuhe müsse man dann oft stolpern, Saatgut werde dort um die Keimfähigkeit gebracht und Essig verderbe. Diese Ansichten haben ein antikes Vorbild. Nach Plinius glaubten die Römer, daß Medizin, so man sie auf einen Tisch stellte, ihre Wirksamkeit verliere.
In diesen Zusammenhängen ist es vielleicht wichtig, an eine andere mythisch-religiöse Funktion des Tisches zu denken. Antike und Christentum behandeln den Tisch als Altar. Der mittelalterliche Truhentisch wird bis heute unverändert in der orthodoxen Kirche verwendet. An bestimmten Feiertagen des Jahres kann der Tisch altarähnliche Bedeutung erlangen (Weihnachtstisch) oder gar als Altar verwendet werden (Fron-

leichnam). Mit Tischen, auf denen einmal die geweihte Hostie gestanden hatte, glaubte man die Ausbreitung eines Feuers verhindern zu können. Auch das rituelle Umstürzen eines Tisches, wie man es etwa tut, um einem Sterbenden den Tod zu erleichtern oder um ein Begräbnis anzuzeigen, hat antike Vorbilder. Dort bedeutete das Umstürzen des Altartisches die Aufhebung eines Götterkults.

Während die Landbevölkerung bis heute überwiegend ungedeckte Tische kennt – gelegentlich noch mit eingelassenen Holzmulden anstelle des üblichen Geschirrs –, gehört zur Tafel der Städter das Tischtuch. Es ist Bestandteil der französischen Eßkultur und wurde in Deutschland wohl durch die eingewanderten Hugenotten verbreitet. Verschiedenenorts ist es aber auch heute noch üblich, das Tischtuch nur zu besonders feierlichen Anlässen aufzudecken, etwa zu Weihnachten oder bei einem Taufessen.

Wo das Tischtuch schon im Mittelalter Verwendung gefunden hatte, verkam es gelegentlich zu einem Infektionsträger. Es gibt aus der Vergangenheit jedenfalls Zeugnisse, die davor warnen, ins Tischtuch zu schneuzen oder sich daran die Hände abzuwischen. *„Welcher* (das Tischtuch) ... *lässet liegen* (des nachts) ... *und die mäuss darauff kommen, und essen die brosam, wirdt / so er dess morgens darauff isset / schwartze zän kriegen, und werden ihm faul"*.

In anderen Kulturen (besonders Balkanländer) ist traditionell dagegen das Tuch wichtiger als der Tisch. Dieses Tuch, zugleich als Lager, Körperhülle und Speiseunterlage benutzt, würde nach Aussage des Handwörterbuchs des deutschen Aberglaubens „auch noch der ärmste Hochalbanier" auf Reisen mitführen. Es ist, wie der mitteleuropäische Tisch, auch als Orakelmedium verwendet worden. Die Mädchen aus Kephalonia haben sich am Hl. Abend das Tuch samt Eßbesteck auf den Kopf gelegt, um zu losen.

Dem Mund des Sterbenden entweichende Seele.
Aus: Leander Petzoldt (Hg.): Historische Sagen II,
München 1977, S. 64.
Titelblatt der Streitschrift von Th. Murner
gegen die Reformation, 1522
(Archiv für Kunst und Geschichte, Berlin).

TOD

Der Tod wird im wesentlichen als Scheidung der Seele vom Körper angesehen, wobei sein Einsetzen mit dem Stillstand der Atem- oder Herztätigkeit einhergeht.

Dabei werden natürliche (Krankheit, Altersschwäche, Gewalt) und übernatürliche (Zauber, Geisterbegegnung, Nachgezogenwerden) Todesursachen unterschieden. Bei letztgenannten war noch in unserem Jahrhundert die Vorstellung vom „mortbeten" lebendig, das an den „Fluch-"Psalm 109 anschloß: *„Seiner Lebenstage seien nur wenig, und sein Amt erhalte ein anderer! Seine Kinder sollen zu Waisen werden, seine Frau zur Witwe!"*

Von der Todesart (nicht vom Tod selbst) schloß man auf die Strafe Gottes; es galt als bedeutsam, ob einer einen schmerzhaften oder „schönen" Tod erleide, ob er ihn vorbereitet oder unvorbereitet trifft. Nach der Todesart bestimmte man auch den Ort, der der Seele im Totenreich zugewiesen werden würde. Und von hier leitete man den Glauben an die Wiedergänger ab, denen ein besonderer vitaler Rest an Lebenskraft geblieben sei (besonders häufig sind Beispiele früh Verstorbener, Verunglückter, Hingerichteter, Selbstmörder, Wöchnerinnen und Kinder). Der Glaube, daß jedem Menschen eine bestimmte Lebensspanne vorgegeben sei, erklärt sich aus verschiedenen Bibelworten, etwa aus Psalm 90,10: *„Unser Leben währet 70 Jahre"*, vorzeitiger Tod wurde im Anschluß an Num 23,10 (u.ö.) als Strafe Gottes ausgelegt. Noch Gailer v. Kaysersberg interpretierte demgemäß: *„die vor den Zeiten sterben, ee den daz inen Got het uffgesetzet ... die müssen also lang nach irem todt laufen, bis das zil kumpt, das inen Got gesetzt hat"*. Verschiedenenorts wurden solche Leichen nicht mit dem üblichen Zeremoniell und abseits der Friedhöfe begraben.

Seit jeher hat man versucht, den Tod dadurch ein wenig verständlicher zu machen, daß man ihn in Gestalt einer Person darstellte. Stereotypen umfassen den Sensenmann, das Gerippe, das den Tod mit dem Toten gleichsetzt, den berittenen Schnitter (vgl. etwa P. Breughels „Triumph des Todes"), dessen Pferd im Anschluß an Apg 6,8 als fahl gezeichnet wird, den Spielmann und den unauffälligen Gevatter Tod. Besonders im slavischen und romanischen Sprachraum, wo der Tod ein Feminismus ist, erscheint „die Tödin" als ein weißes Weib mit grünen Augen oder als Todesengel (schon bei Paulus Diaconus).

Zahlreich sind die Bräuche, die sich an den Todeseintritt angeschlossen haben. Dabei unterscheidet das Handwörterbuch des deutschen Aberglaubens zwei Motive: die Sorge für die Seele des Toten und die Sorge für die Hinterbliebenen.

Gerade letztere wurde aus der Angst gespeist, daß infolge des einen Todesfalls der Tod um sich greifen oder daß der Tote jemanden aus seinem näheren Umkreis nachziehen könnte. So wurde nach dem Eintritt des Todes nahezu jeder Gegenstand im Haus, jedes Tier im Stall, jeder Schläfer und jede Pflanze, jede Vorratsschüssel und jedes Faß gerüttelt, verrückt, bewegt, beklopft, geweckt, gerührt oder geschüttelt, wobei die Bewegung als „Lebenszeichen" dem Tod entgegengestellt wurde. In den Kontext dieser Bräuche gehört auch das formelle Todansagen in der Nachbarschaft und bei Verwandten. Es galt nicht nur der Einladung zum Leichenschmaus und der damit zu vollziehenden Neuordnung der Familie, sondern auch der Warnung vor der Gegenwart des Todes.

Andererseits galt es aber auch, dem Fortkommen der Seele des Verstorbenen zu dienen, indem man etwa ein ↗Fenster, eine ↗Tür oder die Ofenklappe öffnete, eine Luke im ↗Dach schuf, lautes Klagen unterließ („denn wen der Herrgott abgerufen hat, den soll man nicht zurückverlangen, ...") oder die Uhr zum Zeichen, daß der Tote das Zeitliche gesegnet habe, anhielt.

TOTENGRÄBER

Obwohl der Berufsstand der Totengräber mit zauberischen Elementen behaftet zu sein schien, gibt es nur sehr wenig, was als „Aberglaube" über ihn bekannt geworden ist. Wohl hieß es, der Totengräber könne mit den Toten sprechen und ihren besonderen Liegewünschen nachkommen, er könne erkennen,

wer als nächster sterbe, und das Klappern seines Werkzeugs wurde als böses Omen empfunden, aber im wesentlichen verknüpfen sich die Vorstellungen vom Beruf des Totengräbers nur mit dessen Meidung. Sein Beruf galt als wenig ehrenvoll, und seinem Besuch trachtete man auszuweichen. Das Maß für ein Grab hieß man ihn beim Schreiner holen, der den Sarg anfertigt. Ein Gruß blieb ihm oft verwehrt. Sein Angang galt als unheilverkündend und sein Besuch am Neujahrstag als äußerst ungünstig.
Sämtliche Vorstellungen beruhen dabei auf der einfachen Gleichsetzung von Grab – Totengräber – Tod.

TREPPE

Verschiedentlich hat man der Treppe die Bedeutung beigemessen, die sonst ↗Tür und Schwelle haben: als Sitz der Dämonen und Hausgeister, als Beerdigungs- und Orakelstätte.
Nach Paulus Diakonus habe sich der Langobardenkönig Alboin unter der Treppe seines Palastes begraben lassen. Die Treppe der Pfalz war im Mittelalter häufig Gerichtsstätte.
Im „Aberglauben" spielt die Treppe deswegen eine Rolle, weil man die Richtung des Fallens auf ihr (hinauf, hinunter) auf künftige Liebschaften oder Eheschließungen deutete. *„Wer die Treppe hinauffällt, heiratet nicht in dem Jahr ... Wenn ein Mädchen die Treppe hinauffällt, bekommt es einen neuen Schatz ..."*
Ein Kind müsse nach der Geburt zuerst eine Treppe hinaufgetragen werden, damit es im Leben zu etwas komme und später im Himmel Aufnahme finde.
Als Sinnbild für Glück und Unglück und die Lebensalter des Menschen oder die Stände der Gesellschaft ist die auf- und absteigende Treppe seit der Antike verbreitet.

TÜR UND SCHWELLE

Tür und Schwelle sind Grenzen (↗Grenze) mit besonderer Bedeutung (↗Dach, Dachtraufe). Auf oder in ihnen sah man gute und böse Dämonen hausen. Als Grenze zwischen dem intimen Lebensraum der Familie und der (gefährlichen) Außenwelt spielen Tür und Schwelle im „Aberglauben“ und in der Rechtspraxis eine ähnliche Rolle wie der ↗Zaun.

Die Besitzergreifung geschah etwa durch das Berühren der Tür oder der Türklinke, Eide wurden unter Türen geleistet; im Asylrecht spielt die Kirchentür eine große Rolle, an Türen und Schwellen hat man zahlreiche zauberische Handlungen zum Schutz oder zum Schaden der Hausbewohner oder des Viehs im ↗Stall vorgenommen.

Als Aufenthaltsort der armen Seelen gelten knarrende Türen (schon im antiken Rom ähnliche Auffassungen). Ein hessisches Lied hat das aufgegriffen: *„Ei orm Seelche sass henger de Dehr on geckte ganz trurig hervör.“* Und es galt als unfreundlich gegenüber den armen Seelen, Türen zuzuschlagen, weil sie dann gequält würden. Wieweit derartige Vorstellungen damit zusammenhängen, daß in der Antike ungetaufte Kinder und Selbstmörder unter der Schwelle begraben wurden, sei hier dahingestellt.

Bauopfer (↗Haus) wurden häufig unter der Schwelle oder über dem Türrahmen eingemauert.

Die Bedeutung der Tür wird schon aus verschiedenen Stellen des Alten Testaments ersichtlich, wo etwa in Ex 21,6 gesagt ist: *„so bringe ihn sein Herr vor die Gottheit und führe ihn an die Tür oder den Türpfosten, und sein Herr durchbohre ihm mit einer Pfrieme sein Ohr! Er sei dann sein Sklave für immer!“*

Zu bestimmten Anlässen (Geburt, Taufe, Hochzeit, Tod) ist es verschiedentlich Tradition, die Schwelle oder den Türrahmen besonders zu schmücken oder mit Butter, Öl, Honig oder Blut zu bestreichen. Auch dafür findet sich ein Vorbild im Alten Testament, wo in Ex 12,7 gesagt wird: *„Von dem Blut sollen sie nehmen und damit die beiden Türpfosten und die Oberschwelle an den Häusern bestreichen, in denen man es (das Osterlamm) essen wird.“*

Tür und Tor haben darüber hinaus symbolische Bedeutung erlangt – als Zeichen des Übergangs von einem Zustand in einen anderen und als Zeichen des Triumphs.

Die gewöhnliche Haustür ist indes für einige „volksmedizinische“ Behandlungen wichtig, etwa für das Stillen von Zahnweh. Man nimmt dafür einen neuen Nagel, berührt den kranken Zahn damit und schlägt ihn dann mit drei Schlägen in die Tür. Bei jedem Schlag wird ein heiliger Name genannt und gefragt: „hast du noch Zahnweh?“ Um Schnupfen loszuwerden, sollte man den Nasenauswurf auf eine Türklinke schmieren. Derjenige, der zuerst die Klinke berühre, ziehe dann den Schnupfen auf sich. Und gegen Fieber helfe die Aufschrift auf der Tür: *„Fieber bleib draus, der N.N. ist nicht zu Haus“* (↗Schornstein).

Zu den bleibenden Schutzmitteln des Hauses und seiner Bewohner gehört(e) das Anbringen bestimmter Zeichen (Kreuz, Christus- und Marienmonogramme) an der Tür. Zu bestimmten Festtagen des Jahres werden jährlich weitere schützende Zeichen und Handlungen an der Tür erbracht. Etwa die Beschriftung des Türrahmens mit den Segensformel-Initialen C.M.B. (Christus mansionem benedicat) (↗Dreikönig) am Hochneujahrstag (oft als Initialen der hl. drei Könige aufgefaßt) oder das Anbringen der Osterpalme am Palmsonntag, der Johanniskräuter am Johannistag und das Einschlagen dreier Nägel im Rahmen der Stalltür am Karfreitag.

Bei einem Todesfall sollen sich Türen von selbst öffnen. Kurz vor Gustav Adolfs Tod seien im Schloß zu Stockholm alle Türschlösser von selbst aufgegangen.

U

UMGANG

Zur Ausgrenzung feindlicher Mächte und zur Stärkung des Segens der umgrenzten Flur unternahmen viele Bauern und ganze Gemeinden jährliche Umgänge entlang der Feld- oder Gemeindegrenzen. Solche Flurumgänge sind schon in der Antike (oft nackt) praktiziert und von der Kirche formal entlehnt worden. Es ist zwar sicher falsch, alle überlieferten Ritte und Prozessionen (Georgi-, Stephani- und Leonhardiritte, Fastnachts- und Fronleichnamsprozessionen) auf vorchristliche Flurumgänge zurückzuführen – hier sind jeweils ganz spezifische Motive ursprünglich, die nichts mit der Flursegnung gemein hatten –, dennoch gibt es auch im christlichen Kulturkreis Bitt- und Sühnegänge, die dem Erhalt landwirtschaftlicher Ertragsflächen oder der Förderung der Vegetation dienen sollen. In der Antike sind zu diesem Zweck etwa Götterbilder in die Felder getragen worden und es gibt zahlreiche Beispiele für Umgänge, die heute noch festlich geschmückt unternommen werden, um *„das Stadel voll Heu"* zu bekommen oder Hexen zu bannen. Kirchliche Prozessionen, wie etwa die Prangerstangenumzüge im Salzburgischen, sind oft mit Deutungen belegt worden, die auf die Flursegnung Bezug nehmen. In Bayern heißt es etwa: *„Je länger die Fahnenstange, ... desto schlimmer für die Hexen."*

V

VATER

Der Vater war als Familienoberhaupt im mittel- und südeuropäischen Raum ebenso wie bei den Völkern des Alten Testaments mit fast unbeschränkter Macht ausgestattet. Ein südslawisches Sprichwort sagt: *„Was Gott im Himmel, ist der Vater auf Erden."* Bei Römern und Germanen durfte der Vater Frau und Kinder als Knechte verkaufen, er schloß die Ehen für seine Kinder und hatte das Recht und die Pflicht, neugeborene Kinder anzunehmen oder töten zu lassen. Die Annahme erfolgte dadurch, daß der Vater das Kind, das vor ihn auf den Boden gelegt wurde, aufhob, auf seine Knie setzte, ihm einen Namen gab und es mit Wasser begoß. Bei den Römern galt das Gebot, alle Söhne und die erstgeborene Tochter aufzuziehen. Das Recht der Kindertötung scheint schon in den klassisch-antiken Mythen (Kronos, Uranos) auf.

Ein heiratswilliger Mann mußte die Rechtsgewalt (Munt) über seine zukünftige Frau von deren Vater erkaufen. Das Vaterrecht bezüglich einer Heirat endete aber auch, wenn die Kinder gemeinsam davonliefen; ein von der Sitte gebilligter Akt und heute noch bei einigen Zigeunersippen gebräuchlich – etwa, wenn der zukünftige Schwiegersohn nicht genügend Geld oder Sachwerte für den Erwerb der Rechte an der Braut aufbringen kann.

Starb der Vater eines unmündigen Kindes, so wurde dies im 12. bis 15. Lebensjahr „selbmündig" erklärt und dem Schutz der Götter unterstellt.

Lediglich bei der Taufe seines Kindes spielt der Vater nur eine untergeordnete Rolle: er wohnt der Taufe nicht bei, wird von den Taufgästen geneckt, sitzt am Rande der Taufgesellschaft bei Tisch (sogar auf einem Holzhocker in der Ecke des Raums). Das hat seinen Grund vermutlich darin, daß neben der auf Blutsverwandtschaft gründenden Macht des leiblichen Vaters noch die geistliche Verwandtschaft des Taufpaten etabliert werden sollte. In diesem Zusammenhang tritt der Vater seine Rechte und Pflichten zeitweise an den Paten ab.

VERWANDTSCHAFT

„Verwandtschaft" ist ein Sammelbegriff für verschiedene Formen natürlicher und künstlicher Beziehungen, die von der blutsverwandten Geschwisterbindung über Blutsverwandte entfernterer Grade (Vetter, Kusine), Schwägerschaften, Bluts- und Wahlbrüder bis zu Patenschaften, Adoptivverhältnissen und Namensgruppen reicht. Verwandtschaften wurden sowohl in vaterrechtlich und mutterrechtlich klassifiziert wie kognatisch (d. h. beide Seiten berücksichtigend) aufgefaßt. Im mitteleuropäischen Kulturkreis ist die Kleinfamilie oder die Hausgemeinschaft die häufigste Organisationsform von Verwandten. Ihr ging die germanische Sippe voraus, die eine Niederlassung verwandter Menschen bezeichnet.

Die Vielzahl möglicher Verwandtschaften und ihre unübersichtlichen Verzweigungen hat man oft scherzhaft so umschrieben: verwandt wie Knoblauch und Zwiebel, wie die zehnte Suppe vom Pastinak, verwandt durch zehn Scheffel Erbsen oder von Adam her.

Bedeutung hat die Verwandtschaft insbesondere in der Rechtspraxis und hier vor allem im Eheschließungsrecht. Da gibt es verschiedene Auffassungen, wonach Geschwisterehen, Ehen zwischen Kindern und Eltern oder zwischen Verwandten entfernterer Grade verboten sind. Bei den Indern soll sich dieses Verbot bis auf den 5. Grad mütterlicherseits und auf den 7. väterlicherseits erstrecken.

Erklärungen, wonach Ehen zwischen nahen Verwandten deswegen verboten seien, weil zwischen Hausgenossen „ein natürlicher und instinktiver Abscheu gegen geschlechtliche Vereinigung bestehe", erscheinen deswegen wenig überzeugend, weil diese „Abscheu" Verbote ja gegenstandslos machen würde. Viel eher ist wohl daran zu denken, daß sich inzestuöse Verhältnisse – die etwa in der griechischen Geschichte vielfach belegt sind – negativ auf die Nachkommenschaft auswirken, von deren Wohl die Gesellschaft aber abhängt.

W

WALD

Der Wald gilt als Wohnstätte verschiedener Waldgeister, deren Abgrenzung von Baum-, Berg- und Feldgeistern sowie Zwergen, Elfen und Wildleuten nicht immer leicht erscheint. Das Handwörterbuch des deutschen Aberglaubens charakterisiert die Waldgeister als Vegetationsdämonen des Waldes, deren Äußeres vom Wald geprägt ist (Kleid aus Moos, wirres Haar, runzelige Haut).

Damit ist indes eine Definition gegeben, die wenig praktikabel ist. Schon das Handwörterbuch rechnet nämlich auch die Saligen Fräulein, Feenerscheinungen, Waldjungfrauen und Riesen zu den Waldgeistern, die der versuchten Charakteristik nicht entsprechen. Wahrscheinlich ist das Problem im Begriff „Waldgeister“ selbst begründet, die eben keine homogene Familie bilden.

In verschiedenen Zusammenhängen tauchen etwa arme Seelen auf, die im Wald umgehen müssen, Jungfrauen, die sich mit Menschen vermählen (Schwanenjungfraumythus, Martenehe), Waldfrauen, die der Percht nachempfunden sind, Wildleute, wie sie in der mittelalterlichen Fastnacht als Vertreter der „civitas diaboli“ auftraten und Waldteufel. Zwerge und Riesen sind ursprünglich ebenfalls nicht an den Wald als Wohnstatt gebunden. Sieht man von den sogenannten Waldweibchen ab, das sind Figuren, die dem Menschen hilfsbereit entgegenkommen, für Dienste reichlich entlohnen und bei der Krankheitsbehandlung besonders kundig sind, so bleiben noch die „Schrate“ als Waldgeister zu erwähnen. Bei ihnen handelt es sich wohl um eine germanische Variante des römischen faunus – um kleine zottige

Wesen mit tierischen Zügen und zusammengewachsenen Brauen.

Von der Heilkundigkeit der Waldweibchen sprechen einige überlieferte Rezepte. Da heißt es etwa: *„Eßt Bibernellen und Baldrian, dann geht euch die Pest nicht an."* Oder es wird ihnen der Spruch zugeschrieben: *„Wenn die Bauern wüßten, wozu die wilden weißen Haiden und die wilden weißen Salben gut seien, so könnten sie mit silbernen Karsten hacken."*

WASSER

Neben dem Feuer spielt das Wasser als eines der vier Elemente, deren Naturgewalt der Mensch ausgeliefert ist, die er sich aber auch zunutze machen kann, im „Aberglauben" eine große Rolle. Als Verkehrsweg, Nahrungsquelle, Brunnen, Reinigungs- und Heilmittel, ferner als apotropäisches Element, als Weihwasser und Orakelmedium steht das Wasser dem Menschen in einer Vielzahl von Funktionen zur Verfügung und ermöglicht erst die Existenz alles Lebendigen. Andererseits gefährdet es in Gestalt von Sturmfluten, Überschwemmungen oder starkem Seegang und heftigem Niederschlag dieselbe. Die Mannigfaltigkeit seiner sinnlich wahrnehmbaren Erscheinungsformen, insbesondere die unfaßbare Ausdehnung der Meere, die Gewalt der Wasserfälle oder die unergründliche Tiefe einiger Seen hat ihren Niederschlag in der Besetzung des Elements Wasser mit ungezählten Naturgeistern gefunden. Seit der Antike kennt man verführerisch singende weibliche Wassergeister, die Sirenen, die spätestens im sechsten nachchristlichen Jahrhundert als fischschwänzige Nixen aufgefaßt wurden und dergestalt in die antike und mittelalterliche Literatur (Physiologus, Etymachietraktat) eingegangen sind. In der mittelalterlichen Kunst kommt der Sirene und ihrem (negativen) Symbolgehalt eine wichtige Funktion zu. Sie steht oft dort, wo es um die Versinnbildung lasterhafter Eigenschaften des Menschen oder generell um die Darstellung des Lebens und der Welt als „mare amarum et mortuum" ging.

Das männliche Pendant dazu, der Wassermann, der in so vielen Sagen-, Märchen- und Liedmotiven und in „abergläubischen“ Ansichten begegnet, ist sicher aus der Poseidon-Neptun-Mythologie geschöpft. Wieweit er mit den Riesen (oder Totengeistern) aus Hiob 26,5 („gigantes gemunt sub aquis“) in Zusammenhang gesehen werden kann, bleibe hier dahingestellt.

Sirenen und Wassermänner, aber auch tierleibige Wasserdämonen (Stier, Pferd, Drachen, Fisch) sind in zahlreichen Varianten überliefert worden und haben oft regionaltypische Gestaltungsmerkmale, die vielleicht schon aus der Beobachtung der Wassertiere angeregt wurden.

Überliefertem Herkommen nach ist die Hausgemeinschaft (Familie, Dienstleistende, Viehbestand) vermittels des „gebändigten“ Brunnenwassers, als Wassergemeinschaft aufgefaßt worden. Einer neu zur Familie tretenden Braut reichte die Schwiegermutter etwa zuerst ein Glas Wasser, eine neue Magd sollte zuerst einen Eimer Wasser holen und aus Schlesien wird berichtet, dort sei ein neu gekauftes Schwein gleich mit Wasser begossen worden, damit es sich schnell an den Stall gewöhne.

Hauptmotiv des „abergläubischen“ Gebrauchs von Wasser ist aber seine dämonenabwehrende Kraft, die in einer großen Zahl von Varianten genutzt wurde. Dafür spielen wohl drei Kategorien von Deutungen eine Rolle. Da ist erstens die fortschwemmende Wirkung fließenden Wassers zu berücksichtigen, die assoziativ in den Zusammenhang mit Abwehr und Heilung (↗Fluß) gestellt wurde, da ist zweitens das reinigende Waschwasser zu erwähnen und da ist drittens die in Antike und Christentum gleichermaßen bekannte Bedeutung des Waschwassers als reinigend in ethischer Dimension. Schon im antiken Griechenland galt das Händewaschen mit Wasser als Schutzmittel vor Hexen. Im Anschluß an Ps 26,6: *„Ich wasche meine Hände in Unschuld“*, ist dieses Motiv in die christliche Tradition eingegangen (vgl. Pilatus).

So sind die Quellen des „volkstümlichen“ Gebrauchs von Wasser zur Abwehr der Dämonen und Totengeister ersichtlich. Umgekehrt hat man Dämonen auch als unrein aufgefaßt. Sie würden auf Schmutz und schmutzigem Wasser leben. Im Hause sauberes Wasser aufzustellen oder zu verschütten, der Milch ein wenig Wasser beizumengen, Wasser auf Türangeln zu gießen oder hinter dem Leichenzug die Türschwelle mit Wasser zu besprengen, galt als sicheres Mittel gegen Verhexung, das Eindringen von Dämonen oder die Rückkehr der Seele eines Verstorbenen. Selbst Ratten und Mäuse, so hat man schließlich geglaubt, ließen sich dadurch abhalten, daß man rings ums Haus Wasser verschüttete.

Demgemäß spielt das Wasser auch in der sogenannten Volksmedizin eine Rolle, wo Krankheitsdämonen weggeschwemmt werden sollten.

Hier spielt freilich auch die medizinische Wirkung kalten oder heißen Wassers eine Rolle. Morgendlich durch die Nase aufgezogenes Wasser bewahrt vor Schnupfen, Umschläge mit kaltem Wasser helfen bei Nasenbluten, Halsschmerzen und Fieber. Daß die Beobachtung solcher einfachen Heilwirkungen im Zusammenhang mit der Vorstellung von Krankheitsdämonen Folgen für die Bedeutung des Wassers im „volksmedizinischen Aberglauben" hatte, darf als sicher gelten.

WEIHNACHTEN

Das Geburtsfest Christi wurde wohl im Zusammenhang und infolge der Beschlüsse des Konzils von Nicäa (325) im vierten Jahrhundert eingeführt. Jedenfalls ließ erst der Gedanke an die Hypostatische Union Christi – zugleich Gott und Mensch – die Einrichtung eines Inkarnationsfestes, das auf den 25. Dezember gelegt und dem Offenbarungsfest Epiphanias am 6. Januar vorangestellt wurde, sinnvoll erscheinen. Weihnachten und der Zeit zwischen dem Geburtsfest und dem 6. Januar liegt also der Gedanke an die Erlösung durch Christi Menschwerdung und damit an die menschliche Erlösungsbedürftigkeit zugrunde. Das spiegelt sich in den dramatisierten Weihnachtsspielen des Mittelalters, wo zum Kampf gegen Sünde und Teufel aufgeru-

fen wird, ebenso wie in den ungezählten Brauch- und Glaubensformen über das Unwesen, das Dämonen, Hexen, Teufel und Hausgeister und die wilde Jagd zur Weihnachtszeit treiben würden (↗Zwölften).
Die Feier des Geburtsfestes Christi wurde zunächst sehr realistisch durch das Nachempfinden und -stellen der Geburt begangen und hat etwa in der Krippenfeier des hl. Franziskus zu Greccio im Jahre 1223 einen frühen Vorläufer. Das Kindleinwiegen in den Frauenklöstern, wo eine Jesuspuppe wie ein Säugling behandelt wurde, hat der späteren Weihnachtsfeier wichtige Impulse gegeben.
Noch heute spielt die Krippe, aufgestellt in der Kirche und seit den Verboten der Aufklärung auch im Privathaushalt, eine wichtige Rolle bei der Gestaltung des Festes.
Die gebräuchliche Art, Weihnachten zu feiern, ist mit dem Aufstellen eines Weihnachtsbaums und Geschenken verbunden und im großen und ganzen auf protestantische Einflüsse zurückzuführen. Zwar berichten schon Sebastian Brant 1494 und Geiler von Kaysersberg (1508) vom weihnachtlichen Schmuck der Häuser mit Tannenzweigen, doch kam erst Mitte des 16. Jahrhunderts vereinzelt (Schlettstadt, Freiburg i. Br.) der „weyhnachtmeyen" auf und erst 1605 ist in Straßburg das Aufrichten der *„Dannenbäum"*, woran man *„roszen ausz vielfarbigem papier geschnitten, Aepfel, Oblaten, Zischgold, Zucker"* etc. hängte, nachzuweisen.
Vermutlich stehen dieser Brauch und seine Verbreitung im Zusammenhang der evangelischen Weihnachtsspiele, bei denen vor Beginn ein Bäumchen demonstriert wurde, das behängt mit Äpfeln und den Leidenswerkzeugen Christi, Sündenfall und Erlösung versinnbildete. Der Lichterschmuck des Weihnachtsbaumes ist jünger. Gerade an ihn haben sich indes „abergläubische" Ansichten geheftet. So glaubt man etwa, es dürfe keine ungerade Zahl von Christbaumkerzen aufgesteckt werden, wenn die Lichter nicht ganz abbrennen, stünde ein Todesfall bevor oder es bedeute Unglück, wenn eine Glaskugel vom stehenden Baum herabfalle.

Die weihnachtliche Bescherung durch ein Christkind entspringt dem Versuch der Protestanten, den katholischen Nikolausbrauch zu verdrängen, der sich ja mit pädagogischen Zielen verbindet und der die Examinierung, Bestrafung oder Belohnung der Kinder betrifft. An die Stelle des katholischen Heiligen setzten die Protestanten Christus selbst ein. Infolgedessen wurden viele ältere Nikolausbräuche und -märkte abgeschafft und durch stärker auf das Christkind bezogene Veranstaltungen (Nürnberger Christkindlesmarkt) ersetzt. Erzählungen und Bräuche, die sich auf Wunder in der Weihnachtszeit beziehen, umfassen etwa die Verwandlung von Wasser in Wein, das Sprechen der Tiere, Erblühen und Fruchttragen der Obstbäume und das Läuten der Glocken versunkener Kirchen. Diese Motive gehen aus dem Gedanken an die Übernatur Christi hervor und gelten ihrer Veranschaulichung. Als einstiger Jahresbeginn gilt der Weihnachtstermin noch als günstig für Orakel betreffs der nächsten Ernte, des kommenden Wetters, Hochzeiten und Todesfälle.

WINTER

Der Begriff „Winter" leitet sich wahrscheinlich ab von altgall. „vindo" (weiß) und umschreibt die weiße Jahreszeit.

Der astronomische Beginn des Winters am 21. oder 22. Dezember deckt sich nicht mit dem natürlichen Empfinden der meisten Menschen, die bereits mit den Novemberstürmen oder früheren Schlechtwetterperioden den Anbruch des Winters beklagen. Verschiedene Daten (Advent, Andreas, Katharina, Martin) im ↗Herbst, gelegentlich sogar Termine im Sommer, werden als Künder des nahenden Winters aufgefaßt und teilweise bräuchlich gefeiert, etwa in der Obersteiermark mit dem Wintereinläuten am 24. August (Bartholomäus). In Griechenland wird vielfach der 31. August mit einer abendlichen Sommerabschiedsparty begangen, obwohl der Sommer hier noch wochenlang dauern kann.

In den Alpenregionen Mitteleuropas heißt es: *„St. Gallen / Läßt den Schnee fallen"* (16.10.) und: *„Andreas / Bringt d'Win-*

ter gwieß". Diese Datierungen entsprechen in etwa dem alten germanischen Winterhalbjahr. Das war die Zeit, in der nach mythologischen Ansichten die Gottheit schläft oder zeitweilig begraben ist. Die Assoziation von Tod, Winter und Dämonen ist seit der Antike belegt. Da glaubte man: *„Der höchste Gott heißt im Winter Hades"*, arrangierte Opferfeste (Seeland) und dachte an Umtriebe böser Geister (wilde Jagd, Percht). Wegen der besonderen Stimmung des Novembers hat später auch die Kirche das Totengedenken (Allerheiligen/Allerseelen) in die winterliche Zeit verlegt (zuvor im Frühjahr). Unter römisch-christlichem Einfluß ist die kalte Jahreshälfte zur Hauptfestzeit des Jahres geworden mit ihren Höhepunkten Weihnachten und Epiphanias. Aber schon der Martinstag, der ganze Advent, St. Nikolaus und später Lichtmeß und die Fastnacht umrahmen das Geburts- und Offenbarungsfest Christi. Diese Zeit war ja auch deshalb zur Besinnung, Andacht und Geselligkeit besonders geeignet, weil im Winter die Feldarbeit ruht. Januar und Februar sind im Bereich der Ostkirche bevorzugte Hochzeitsmonate. In Attika trugen sie den entsprechenden Namen Γαμηλυών ebenso wie in Rußland „svadevbnyi" (von svadba = Hochzeit). Die Häufung von Hochzeiten um die ↗Fastnacht in Mitteleuropa hängt dagegen weniger vom Winter als von der kirchlichen Charakteristik dieser Festzeit „civitas terrena vel diaboli" ab, in der den weltlichen Genüssen (also auch dem „actus carnalis" der Hochzeitsnacht) Raum gegeben wurde.

WOCHE

„Woche" ist abgeleitet von „Wechsel" und umschreibt den Mondphasenwechsel, wobei die jeweils 14 Tage zwischen Neu- und Vollmond in zwei gleiche Hälften unterteilt wurden. Die 7tägige Woche fand sowohl Entsprechungen in der Astrologie und wurde dort mit den sieben Planeten (Saturn, Sonne, Mond, Mars, Merkur, Jupiter und Venus) verknüpft als auch im biblischen Schöpfungsbericht. *„Gott vollendete am siebten Tag sein Werk ... und Gott segnete den siebten Tag und heiligte* *ihn"* (Gn 2,2f). Nachdem die Siebentagewoche im zweiten vorchristlichen Jahrhundert mit astrologischem Gedankengut von Alexandrien aus nach Griechenland gedrungen war und dort die Rechnung in Dekaden abgelöst hatte, ist sie als Planetenwoche auch in den römischen Kalender eingegangen. Konstantin d. Gr. hat die christliche Woche mit dem Sonntag als Wochenbeginn offiziell eingeführt. Dennoch sind bis heute andere Zählweisen gebräuchlich. Man spricht lieber von *„heute in acht Tagen"* als von einer Woche oder faßt zwei Wochen zu 14 Tagen zusammen. Die Beachtung der Siebentagewoche ist deshalb auch kaum in „abergläubischen" Zusammenhängen von Bedeutung. Allenfalls in einigen „volksmedizinischen" Anweisungen kommt es vor, daß die Siebentagewoche als Richtmaß akzeptiert wurde. Dort etwa, wo es heißt, daß die Behandlung mit einem Sympathiemittel nach Wochenfrist wiederholt werden müsse, wenn ein Übel nicht erfolgreich bekämpft werden konnte. Der Wochenbeginn oder das Ende gelten verschiedentlich für den Dienstbotenantritt und den Einzug in ein neues Haus als ungünstig.

WOCHENTAGE

Die Wochentage werden in Glücks- und Unglückstage unterschieden, wobei nicht nur die Zahlenmystik (ungerade/gerade) beachtet wurde sondern auch die christliche Überlieferung. Freitag als Hauptunglückstag erklärt sich aus dem Gedenken an das Leiden Christi und seiner Stellung als fünfter Tag der Woche (ausgehend von Montag).

Aus der Übertragung der Themen mittelalterlicher Stundenbücher auf die Wochentage stammen Anschauungen, wonach Sonntag der hl. Dreifaltigkeit, Montag dem hl. Geist und den armen Seelen, Dienstag den Engeln, Mittwoch dem hl. Josef, Donnerstag dem Altarsakrament, Freitag dem Leiden Christi, und Samstag der Mutter Gottes geweiht sind. Allgemein gilt die Trias Freitag, Samstag, Sonntag als besonders von christlichen Themen beherrscht. Daran knüpfen auch Traditionen, wonach Dienstag und Donnerstag die Fleischtage der Woche sind. Mittwoch und Freitag galt es ja, zu fasten. An Dienstagen und Donnerstagen wurde auch gerne geheiratet, während Mittwoch und Freitag das „Fensterln“, das heißt der nächtlich-heimliche Besuch der Burschen bei den Mädchen der Ortschaft verpönt war.

3

ZAUN

Als Grenze besitzt der Zaun im „deutschen Aberglauben" ähnliche Bedeutung wie ↗Tür und Schwelle, Dachtraufe (↗Dach) und Feldrain (↗Grenze). Hier tummeln sich Geister und Hexen, hier entscheidet sich, wieweit die Macht eines Dämons reicht, hier wandelt sich das Geschick und hier läßt sich daher auch die Zukunft ausspähen.

In der Rechtspraxis bildeten Zäune, die von einer Gemeinschaft (Siedlung, Dorf) errichtet worden waren, einen eigenen kleinen Gerichtsbezirk. Versammlungen wurden durch Klopfen an den jeweiligen Nachbarszaun einberufen.

Die Bedeutung des Zauns wird besonders klar vom Begriff „Hexe", der wahrscheinlich auf das althochdeutsche Wort „hagazussa" zurückgeht, das soviel meint wie Zaunweib (hag = Zaun). Hierfür mag eine recht natürliche Erklärung naheliegen. Innerhalb einer Umzäunung gibt es einen auch rechtlich garantierten Schutzraum. Wer sich indes über die Grenze dessen hinauswagt, ist neuen Einflüssen, Rechten, Pflichten und eventuellen Gefahren ausgesetzt. So bildet der Zaun eine Schwelle zwischen einem gesicherten und einem ungesicherten Gelände, die sich gut mit dem Begriff eines Dämons oder einer „hagazussa" belegen ließ. Wo einerseits schädliche Geister ihr Unwesen treiben, hieß es andererseits diese Stätte besonders zu schützen: etwa mit einem Strauß aus neunerlei Blumen und Dornen (an denen die Hexe hängenbleibt) oder durch apotropäische Zeichen (Schädel einer Stute). Die rechtliche Bedeutung des Zauns ist als wichtiges Motiv in viele „Volksdichtungen" (besser: Exempel?) eingegangen. Etwa in die Sage von einem frommen Mädchen, vor dem sich die Kirchentür selbständig auftat, bis sie eines Tages auf dem Kirchgang einen Zaunpfahl ausriß und als Brücke über einen Wasserlauf legte, um zur Kirche zu gelangen. Da blieb die Tür verschlossen, bis das Mädchen den Zaunpfahl wieder an seinen Ort zurückbrachte und dort einsteckte. *„Zaunverreiß'n is a Sünd."* Menschen, die in ihrem Leben einmal einen Zaun verrückt haben, müßten nach ihrem Tod umgehen und an Zäune klopfen, solange, bis die Schuld gebüßt sei. Aus der hervorstechenden Bedeutung des Zauns in Recht und Religion, die teilweise mythisch entrückt erscheint, erklären sich letztlich auch die zahlreichen zauberischen Handlungen, die man an und mit Zäunen verübt hat. Das Gedeihen des Viehs suchte man durch rituelles Umkehren eines Zaunpfahls zu begünstigen, das Bellen eines Hundes sollte damit bekämpft werden. „Der Hausvater nimmt nach dem Abendessen eine Keule, geht hinaus und schlägt damit dreimal an den Pfosten des Zauns, damit dieses Jahr der Fuchs keine Hühner nehme." Bestimmte Heilzauber sind mit Zäunen verknüpft und Zäune sind auch als Orakelstätten aufgesucht worden. Insbesondere junge Mädchen gingen abends (nachts) an einen Zaun und rüttelten ihn. Aus der Richtung, aus der zuerst Hundegebell zu hören war, käme auch der zukünftige Gatte. Oft waren solche Eheorakel auch mit bestimmten Sprüchen verbunden, etwa:

„Erbzaun ich rüttle dich,
Feinsliebchen, ich bitte dich,
Du wollest lassen e Windel wehn,
E Hahnerl krehn,
E Hihnel beil'n
Wo mein Herzliebster mag weil'n."

Nach älterem Herkommen schloß man aus der Gestalt von Zaunpfählen, die nachts gleichsam blindlings ausgewählt oder abgezählt und markiert und tags darauf besichtigt wurden, auf den Stand und die Gestalt des Zukünftigen. *„Item in den unternachten lauffent dy iunkfrawn an den sumerlangen zawn des* *nachts pegreifft sy ainen langen stekchen so wirt ir ain langer man.“*

ZIMMERMANN

Der Berufsstand „Zimmermann“ gehört zu den ältesten Gewerken und war schon vor der Römerzeit in Germanien etabliert. Dem Zimmermann oblag es, vor der Übernahme des römischen Steinbaus, die germanischen Holzbauten zu errichten.
Soweit dies auch in späterer Zeit noch zutraf, kam es dem Zimmermann zu, den Baubeginn bräuchlich hervorzuheben. Der erste Schlag mit dem Beil zur Herstellung der erforderlichen Balken wurde genau beobachtet und gedeutet. Gab es dabei Funken, so bestand die Befürchtung, das neue Haus werde bald abbrennen. Den ersten (hölzernen) Nagel, mit dem etwa die Schwelle mit dem Türpfosten verbunden wurde, hat man geschmückt oder mit der Schürze der Hausfrau umwickelt.
Heute beziehen sich derartige Vorstellungen im wesentlichen auf die Fertigstellung des Dachstuhls, dessen Errichtung ja von Zimmerleuten geleitet wird. Allbekannt ist das Richtfest, in dessen Verlauf dem Hausherrn ein geschmücktes Bäumchen auf das Dach gesetzt wird. Er bedankt sich mit einer angemessenen Bewirtung der am Bau beteiligten Handwerker und Nachbarn.

ZWÖLFTEN

Als Zwölften wird gemeinhin eine Anzahl von zwölf Tagen und Nächten bezeichnet, die in die Weihnachtszeit und dort zumeist auf die Tage vom 25. Dezember bis 6. Januar fallen. Diese Zeit ist durch besondere Bräuche und „abergläubische“ Ansichten geprägt, die drei Quellenbereichen zu entstammen scheinen. Die Zwölften entsprechen der Zahl von Tagen, die die Differenz zwischen dem Mondjahr (354 Tage) und dem Sonnenjahr (366 Tage) ausmachen. Sozusagen als Zuzähltage nehmen die Zwölften eine Sonderrolle ein, die in Zukunftsorakeln (Wetterprognose, ↗Lostage) Ausdruck findet. Die

Bauernpraktik (↗Sternglaube etc.) hat Regeln für das Losen in den Zwölften im Rahmen astrologischer Traditionen überliefert.
Den Zwölften liegen ferner Vorstellungen zugrunde, wie sie sich schon mit dem griechischen Dodekahemeron verbanden, einer Zeitspanne von zwölf Tagen und Nächten, in denen besondere Geister aus der Erde emporsteigen würden und bewirtet werden müßten. Wieweit noch verbreitete Vorstellungen über Zwergenbesuch, Gespensterumzüge, die wilde Jagd oder das Erscheinen der Hausgeister unmittelbar daran anknüpfen, ist dabei aber im einzelnen noch nicht zu entscheiden.
Wichtiger ist diese Zeit wohl auch als besonderer Abschnitt im Kirchenjahr, der der Besinnung und Umkehr gewidmet ist, die der Mensch vor Anbruch des neuen Jahres mit Hochneujahr am 6. Januar zu leisten habe. Eine letzte Chance zwischen Menschwerdung Christi und Offenbarung. Deswegen sind die ungezählten Arbeitsverbote und das einstige Verbot zur Eheschließung in den Zwölften erklärlich. Entsprechende Sanktionen für den Fall der Mißachtung des Gebotenen fanden ihren Niederschlag in „volkstümlichen" Motiven, wonach Dämonen und Hexen in dieser Zeit ihr Unwesen trieben und den Menschen gefährden würden.
Gegenmaßnahmen folgten der christlichen Idee und betrafen Schweigen, Gebete, Kreuzzeichen, Räucherungen von Haus und Stall sowie die Konzentration auf den familiären Wohnbereich (↗Dreikönig).

Was ist Aberglaube?

Ein kritisches Nachwort

Der Begriff „Aberglaube“ ist im 12. Jahrhundert aufgekommen und wird wie das ältere lateinische Wort „superstitio“ zur Kennzeichnung von Glaubensinhalten und -formen herangezogen, die von geltenden Lehrmeinungen abweichen oder ihnen zu widersprechen scheinen. „Aber-“ ist hier im Sinne von „gegen“ in Gebrauch (vgl. Aberwitz, Abergunst etc.). Damit verbindet sich dort zwangsläufig ein negatives Werturteil, wo an vorgeschriebenen und normierten Glaubenspositionen festgehalten wird. Während die frühen Christen und die Kirchenväter in der Auseinandersetzung mit dem Heidentum dessen überlieferte Kultur nach römischem Vorbild mit dem Etikett „superstitio“ belegten (vgl. Dieter Harmening, Superstitio. Überlieferungs- und theoriegeschichtliche Untersuchungen zur kirchlich-theologischen Aberglaubensliteratur des Mittelalters, Berlin 1979) und bekämpften, dehnten die mittelalterlichen Theologen den davon betroffenen Bereich auf das aus, was kirchlichem Verständnis nicht vollständig entsprach oder darüber hinauswies. Im Zeitalter der Reformation und der Gegenreformation wurde der jeweils Andersgläubige als Vertreter teuflischen Aberglaubens diffamiert.

Sieht man von der kirchlichen Polemik ab, die den Begriff „Aberglauben“ für „Andersglauben“ in Gebrauch genommen hat, so gibt es bis heute keine einheitliche Auffassung darüber, was „Aberglaube“ dem Wesen nach ist. Als *„religion für den ganzen niederen hausbedarf“* (Jacob Grimm) oder allgemein als vorwiegend bäuerlicher Fehlglaube, dagegen auch als *„alte Wissenschaft“* (Franz Strunz) und neuerdings wieder als überlieferte Volksweisheit eingeschätzt, ist der Begriff „Aberglaube" nahezu frei verfügbar und wird als Schublade für alles das verwendet, was sich zunächst nicht mit offiziellen kirchlichen Lehrmeinungen und dem Stand der naturwissenschaftlichen Forschung vereinbaren läßt, nachweislich alt ist und möglichst auf dem Land begegnet.

Gespenstergeschichten und Bauernregeln, Bräuche und Riten, „Freitag der 13.", Warzenbehandlungen und die Begegnung mit einer schwarzen Katze werden gemeinhin mit „Aberglaube" in Verbindung gebracht und halten das Interesse an der Beschäftigung mit diesem Phänomen wach.

Wer einmal im Handwörterbuch des deutschen Aberglaubens blättert, wird dort mit einer enormen Fülle antiker, germanischer, christlicher, humanistischer, romantischer und moderner Überlieferungen konfrontiert, denen gemein ist, daß sie im 19. und frühen 20. Jahrhundert im Zusammenhang der Dokumentation und Erforschung des „Aberglaubens" Beachtung fanden. Ähnlich problematisch wie die Aufzeichnung und Etikettierung der sogenannten Volksmärchen, -sagen, -lieder, -bräuche und -medizin unterlag die Dokumentation des „Aberglaubens" dabei zwangsläufig einer Homogenisierung des Befundes, die von einer Geschichtsauffassung getragen war, wonach sich Geschichte in einer progressiven Höherentwicklung des Menschen vollziehe. Dabei wurde vorausgesetzt, daß sich Überlieferungen gleich welcher Art kontinuierlich von ihrem Ursprung her bis in die Moderne erstrecken und umgekehrt ihr Studium Einblicke in frühere Kulturstufen der Menschheit ermögliche.

Gerade in einer so stark durchstrukturierten und technisierten Welt wie der unseren hat dieser Gedanke wieder Aktualität und Reiz erlangt. Die populären Publikationen über Zusammenhänge verschiedener Randphänomene der (ländlichen) Gegenwart mit vorchristlich-germanischen oder keltischen Glaubens- und Kulturbereichen nehmen in jüngster Vergangenheit wieder zu. Stellvertretend sei hier eine jüngere Arbeit von Martha Sills-Fuchs, Wiederkehr der Kelten, genannt, die in der Reihe Esoterik des Verlags Knaur (Lizenzausgabe aus dem Dianus-Trikont Buchverlag 1983) erschienen ist.

Martha Sills-Fuchs geht hier von eigenen Beobachtungen in den ländlichen (Rückzugs-)regionen Europas aus und ist bemüht, miterlebte Bräuche, landwirtschaftliche Methoden und „Aberglauben“ auf keltisches und germanisches Erbe zurückzuführen. Dabei gerät Maria erneut in den Kontext der keltischen Erdmuttergöttin (?), die Dreieinigkeit in Zusammenhang mit einer keltischen Göttertrias, Nikolaus ins Gefolge der Druidenpriester oder die Barbarazweige geraten ins Ansehen eines keltischen Zeitmessers zur Bestimmung der Wintersonnenwende. Bar jeder historischen Prüfung und Reflexion wird dabei Kontinuität postuliert, wo gewaltige religiöse und kulturelle Umbrüche, problematische Quellenangaben und fehlende Zeugnisse zu eingehender Überlieferungskritik den Anlaß gegeben hätten. Für das methodische Vorgehen aber, wonach oft jüngste Belege ältestem Herkommen zugeschrieben werden, war im 20. Jahrhundert gerade auch das Handwörterbuch des deutschen Aberglaubens beispielgebend. Während seine Verfasser indes noch nahezu selbstverständlich von langen Überlieferungszeiträumen ausgehen konnten, da in den 30er Jahren die Volkskunde noch nicht über eine elaborierte Methodenanalyse verfügte, verbirgt Martha Sills-Fuchs methodische Mängel hinter dem Stichwort „Weisheit“, die auch ein instinktives Erspüren geschichtlicher Zusammenhänge umfasse und damit dem Wesensursprung der behandelten Phänomene näher komme als wissenschaftliche „Klügelei“. Es soll hier nicht in Abrede gestellt werden, daß die angesprochene Alternative, die Besinnung auf die vorchristlich-keltische Existenzbewältigung und ihre Methoden, lohnend sein und Auswege aus einer lebensfeindlicher werdenden Umwelt weisen kann. Arbeiten, in denen diesen Gedanken nachgegangen wird, diskreditieren sich jedoch leider von selbst, wo nicht innerhalb der Grenzen angewandter Methoden argumentiert wird.

Die Problematik der Behandlung des „Aberglaubens“ resul-

tiert aus einem Werturteil, das eine Definition von „Aberglauben" überhaupt erst ermöglichte, aus der Homogenisierung des Befundes im 19. Jahrhundert und der außerordentlich vielschichtigen Quellenlage.
Soweit der vorliegende Überblick über die Phänomene und Objekte des „Aberglaubens" zeigt, handelt es sich dabei um Relikte aus antik-mythischen, naturwissenschaftlichen (astrologischen, medizinischen) und christlichen Lehren und Anschauungen, die jeweils unter besonderen Umständen tradiert wurden und damit häufig Veränderungen erfuhren. Daneben scheint es Assoziationsstrukturen und Analogiemuster zu geben, die so nahe liegen, daß sie zu ihrem Bestand keiner Vermittlung bedürfen, da sie beliebig reproduzierbar sind. Dabei ist allerdings zu beachten, daß traditioneller „Aberglaube", von seinem Ursprung her betrachtet, kaum je in reiner Form begegnet. Fast immer handelt es sich um überlieferungsgebundene Mischformen.
Daß etwa bewegtes Wasser zur Krankheitsbehandlung ebenso gut sei wie zur Dämonenabwehr kann einerseits aus der Assoziation „Wegschwemmen" erklärt werden, setzt aber andererseits die Kenntnis einer Krankheit und den Glauben an Dämonen voraus. Kein anderer Aspekt sticht im „Aberglauben" so hervor, wie die Furcht vor und die Abwehr von Dämonen.
Der überwiegende Teil der Geister, Hexen, Seelen und Teufel, mit denen die Bevölkerung ihren Lebensraum und die Himmelssphäre besiedelt sah, stammt aus der Dämonologie der Scholastik. Ihre Hauptvertreter Petrus Lombardus, Thomas von Aquin und Bonaventura haben aber im 12. und 13. Jahrhundert nicht nur den Predigern und Literaten, den bildenden Künstlern und den Volksrednern Anregungen und Motive für die Charakterisierung und Darstellung der Dämonenwelt vermittelt, sondern auch der Inquisition und der späteren Hexenverfolgung Argumente geliefert. Wo die offizielle Lehre Hexen definierte und die beherrschende Glaubensinstitution Kirche Hexen verbrannte, wo die entsprechende Literatur (Hexen-

hammer 1487) die Schrecken des Hexentreibens ausmalte, darf nicht verwundern, daß die Bevölkerung ihrerseits Hexen für Flur- und Viehschäden verantwortlich machte und sich zu wehren versuchte. Als „Aberglauben" konnten entsprechende Vorstellungen wohl erst dann eingestuft werden, nachdem die Hexenverfolgung im 18. Jahrhundert aufgegeben worden war. *„Kirchliche und weltliche Organe bis hinauf zu Papst und Kaiser waren nicht nur von der Existenz, sondern auch von dem Eingreifen dämonischer Mächte in das menschliche Leben und von der Fähigkeit des Menschen, sich dieselben dienstbar zu machen, überzeugt"* (E. Hoffmann-Krayer). Trivialisierte und popularisierte Theologie und Dämonologie bereiteten dann den geistigen Nährboden dafür, daß sich die Bevölkerung mit „abergläubischer" Dämonenabwehr befaßte.

Schwieriger sind die Überlieferungsbedingungen für „abergläubische" Ansichten zu durchschauen, die an antike Mythologie, Philosophie, Astrologie, Rechtsauffassungen und die Medizin anschließen. Denn die Kirche als Hauptvermittler antiken Erbes in Mitteleuropa, hat ja gerade dabei vieles unterdrückt, verfälscht und zurückgewiesen. Die Polemik gegen die Astrologie ist dafür ebenso ein Beispiel wie umgekehrt die Aneignung und Anwendung antiker Medizinkenntnisse in den Klöstern des frühen Mittelalters.

Hier gilt es jedenfalls, den Einzelphänomenen nachzuspüren und die jeweilige Überlieferung zu berücksichtigen. „Abergläubisch" konnte aber auch hier nur das erscheinen, was als veraltet oder sittenwidrig eingestuft wurde.

Demnach ist „Aberglaube" ein äußerst relativer Begriff, der verschiedene Phänomene umfaßt, die an ältere, einst akzeptierte – dann zurückgewiesene Lehren und Glaubensformen anschließen und zumindest von Teilen der Bevölkerung weiter tradiert wurden. Wo die Quellen solch populär gewordener Anschauungen nicht mehr erkannt oder abgelehnt wurden, erschien das Überlieferte als „Aberglaube".

Aus dem Gesagten ergibt sich die Problematik des Begriffs, die überall dort begegnet, wo mit ihm operiert wird, von selbst.

Vielleicht wäre es sinnvoller und nützlicher vom Begriff „Aberglaube“ ganz abzurücken und die einzelnen Begriffe, die man darunter subsumiert hat, nach ihrer historischen Herkunft der Medizin-, Rechts-, Philosophie-, Religions-, Physik- und Chemiegeschichte zuzuordnen.

Stichwortverzeichnis, nach Themenbereichen geordnet

Jürgen Küster

Wörterbuch der Feste und Bräuche
im Jahreslauf
Mit Abbildungen
Eine Einführung in den Festkalender
Band 1177, 240 Seiten

Bräuche im Kirchenjahr
Historische Anregungen für die Gestaltung
christlicher Festtage
Band 1293, 144 Seiten

Die Fastnachtsfeier
Über Sinn und Herkunft der Narrenbräuche
Band 1391, 160 Seiten

Heiligenfeste im Brauch
Von Dreikönig bis St. Stephan
Mit vielen volkskundlichen Abbildungen
Band 1518, 160 Seiten

Herder Taschenbuch Verlag

Der geheimnisvolle Spiegel

Unheimliche Geschichten aus der deutschen Literatur
Ausgewählt und eingeleitet von Peter Raab

Band 1272, 352 Seiten

In den Geschichten dieses Extra-Taschenbuches spiegelt sich der deutsche Aberglaube auf eine sehr anschauliche Weise, für den Leser zugleich eine spannende und bannende Unterhaltung.
Im 19. Jahrhundert hatten sich Autoren von Rang dieser Literaturgattung angenommen und sie zu einem selten erreichten Höhepunkt entwickelt, in der deutschen Literatur zum Beispiel E.T.A. Hoffmann, Theodor Storm und Friedrich Gerstäcker. Sie setzten Himmel und Hölle, Gespenster und Widergänger, Hexenzauber und Magie in Bewegung, um ihr Publikum mit schwarzen Leseerlebnissen in Atem zu halten.

Inhalt